AF401652

CATALOGUE
DE LIVRES

PROVENANT DE LA LIBRAIRIE

DE M. BARROIS L'AINÉ.

TROISIÈME ET DERNIÈRE PARTIE.

*Dont la vente se fera le 29 Octobre 1838, et jours suivants,
à six heures de relevée, Rue des Bons-Enfants, n° 30;*

MAISON-SILVESTRE.

Les adjudications seront faites par Me COMMENDEUR,
Commissaire-Priseur, rue Saint-Germain-des-Prés, n° 9.

———

Les acquéreurs paieront, en sus du prix d'adjudication, 5 cen-
times par franc, applicables aux frais.

BIBLIOTHÈQUE NAT^{le}
FONDS
LE SÉNAT
N° 22224

PARIS.

SILVESTRE, LIBRAIRE,
Rue des Bons-Enfants, n° 30.
1838.

ERRATA.

N° 476. Thomæ Aquinatis (S.) Opera. *Parisiis*, 1660, in-fol. *v.*

Ajoutez :

tom. 2, part. 1ª. tom. 3, 4, 5, 7, 8, 11, 17, 23.

ORDRE DES VACATIONS.

On pourra voir les livres, le matin de chaque jour de vente, depuis une heure jusqu'à trois.

Les livres vendus devront être collationnés sur place dans les vingt-quatre heures de l'adjudication.

Les articles au-dessous de 10 fr. né seront repris que s'ils sont incomplets.

1re vacation.
Lundi 29 octobre. 1838.

Sciences et Arts.	629 —	646.
Théologie.	1 —	26.
Articles omis.	2454 —	2457.
Belles-Lettres.	1067 —	1083.
Histoire.	1475 —	1514.

2e vacation.
Mardi 30 octobre.

Sciences et Arts.	647 —	665.
Théologie.	27 —	51.
Belles-Lettres.	1084 —	1100.
Articles omis.	2490 —	2494.
Histoire.	1515 —	1555.

3e vacation.
Mercredi 31 octobre.

Science et Arts.	666 —	683.
Belles-Lettres.	1101 —	1117.
Théologie.	52 —	76.
Articles omis.	2506 —	2510.
Histoire.	1556 —	1594.

4e vacation.
Vendredi 2 novembre.

Théologie.	77 —	101.
Sciences et Arts.	684 —	701.
Belles-Lettres.	1118 —	1135.
Articles omis.	2511 —	2518.
Histoire.	1715 —	1754.

5e vacation.
Samedi 3 novembre.

Théologie.	102 —	126.
Sciences et Arts.	702 —	719.
Articles omis.	2458 —	2461.
Belles-Lettres.	1136 —	1152.
Histoire.	1635 —	1674.

6e vacation.
Lundi 5 novembre.

Théologie.	127 —	151.
Sciences et Arts.	720 —	736.
Articles omis.	2462 —	2465.
Belles-Lettres.	1153 —	1169.
Histoire.	1675 —	1714.

7e vacation.
Mardi 6 novembre.

Théologie.	152 —	176.
Articles omis.	2431 —	2433.
Sciences et Arts.	737 —	755.
Articles omis.	2466 —	2468.
Belles-Lettres.	1170 —	1186.
Histoire.	1595 —	1634.

8e vacation.
Mercredi 7 novembre.

Théologie.	177 —	201.
Sciences et Arts.	756 —	773.
Belles-Lettres.	1357 —	1373.
Articles omis.	2498 —	2501.
Histoire.	1755 —	1794.

9e vacation.
Jeudi 8 novembre.

Théologie.	202 —	226.
Sciences et Arts.	774 —	792.
Articles omis.	2469 —	2471.
Belles-Lettres.	1204 —	1220.
Histoire.	1795 —	1834.

10e vacation.
Vendredi 9 novembre.

Théologie.	277 —	301.
Histoire.	2392 —	2430.
Articles omis.	2532 —	2540.
Sciences et Arts.	831 —	850.
Belles-Lettres.	1255 —	1271.

11e vacation.
Samedi 10 novembre.

Théologie.	302 —	326.
Sciences et Arts.	868 —	885.
Belles-Lettres.	1272 —	1288.
Histoire.	1956 —	1995.
Articles omis.	2519 —	2522.

12e vacation.
Lundi 12 novembre.

Belles-Lettres.	1289 —	1305.
Théologie.	327 —	351.
Sciences et Arts.	851 —	867.
Articles omis.	2475 —	2477.
Histoire.	2036 —	2075.

13e vacation.
Mardi 13 novembre.

Théologie.	352 —	376.
Articles omis.	2437 —	2439.
Belles-Lettres.	1306 —	1322.
Sciences et Arts.	886 —	903.
Histoire.	1996 —	2035.

14e vacation.
Mercredi 14 novembre.

Théologie.	377 —	401.
Sciences et Arts.	904 —	941.
Articles amis.	2478 —	2480.
Belles-Lettres.	1323 —	1339.
Histoire.	2076 —	2114.

15e vacation,
Jeudi 15 novembre.

Théologie.	402 —	426
Sciences et Arts.	922 —	939.
Articles omis	2481 —	2483.
Belles-Lettres.	1340 —	1356.
Histoire.	2115 —	2154.

16e vacation.
Vendredi 16 novembre.

Sciences et Arts.	940 —	957.
Théologie.	427 —	452.
Belles-Lettres.	1187 —	1203.
Histoire.	2155 —	2194.
Articles omis.	2523 —	2531.

17e vacation.
Samedi 17 novembre.

Sciences et Arts.	958 —	975.
Théologie.	453 —	478.
Articles omis.	2440 —	2443.
Belles-Lettres.	1374 —	1389.
Histoire.	2235 —	2273.

18e vacation.
Lundi 19 novembre.

Théologie.	479 —	504 *bis*.
Articles omis.	2434 —	2436.
Sciences et Arts.	976 —	993.
Belles-Lettres.	1390 —	1406.
Histoire.	2195 —	2234.

19e vacation.
Mardi 20 novembre.

Histoire.	2274 —	2312.
Jurisprudence.	505 —	537.
Belles-Lettres	1407 —	1423.
Articles omis.	2502 —	2505.
Sciences et Arts.	994 —	1011.

20e vacation.
Mercredi 21 novembre.

Histoire.	2313 —	2351.
Jurisprudence.	538 —	567.
Articles omis.	2444 —	2448.
Belles-Lettres.	1424 —	1440.
Sciences et Arts.	1012 —	1028.

21e vacation.
Jeudi 22 novembre.

Belles-Lettres.	1441 —	1457.
Histoire.	2352 —	2391.
Jurisprudence.	568 —	598.
Articles omis.	2484 —	2489.
Sciences et Arts.	1029 —	1047.

22e vacation.
Vendredi 23 novembre.

Belles-Lettres.	1458 —	1474.
Jurisprudence.	599 —	628.
Article omis.	2449 —	2453.
Histoire.	1916 —	1955.
Sciences et Arts.	1048 —	1066.

23e vacation.
Samedi 24 novembre.

Théologie.	252 —	276.
Sciences et Arts.	813 —	830.
Belles-Lettres.	1238 —	1254.
Articles omis.	2495 —	2497.
Histoire.	1835 —	1875.

24e vacation.
Lundi 26 novembre

Théologie.	227 —	251.
Belles-Lettres.	1221 —	1237.
Histoire.	1876 —	1915.
Articles omis.	2472 —	2474.
Sciences et Arts.	793 —	812.

CATALOGUE

DES LIVRES

PROVENANT DE LA LIBRAIRIE

DE M. BARROIS L'AINÉ.

TROISIÈME ET DERNIÈRE PARTIE.

THÉOLOGIE.

1. **Abelly (L.)**, Considérations sur l'éternité. *Paris*, 1684, in-12. *v. br.* — Couronne de l'année chrétienne ou méditations sur les plus importantes véritez de l'évangile de J. C. *Paris*, 1701, 4 tom. en 2 vol. in-12. *v.* — Défense de l'honneur de la mère de Dieu contre les ennemis de son immaculée conception. *Paris*, 1690, in-12. *parch.* — De l'obéissance et soumission qui est due au pape en ce qui regarde les choses de la foy. *Bruxelles*, 1732. — Eclaircissement des véritez catholiques touchant l'eucharistie. *Paris*, 1667, in-12. *v. br.* — Idée d'un véritable prestre exprimée en la vie de N. Renar. *Paris*, in-12. *parch.* — Sentimens et manières de S. François de Sales touchant la véritable piété. *Paris*, 1662, in-12. *parch.* — La solitude religieuse. *Paris*, 1698, in-12. *v. br.* — Les vérités principales et plus importantes de la foy et de la justice chrestienne. *Paris*, 1688, in-8. *v.* — Renar, Opuscules spirituels recueillis par L. Abelly. *Paris*, 1687, in-12. *v. br.*

2. **Acosta (R. Simon)**, Histoire de l'origine et du progrès des revenus ecclésiastiques. *Basle*, 1706, 2 vol. in-12. *v. br.*

3. **Acta et decreta** synodi provinciæ Ultrajectensis XIII sept. MDCCLXIII. *Ultrajecti*, 1764, in-12. *v.* — Actes et décrets du concile provincial d'Utrecht, tenu le 13 septembre 1763. *Utrecht*, 1764, in-12. *v.*

4. Alexander (Nat.), Expositio S. Evangelii Jesu Christi secundum IV Evangelistas. *Parisiis*, 1702, in-fol. *v. br.* — Alexander (Nat.), Theologia dogmatica et moralis. *Parisiis*, 1703, in-fol. tom. 2. *v. br.*

5. Alexander (Nat.), Dissertatio ecclesiastica, apologetica et anticritica adversus F. Cl. Frassen. *Parisiis*, 1682, in-8. *v. br.* — Alexander (Nat.) de confessione sacramenti adversus J. Dallæum. *Parisiis*, 1689, in-8. *v.*

6. Alletz, Dictionnaire théologique portatif. *Paris*, 1756, in-8. *v.*

7. Ambrosii (Sti.) opera, studio monachorum ord. Sti. Bened. *Parisiis*, 1686, in-fol. *v.* tom. 1er.

8. Anciennes (les) liturgies. *Paris*, 1697, 3 vol. in-8. *v.* — Bocquillot (L. A.), Traité historique de la liturgie sacrée ou de la messe. *Paris*, 1701, in-8. *v.* — Liturgie de l'église Anglicane. *Londres*, 1678, in-12. *v.*

9. Anselme (Ant.), Sermons. *Paris*, 1731, 6 vol. in-12. *v.*

10. Anselme (Ant.), Panégyriques des saints et Oraisons funèbres. *Paris*, 1718, 3 vol. in-8. *v.*

11. Antiphonaire parisien. *Paris*, 1736, in-12. *v.* les parties 1, 2, 4, 5. — Antiphonarium romanum. *Parisiis*, 1701, in-8. *v.*

12. Antiphonarium romanum. *Lutetiæ Paris.*, 1650, in-fol. *v.* — Graduale romanum. *Parisiis*, 1657, in-fol. *v.*

13. Apologie de la religion chrétienne. *Paris*, 1737, in-4. *br.* tom. 2, 3, 4. — Suite de la quatrième proposition pour l'Apologie de la religion, 3e partie. *Paris*, 1721, in-4. *v.*

14. Argentan, Le chrétien intérieur. *Paris*, 1667, in-12. *v. br.* — Argentan (L. Fr. d'), Grandeurs de Dieu. *Paris*, 1678, in-8. tom. 1er. — Grandeurs de Marie. in-8. tome 2. — Les grandeurs de la mère de Dieu. *Paris*, 1681, in-4. *v.* tome 2.

15. Aranthon, Résolution pastorales du diocèse de Genève. *Avignon*, 1709, 2 vol. in-8. *v.* — Albrizio (L.), Prediche. *Venetia*, 1665, in-4. *v. br.* — Chrysologi (P.), Sermones. *Lugduni*, 1636, in-8. *v. br.*

16. Arnauld, La perpétuité de la foi de l'église catholique touchant l'Eucharistie. *Lausanne*, 1781, in-4. tom. 1er. *cart.* — Réponse aux deux traitez intitulez

la perpétuité de la foy de l'église caiholique touchant l'Eucharistie. *Charenton*, 1668, in-4. **v.**

17. **Arnauld**, Eclaircissemens sur l'autorité des conciles généraux et des papes. 1711, in-8. *v.* — Historia et concordia evangelica. *Parisiis*, 1688, in-12. *v.* — Lettres au p. Mallebranche. 1685, in-12. *v. br.* — Tradition de l'église sur le sujet de la pénitence et de la communion. *Bruxelles*, 1714, in-8. *v.* — Causa Arnaldina seu Ant. Arnaldus a censura facultatis theol. Parisiensis vulgata vindicatus. *Leodici Eburonum*, 1690, in-8. *v.* — Defensio Arnaldina sive analytica synopsis libri de correptione et gratia. *Antverpiæ*, 1700, in-12. *v.* — Histoire abrégée de la vie et des ouvrages de M. Arnauld. *Cologne*, 1695, in-12. *v.* — Lettre apologétique pour M. Arnaud. *Cologne*, 1688, in-12. *v. br.*

18. **Arnauld (Ant.)**, Lettres. *Nancy*, 1727, 9 vol. in-12. *v. fil.*

19. **Arnauld d'Andilly**, Instructions chrestiennes, tirées des lettres de J. Du Verger de Hauranne. *Paris*, 1672, in-8. *v. fil. d. s. tr.* — Arnauld d'Andilly, OEuvres chrestiennes. *Paris*, 1645, in-12. *v. br.*

20. **Arnauld (La mère Marie Angélique)**. Lettres. *Utrecht*, 1742, 3 vol. in-12. *v.* — La même, Discours. *Utrecht*, 1735, in-12. *v. f.*

21. **Augustini (S.)** opera, studio monachorum ordinis S. Benedicti. *Parisiis*, 1679-1696, in-fol. tom. 1, 3, 4, 5, 8, 9, 10.

22. **Augustini** et veterum ejusdem discipulorum opuscula insignioria. *Lovanii*, 1647, 3 vol. in-4. *v. f. fil.*

23. **Augustin (S.)**, De la correction et de la grace, trad. par Ant. Arnauld. *Paris*, 1647, in-8. *parch.* — De la sainte virginité, trad. en franç. par Cl. Seguenot. *Paris*, 1638, in-8. *parch.* — De la véritable religion et des mœurs de l'église catholique, trad. en franç. *Paris*, 1690, in-8. *mar. n. d. s. tr.* — De l'ouvrage des moynes; S. Thomas et S. Bonaventure sur le mesme sujet, le tout rendu en franç. par J. P. Camus. *Paris*, 1633, in-8. *parch.* — Deux traitez des livres de l'ordre et du libre arbitre, trad. en franç. *Paris*, 1701, in-8. *v.* — Réflexions sur la vie de J. C. trad. en franç. *Paris*, 1683, in-8. *v.*

24. **Augustin (S.)**, Lettres, trad. en franç. par Du Bois. *Paris*, 1701, 6 vol. in-8. *v.*

25. **Augustin (S.)**, Sermons sur le N. T., trad. en franç. *Paris*, 1694, 4 vol. in-8. *v. non unif.* — Augustin (S.), Sermons sur les Pseaumes. *Paris*, 1683, 7 vol. in-8. *v.*

26. **Augustin (S.)**, Commentaires sur le sermon de N. S. sur la montagne. *Paris*, 1701, in-12. *v. br.* — Confessions, trad. en franç. par Arnauld d'Andilly. *Paris*, 1660, in-12. *mar. r. fil. d. s. tr.* — Le livre de l'esprit et de la lettre, trad. en franç. par Du Bois. *Paris*, 1700, in-12. *dem. rel.* — Le livre de S. Augustin de la foy, de l'espérance et de la charité, trad. par Ant. Arnauld. *Paris*, 1718, in-12. *v.*

br.—Le livre de la véritable religion. *Bruxelles*, 1675, in-12. *parch.* — Sermons sur les sept pseaumes de la pénitence, trad. en franç. par de l'Estang. *Paris*, 1661, in-12. *v. br.* — Les six livres contre Julien, trad. en franç. *Paris*, 1737, 2 vol. in-12. *v.*—Soliloques, méditations, manuel et livre de l'esprit et de la lettre, trad. par Dubois. *Paris*, 1771, in-12. *v.*—Traduction du livre des mœurs de l'église catholique par Ant. Arnauld. *Paris*, 1720, in-12. *bas.* — Traités choisis sur la grace de Dieu, le libre arbitre de l'homme et la prédestination des saints. *Paris*, 1757, 2 vol. in-12. *v.* — Explication de l'oraison dominicale, composée des pensées et des paroles de S. Augustin. *Paris*, 1674, in-12. *v. br.* — Défense de la doctrine de S Augustin, touchant la grace efficace par elle-même. *Utrecht*, 1734, in-12. *bas.*

27. Aurati (P.) Paradoxa ad profligandas hæreses. *Parisiis*, 1543, in-8. *mout.*

28. Aurelii (P.) opera. *Parisiis*, 1646, in-fol. *v. br.*

29. Avila (d'), OEuvres spirituelles faictes en hespagnol et mises en franç. par G. Chappuis. *Paris*, 1589, in-8. *parch.* — Davila (J.), Epistres spirituelles, trad. par Sim. Martin. *Paris*, 1653, 2 vol. in-12. *v.*

30. Baltus, Défense des prophéties de la religion. *Paris*, 1737, 3 vol. in-12. *br.*

31. Bandelis (V. de), Tractatus de puritate et prærogativa conceptionis S. N. J. C. *Ad exemplar impressum Bononiæ* 1481. in-12. *v.* — Antist (V. J.), Traité de l'immaculée conception de la mère de Dieu, trad. de l'espag. *Paris*, 1706, in-12. *v. br.* — Berulle (P. de), Discours de l'état et des grandeurs de Jésus, par l'union ineffable de la divinité avec l'humanité. *Paris*, 1623, in-8. *parch.*

32. Basile (S.), Ascétiques, trad. par God. Hermant. *Rouen*, 1728, in-8. *br.* — Homilies sur l'hexameron, mises de grec en françois. *Paris*, 1616, in-8. *parch.* — Lettres, trad. du grec. *Paris*, 1701, in-8. *v.* — Sermons, avec les sermons de S. Astere, trad. du grec. *Paris*, 1691, in-8. *v.*

33. Beaulxamis (Th), Résolution sur certains pourtraictz et libelles, intitulez du nom de marmitte, faulsement imposé contre le clergé de l'église de Dieu. *Paris*, 1562, pet. in-8. *dem. rel.*

34. Bedæ opuscula quædam inedita, accessit Egberti dialogus de ecclesiastica institutione. *Parisiis*, 1666, in-8. *parch.*

35. Bellarminus (R.), De controversiis christianæ fidei adversus hujus temporis hœreticos. *Lugd.*, 1610, in-8. tom. 1, 3, 4. *parch.*

36. Bellegarde (de), Sentimens sur les véritez de la reli-

gion et de la morale. *Paris*, 1704, in-8. *v.* — Besombes de St. Genies, Sentimens d'une ame pénitente. *Paris*, 1787, 2 vol. in-12. *bas.*

37. Benedicti XIII Sermones super librum Exodi. *Augustæ Vindel.*, 1734, 2 tom. en 1 vol. in-4. *v.*

38. Benoist de Canfeld, Reigle de perfection. *Paris*, 1648, in-12. *parch.* — Besson (G.), Instructions chrétiennes. *Paris*, 1692, in-8. *v.*

39. Bernardi (Sti.) opera. *Parisiis, Typ. Reg.*, 1640, 5 tom. en 6 vol. in-fol. *v. br.*

40. Bernardi (Sti.) opera, ed. J. Mabillon. *Parisiis*, 1690, tom. 2. in-fol. *v. br.*

41. Bernard (S.), Lettres trad. par Ant. de S. Gabriel. *Paris*, 1672, 4 vol. in-8. *v. br.* — Bernard (S.), Traitez spirituels, trad. en franç. par Ant. de S Gabriel. *Paris*, 1674, in-8. *v. br.* — Bernard (S.), Traitez doctrinaux, trad. en franç. par A. de S. Gabriel. *Paris*, 1675, in 8. *v. br.*

42. Bernard (S.), Sermons sur diverses sortes de sujets, trad. en franç., par Ant. de S. Gabriel. *Paris*, 1681, in-8. *v.* — Sermons du tems, trad. en franç. par Ant. de S. Gabriel. *Paris*, 1677, in-8. *v.* — Sermons sur les festes des saints, trad. par Ant. de S. Gabriel. *Paris*, 1678, in-8. *v.* — Sermons sur le Ps. *qui habitat in adjutorio*, avec les deux serm. de S. Augustin, sur le même Ps., trad. en franç. *Paris*, 1658, in-8. *mar. n. à comp. d. s. tr.* — Sermons sur le cantique des cantiques. *Lyon*, 1686, 2 vol. in-8. *v.* — Vie de S. Malachie. — Le même, sermons sur le Ps. *quihabitat.* — Le même, Traité de l'amour de Dieu. — Le même, Traité du mépris du monde. in-8. *v. br.*

43. Bernard (S.), De la manière de bien vivre, trad. en franç. *Paris*, 1692, in-12. *br.* — Trad. de trois ouvrages (de la conversion des mœurs de la vie solitaire, etc.). *Paris*, 1656, in-12. *v. br.* — Traité de la considération, trad. en franç. par Ant. de S. Gabriel. *Paris*, 1672, in-8. *v. br.* — Traité de l'amour de Dieu, trad. en franç. *Paris*, 1667, in-8. *v.* — Liber florum beati Bernardi. *Parisiis*, 1503, in-8. *goth. v.*

44. Bernieres de Louvigny, Œuvres spirituelles. *Paris*, 1670, 2 part. en 1 vol. in-8. *v. br.*

45. Bertrandi (Card.) sermones quadragesimales epistolares. *Argentine*, 1501, in-4. *goth. non rel.* — Bertrandi (Card.) sermones de tempore, pars estivalis. *Parisiis*, 1501, in-4. *goth. non rel.*

46. (Besoigne), Principes de la justice chrétienne, ou vie des justes. *Paris*, 1762, in-12, *v.* — Principes de la pénitence et de la conversion. *Paris*, 1764, 2 vol. in-12, *v.* — Principes de la perfection chrétienne et religieuse (par Besoigne). *Paris*, 1766. in-12. *v.* — Morale des Apôtres, ou concorde des Épistres de saint Paul et de toutes les Épistres canoniques du N. T. *Paris*, 1747, in-12, *v.*.

47. Bhaguat-Geeta ou dialogues de Kreesna et d'Ar-
joon, trad. par Parraud. *Paris*, 1787, in-8. *br.*
48. Biblia sacra. tom. 2, in-4. *v.*
    Manuscrit sur vélin.
49. Biblia sacra polyglotta. ed. B. Waltono. *Londini*,
    1657, in-fol. *v. br.* tom. 1, 2, 4, 5, 6.
50. Biblia polyglotta. ed. G.M. Lejay. tom. 5 p. 3 et tom.
    7. *Parisiis*, 1633, 1642, in-fol. *v. d. s. tr.* (*aux
    armes*).
51. Biblia sacra variarum translationum. *Antverpiæ*,
    1616, 3 vol. in-fol. *vel.*
52. Biblia sacra, edd. J. Mariana, Emm. Sa et P. Lansse-
    lio. *Antverpiæ, ex officina Plantiniana*, 1624, 2 vol.
    in-fol. *v. br.*
53. Biblia sacra, distincta versiculis, indiceque epis-
    tolarum et Evangeliorum aucta. *Lugduni*, 1727, 7
    vol. in-12. *v. br.*
54. Biblia maxima, cum annotationibus, N. de Lyra et
    aliorum, stud. et opera J. de la Haye. *Lut. Paris.*
    1660, in-fol. tom. 19. *v. br.*
55. Bible, traduite en françois, par de Sacy. *Paris*, 1686
    et autres, 32 vol. in-8. *v.*
56. Bible (Ste.), trad. en franç. selon la Vulgate. *Bruxelles*,
    1700, 3 vol. in-4. *v. br.*
57. Bible (Ste.), trad. en franç., par de Sacy. *Anvers*,
    1700, 9 vol. in-12. *v. br.*
58. Bible (Ste.), trad. en franç., par Le Maistre de Sacy,
    lat. et franç. *Bruxelles*, 1700, 37 vol. in-12. *v. non
    unif.*
59. Bible (Ste.), en latin et en franç. avec des notes, par
    Le Maistre de Sacy. *Paris*, 1700, 16 vol. in-12. *v. br.*
60. Bible (Ste.), trad. en franç., par de Sacy. *Liége*,
    1701, 3 vol. fol. *v.*
61. Bible (Ste.), trad. en franç., par Le Maistre de Sacy.
    Paris, 1701, 2 vol. in-4 *v. br.*
62. Bible (Ste.), trad. en franç., par de Sacy. *Bruxelles*,
    1701, 8 vol. in-12 *v. br.*
63. Bible (Ste.), trad. en franç., par Le Maistre de Sacy.
    Liége, 1702, in-fol. *v.*
64. Bible (Ste.), trad. en franç., par Le Maistre de Sacy.
    Paris, 1711, 2 vol. in-4. *v.*
65. Bible (Ste.), contenant l'ancien et le nouveau testa-

ment en latin et en franç. avec des notes, par Le Maistre de Sacy. *Paris*, 1711, 16 vol. in-12. *v. br.*

66. Bible (Ste.), trad. en franç., par Le Maistre de Sacy. *Paris*, 1717, 3 vol. in-12. *v.*

67. Bible (Ste.), trad. en franç., par Le Maistre de Sacy. *Paris*, 1724, in-fol. *v.*

68. Bible (Ste.), trad. en franç., par Le Maistre de Sacy. *Paris*, 1730, 2 vol. in-4. *v.*

69. Bible (Ste.), trad. en franç., par Le Maistre de Sacy. *Paris*, 1730, 10 vol. pet. in-12, *v.*

70. Bible avec commentaires par Calmet. — Genese. *Paris*, 1715, in-4. *v.*—Nombres et Deutéronomes. *Paris*, 1709, in-4. *v.*—Josué, les Juges et Ruth. *Paris*, 1711, in-4. *v. br.*—Les IV livres des Rois et les Paralipomènes. *Paris*, 1712, in-4. *v.* — Esdras, Tobie , Judith et Esther. *Paris*, 1712, in-4. *v.*—Les Pseaumes. *Paris*, 1713 , in-4. tom. I. *v.* — Proverbes , Ecclésiaste, Cantique des cantiques , Sagesse de Salomon. 1713 , in-4. *v.* — Jérémie et Baruch. *Paris*, 1714 , in-4. *v.* — Evaugile de S. Mathieu. *Paris*, 1725, in-4. *v.* — Evangiles de S. Marc et de S. Luc. *Paris*, 1715, in-4. *v.* — Evangiles de S. Jean. *Paris*, 1715, in-4. *v.* — Commentaire sur les Epitres de S. Paul. *Paris*, 1730, 2 vol. in-4. *v.* — Epîtres canoniques et Apocalypse. *Paris*, 1716, in-4. *v.*— Actes des apôtres. *Paris*, 1715, in-4. *v.*

71. Bible (Ste), en latin et en françois, avec des notes, etc., tirées des comment. de Calmet, de Vence, etc. *Paris*, 1748-1750, 14 vol. in-4. *v.* (Le tome 11 manque.)

72. Bible Ste), en latin et en françois, avec des notes par Calmet et de Vence. *Paris*, 1767, 17 vol. in-4. *cart. non rognés.*

73. Bible (Ste), trad. en franç. par Sacy, avec des notes par Calmet et de Vence, revue par Rondet. (Anc. Test. 17 vol.—Nouv. Test. 8 vol.—Explicat. 8 vol.) *Nismes*, 1781, 33 vol. in-8. *bas.*

74. Bible (Ste), avec un commentaire par de Carrières. *Paris*, 1750, 6 vol. in-4. (Le tome 3 manque.)

75. Bibliotheca veterum Patrum seu scriptorum ecclesiasticorum. *Parisiis*, 1624, 2 vol. in-fol. *v. br.*

76. Bibliothecæ Græcorum Patrum novum auctuarium. *Parisiis*, 1648, 2 vol. in-fol.

77. Bibliothèque évangélique. 1672 - 1694 , 3 vol. in-8. *v.*

78. Binsfeld (P.), Tractatus de confessionibus malefico-

rum et sagarum. *Augustæ Trevirorum*, 1596, in-8. *peau de truie.*

79. **Biroat (J.).** Panégyriques des saints. *Paris*, 1668, 3 vol. in-8. *parch.* — Sermons pour tous les jours de Caresme. *Paris*, 1668, 2 vol. in-8. *parch.* — Sermons sur les mystères de la Vierge. *Paris*, 1669, in-8. *parch.*

80. **Bocharti (Sam.)** Hierozoicon sive de animalibus scripturæ. *Londini*, 1663, in-fol. *v. f.*

81. **Bocquillot (L. A.), Homélies.** *Paris*, 1690-1692, 6 vol. in-12. *v.*

82. **Boileau (J.),** De corpore et sanguine Domini. *Parisiis*, 1712, in-12. *v.* — De re beneficiaria. 1710, in-12. *v.* — Ancyrani disquisitiones de residentia canonicorum. *Parisiis*, 1695, in-8. *v.* — Disquisitio quæstionis : an Cephas quem reprehendit S. Paulus fuerit S. Petrus, etc. *Parisiis*, in-12. *v. br.* — Historia confessionis auricularis. *Lut. Paris.*, 1684. — Idem, Disquisitio de sanguine corporis Christi post resurrectionem. *Parisiis*, 1681, in-8. *v.* — Historia flagellantium. *Parisiis*, 1700, in-12. *v. br.* — Historica disquisitio de re vestiaria hominis sacri. *Amst.*, 1704, in-12. *v. br.*

83. **Boileau (J.),** Homélies et sermons sur les évangiles du Carême. *Paris*, 1712, 2 vol. in-12. *v.* — Lettres sur différents sujets de morale et de piété. *Paris*, 1738, 2 vol. in-12. *v.* — Panégyriques choisis. *Paris*, 1718, in 12. *v. br.* — Pensées choisies. *Paris*, 1707, in-12. *v.*

84. **Bona.** Le Chemin du ciel, trad. en franç. *Paris*, 1708, in-12. *v. br.* — La Guide du ciel, trad. par Fr. du Suel. *Paris*, 1693, in-12. *v. br.* — Principes et règles de la vie chrétienne, trad. en franç. par le prés. Cousin. *Paris*, 1693, in-12. *mout.*

85. **Bonal (Fr.), Christianus hujus Temporis, latinitate donatus A. Ud. Dirrhaimer.** *Aug. Vindel*, 1709, in-fol. *v.*

86. **Bonaventuræ (S.) Opera.** *Lugduni*, 1668, in-fol. *v.* Tom. 2, 3, 4, 5, 6, 7.

87. **Bonaventuræ (S.) Sermones aurei atque subtiles de tempore et de sanctis.** *Basilien*, 1502, in-4. *goth. non rel.* — Bonaventure, De l'Amour de Dieu, trad. par Godeau. *Paris*, 1712, in-12. *v. br.*

88. **Bonneville (Nic.), De l'Esprit des religions,** *Paris*, 1792, 2 vol. in-8. *br.*

89. **Bossuet, OEuvres.** *Paris*, 1772, tom. 1 à 18, in-4. *cart.* (Le tome 16 manque. La préface est séparée.)

90. **Bossuet, Défense de la déclaration de l'assemblée du clergé de France de 1682.** 1745, 3 vol. in-4. *cart.*

91. **Bossuet,** Conférence avec Claude sur la matière de l'Église. *Paris*, 1682, in-12. *v.* — Défense de l'histoire des variations. *Paris*, 1727, in-12. — Exposition de la doctrine de l'église catholique. *Paris*, 1697, in-12. *v.* — Instruction et seconde instruction sur le N. T. imprimé

(9)

à Trévoux en 1702. *Paris*, 1702-1703 , 2 vol. in-12. *v f.* — Instruction sur les estats d'oraison. *Paris*, 1697, in-8. *v. br.* — Méditations
sur la rémission des péchez. *Paris*, 1729. — Le même, Maximes et
réflexions sur la comédie. *Paris*, 1728. — Sermon sur l'unité de l'é-
glise. — Le même, Lettre sur l'adoration de la croix. *Paris*, 1726,
in-12. *v. br.* — Retraite de dix jours. *Nancy*, 1760, in-12. *bas.* —
Recueil d'oraisons funèbres. *Paris*, 1774, in-12. *br.*

92. Boucher (le p.), OEuvres spirituelles. *Paris*, 1621,
in-8. *parch.* — Brun (le p. P.), Le pourtraict du sacré
et céleste espoux, tiré du cinquiesme des cantiques.
Tolose, 1627 ; in-8. *parch.*

93. Boudon (H. M.), Le chrétien inconnu. *Paris*, 1701, in-12.
v. br. — Dieu inconnu. *Paris*, 1692, in-12. *v.* — Dieu seul, le saint
esclavage de l'admirable mère de Dieu. *Paris*, 1674, in-12. *v. br.* —
Dieu seul ou l'Association pour l'interest de Dieu seul. *Paris*, 1739,
in-24. *v.* — Le malheur du monde. *Paris*, 1697, in-12. *v.* — Le
règne de Dieu en l'oraison mentale. *Paris*, 1683, in-12 *v. br.* — Les
saintes voyes de la croix. *Paris*, 1682, in-12. *v.* — La vie cachée avec
Jésus en Dieu. *Paris*, 1769, in-12. *bas.*

94. Bouhours, Pensées ingénieuses des pères de l'église.
Paris, 1700 , in-12. *v.*

95. Bourdaloue , Sermons : Avent et Carême. *Paris, Rigaud,* 1707,
4 vol. in-8. *v. br.* — Dominicales. *Paris, Rigaud,* 1716, 3 vol. in-8.
v. br. — Exhortations et instructions chrestiennes. *Paris*, 1721, in-8,
tome 2. — Mystères. *Paris, Rigaud,* 1709, 2 vol. in-8. *v.* — Panégyriques. *Paris, Rigaud,* 1711, 2 vol. in-8. — Retraite spirituelle.
Paris, Rigaud, 1721, in-8. *v. br.*

96. Bourdaloue , mystères. *Paris, Rigaud,* 1709, 2 vol.
in-8. *mar. r. fil. d. s. t.*
Aux armes de Letellier.

97. Bourdaloue , Avent et Carême. *Paris,* 1708, 4 vol. in-12. *non
unif.* — Dominicales. *Paris, Rigaud,* 1721, 4 vol. in-12. *v.* — Exhortations. *Paris, Rigaud,* 1721, 2 vol. in-12, *v.* — Mystères. *Paris,
Rigaud,* 1709, 2 vol. in-12. *v.* — Panégyriques. *Paris, Rigaud,* 1712,
2 vol. in-12. *v.* — Retraite. *Paris, Rigaud,* 1721, in-12. *v.*

98. Bourdaloue, Pensées. *Paris,* 1803, 3 vol. in-12. *bas.*

99. Bourée (E. B.), Homélies sur les évangiles de tous les dimanches de l'année. *Lyon,* 1703, 4 vol. in-12. *v.* — Sermons pour
l'advent. *Lyon,* 1705, 2 vol. in-12. *v.* — Carême. *Lyon,* 1704, 4 vol.
in-12. *v.* — Mystères de N. S. J. C. et de la T. S. Vierge. *Lyon*,
1703, 3 vol. in-12. *v.* — Octave de l'assomption de la T. S. Vierge.
Lyon, 1704, in-12. *v.* — Octave du Saint-Esprit. *Lyon,* 1704 in-12. *v.*
— Octave du T. S. Sacrement de l'autel. *Lyon,* 1704, in-12 *v.*
— Octave des morts. *Lyon,* 1704, in-12. *v.* — Panégyriques des principaux saints. *Lyon,* 1702, 5 vol. in-12. — Discours ou conférences
de deux retraites pour préparer les jeunes ecclésiastiques aux ordres
sacrés. *Paris,* 1703, in-12. tom. 2. — Méditations pour deux retraites
de dix jours. *Lyon,* 1707, in-12. *v.* — Retraite pour ceux qui désirent
se convertir. *Lyon,* 1704, in-12, tom. 1.

100. Bourignon (Mlle.), L'académie des scavans théologiens. *Amst.*, 1681, 3 part. en 1 vol. in-8. *parch.* — L'Antechrist découvert. *Amst.*, 1681, 3 part. en 1 vol. in-8. *parch.* — Avis et instructions salutaires. *Amst.*, 1684, in-8. *parch.* — Les pierres de la nouvelle Jérusalem. *Amst.*, 1683, in-8. *parch.* — Le témoignage de vérité. *Amst.*, 1682, 2 vol. in 8. *parch.* — Tombeau de la fausse Théologie. *Amst.*, 1671-1672, 2e, 3e et 4e parties, 2 vol. in-8. *v. br.* — Traité de la solide vertu. *Amst.*, 1676, in-8. *parch.* — Vie de mademoiselle Ant. Bourignon. *Amst.*, 1683, in 8. *parch.*

101. Brenii (Dan.) Opera theologica. *Amstel.*, 1666, in-fol. *vel.*

102. Bretonneau, Sermons, 1749. — Avent, 1 vol. — Carême, 3 vol. — Mystères, 3 vol., ens. 7 vol. in-12, *v.*

103. Bretteville, Essais de sermons. *Paris*, 1685, 4 vol. in-8. *v.* — Essais de panégyriques. *Paris*, 1692, 2 vol. in-8. *v.* — Essais de sermons pour les dominicales. *Paris*, 1696, 2 vol. in-8. *v.* — Essais de sermons pour l'Advent. *Paris*, 1698, in-8. *v.* — L'éloquence de la chaire et du barreau selon les principes de la rhétorique sacrée et profane. *Paris*, 1698, in-12. *v.*

104. Bréviaire de Paris, trad. en françois. *Paris*, 1742, 8 vol. in-4. *cart.*

(La deuxjème partie d'Automne manque.)

105. Bréviaire tiré du romain, accommodé à l'usage des religieuses ursulines. *Paris*, 1685, in-8. *mar. n.*

106. Bréviaire romain. *Paris*, 1702, 2 vol. gr. in-8. *mar. n. à compart. d. s. t.*

107. Bréviaire romain. *Paris*, 1781, 4 vol. gr. in-8. non rel. (*La partie d'automne est tachée.*)

108. Breviarium S. Lugdunensis ecclesiæ. *Lugduni*, 1736, 4 vol. in-8. *mar. r. dent. d. s. tr. lavé réglé.*

109. Breviarium Parisiense. *Parisiis*, 1734, 4 vol. in-12. *mar. r. et n. d. s. tr.*

110. Breviarium præmonstratense, J. B. Lecuy auctoritate editum. Pars æstiva. *Nanceii*, 1786, in-4. *v.*

111. Breviarium romanum. *Parisiis*, 1750, 4 vol. in-12. *mar. r. et v. d. s. tr.*

112. Breviarium romanum. *Lugduni*, 1756, in-12. *v.*

113. Breviarium ecclesiæ Rotomagensis. *Rotomagi*, 1728, 2 vol. in-8. *v.*

114. Bulengeri (J. C.) Opuscula. *Lugduni*, 1621, 2 tom. en 1 vol. in-fol. *v. br.*

115. Bulli (G.), Harmonia apostolica. *Londini*, 1671, in-4. *v. br.*

116. Busæus (J.), Apologeticus disputationis theologicæ de persona

Christi adversus ubiquitarios editæ. *Moguntiæ*, 1608, in-4. *parch.* —
De statibus hominum liber. *Moguntiæ*, 1613. in-4. *peau de truie*. —
Panarium, hoc est, arca medici variis divinæ scripturæ priscorumque
patrum antidotis adversus animi morbos instructa. *Moguntiæ*, 1608,
in-4. *peau de truie*.

117. Busembaum, Medula de la theologia moral, trad.
en español, por V. Ant. Ibañez de Aoyz. *Cuença*,
1674, in-4. *parch.*

118. Busti (B. de), Rosarium sermonum predicabilium
ad faciliorem predicantium commoditatem noviter
compilatum. *Lugduni*, 1513, 2 vol. in-4. *goth. v. br.*
(Les derniers feuillets du tome 1 sont manuscrits.)

119. Cæsarii quæstiones theologicæ et philosophicæ gr.
et lat. editæ Ab. El. Ehingero. *Aug. Vindel.*, 1626,
in-4. *parch.*

120. Camus, Apologie pour les réguliers. *Paris*, 1657, in-8. *parch.*
— Les debvoirs du bon paroissien. *Paris*, 1641, 2 vol. in-8. *parch.* —
Deux conférences par escrit entre Drelincourt et J. P. Camus, év.
de Belley. *Paris*, 1642, in-8. *v.* — Le directeur spirituel désinté-
ressé. *Paris*, 1632, in-8. *parch.* — Les emplois de l'ecclésiastique du
clergé. *Paris*, 1643, in-8. *v.* — Epistres théologiques sur la prédestination, la grâce et la liberté. *Paris*, 1652, in-8. *v.* — Esprit de
S. François de Sales *Paris*, 1650, in-8. *parch.* — Offices du pasteur
paroissial. *Paris*, 1642, in-8. *parch.* — Quatre exercices touchant la
vie intérieure. *Paris*, 1643, in-8. *parch.* — Traicté de la pauvreté
évangélique. *Besançon*, 1634, in-8. *parch.*

121 Camus, Esprit du B. François de Sales. *Paris*, 1641,
in-8. *mar. cit. à comp. d. s. tr. et parch.* tom. 2, 3, 4,
5, 6.

122. Camus (J. P.) év. de Belley, Homélies festives. *Lyon*, 1625,
in-8 *parch.* — Homélies panégyriques de saint Charles-Borromée. *Paris*,
1623, in-8. *parch.* — Homélies spirituelles sur le Cantique des Cantiques. in-8. *parch.* (Le titre manque.) — Meslanges d'Homélies. *Paris*,
1622, in-8. *parch.* — Métanée ou de la pénitence, Homélies. *Paris*,
1619, in-8. *parch.* — Metaneacarpie ou des fruits de la pénitence.
Paris, 1620, in-8. *parch.* — Premières Homélies diverses. *Paris*, 1619,
in-8. *parch.* — Premières Homélies eucharistiques. *Paris*, 1618, in-8
parch. — Premières Homélies mariales. *Paris*, 1619, in-8. *parch.* —
Premières Homélies quadragésimales. *Paris*, 1618. in-8. *parch.* —
Sermons reslevez ou Homélies dominicales. *Douai*, 1618. in-8 *parch.*

123. Camus, les diversitez. *Paris*, 1612. 10 vol. in-8.
parch.
     (Le tome 8 manque.)

124. Canisii (P.), Catechismus græco-latinus. *Ingolstadii*, 1606. pet. in-12. *v.*

125. Caramuel (J.), Theologia regularis. *Francofurti*,
1646. in-4. *non rel.*

126. **Carrieres (le p. de)**, Commentaire littéral sur les nombres. *Paris*, 1715, in-12. *v.* — Commentaire littéral sur Josué. *Paris*, 1715, in-12. *v.* — Commentaire sur les Pseaumes de David. *Paris*, 1714, in-12. *v. f.* — Commentaire littéral sur Isaie. *Paris*, in-12, *v.* — Commentaire sur Jérémie. *Paris*, 1713, in-12. *v.* — Commentaire littéral sur Ézéchiel. *Paris*, 1714. in-12. *v.* (Mouillé.) — Commentaire littéral sur l'histoire de la concorde des quatre Evangélistes. *Paris*, 1712, 2 tom. en 1 vol. in-12. *v.*

127. **Cassien, Conférences**, trad. en franç. par de Saligny. *Lyon*, 1682, 2 vol. in-8. *v.* — Cassien, Institutions, trad. en franç. par de Saligny. *Paris*, 1667, in-8. *v.*

128. **Catechismus ex decreto concilii tridentini ad Parochos.** *Luxemburgi*, 1763, 2 tom. en 1 vol. in-8. *bas.*

129. **Catéchisme de Montpellier**, par Ch. J. Colbert. *Paris*, 1710, 3 vol. in-12. *v.* — Catéchisme du dioècse de Nantes, par Mesnard. *Nantes*, 1723, in-8. *v.*

130. **Caussin (Nic.)**, La cour sainte. *Paris*, 1633, 5 vol. in-8. *mar. r. à compart. d. s. tr.* (le tom. 5 est en *v. f.*)

131. **Certitude des preuves du mahométisme**, par Ali-Gier-Ber (Anacharsis Clootz). *Londres*, 1780, 2 tom. en 1 vol. in-12. *dem. rel.*

132. **Chardon de Lugny**, Traité de la vérité de la religion chrétienne. *Paris*, 1700, 2 vol. in-12. *v.* — Ferrand, Réflexions sur la religion chrétienne. *Paris*, 1679, 2 vol. in-12. *v.*

133. **Cheffontaines (F. Chr.)**, La deffense de la foy de noz ancestres. *Paris*, 1571, in-8. *parch.* — Cheffontaines (Fr. Chr.), Second livre de la déffense de la foy de noz ancestres. *Paris*, 1568, in-8. *parch.* — Capite (de) Fontium (F. C.), Defensionis fidei majorum nostrorum liber secundus. *Romæ*, 1577, in-8. *parch.*

134. **Cheminais (le p.)**, Sermons. *Paris*, 1693, 3 vol. in-12. *v.* — Giroust (le p.), Sermons. *Bruxelles*, 1742, 3 vol. in-12. *v.*

135. **Claude de Sainctes (F.)**, Déclaration d'aucuns atheismes de la doctrine de Calvin et de Bèze contre les premiers fondemens de la chrestienté. *Paris*, 1572, in-8. *parch.*

136. **Clavasio (Angeli de)**, Summa Angelica. *Lugduni*, 1516, in-4. *goth. non rel.* (*piq. de vers*). — Caietani (Th. de Vio) Summula peccatorum. *Coloniæ*, 1529, in-8. *parch.*

137. **Clément**, Exercices de l'ame pour se disposer aux sacremens

de pénitence et d'eucharistie, *Paris*, 1775, in-12. *bas.*— Exercices de
S. Ignace, trad. en franç. *Paris*, 1772, in-12. *v.* — Exercices et prières pour remplir saintement les principaux devoirs du christianisme.
Paris, 1756, in-12. *v.* — Instruction sur les indulgences. *Paris*,
1762, in-12. *bas.* — Maximes pour se conduire chrétiennement dans
le monde. *Paris*, 1753, in-12. *v.* — Méditations sur la passion de J. C.
Paris, 1764, 3 vol. in-12. *bas.*

138. **Clément**, Sermons pour l'avent. *Paris*, 1770, in-12, *v.* —
Sermons pour le carème. *Paris*, 1770, 3 vol. in-12. *v.* — Sermons,
Mystères. *Paris*, 1771, 2 vol. in-12. *v.* — Panégyriques des saints.
Paris, 1772, 3 vol. in-12. *v*

139. **Clugny (le p. de)**, Sujets d'oraison sur les saints et
les saintes les plus remarquables. *Lyon*, 1696, 2 vol.
in-12. *v.* — Conférences ou exhortations monastiques
par un religieux bénédictin de la congrég. de S. Maur.
Paris, 1692, in-4. *v.*

140. **Cocquius (And.)**, Historia Plantarum, arborum et
herbarum quarum fit mentio in sacra scriptura. *Ulis-
singæ*, 1664, in-4. *vel.*

141. **Codex canonum ecclesiæ africanæ**, ed. Chr. Jus-
tello. *Lut. Paris.*, 1615, in-8, *parch.*

142. **Colbert, Ev. de Montpellier**, Instructions générales
en forme de catéchisme. *Paris*, 1714, in-4. *v. br.*

143. **Collet**, Examen des résolutions des principales difficultés qui
regardent l'office divin. *Paris*, 1756, in-12. *bas.* — Traité des devoirs
des gens du monde et surtout des chefs de famille. *Paris*, 1763,
in-12. *bas.* — Traité des indulgences et du Jubilé. *Paris*, 1759, 2 vol.
in-12. *bas.* — Collin (Nic.), Observations sur le traité des dispenses,
par Collet. *Nancy*, 1765, in-12. *br.*

144. **Conduite asseurée des ames à leur perfection.** *Lyon*,
1628, in-8. *v.* — Conduite chrétienne et religieuse,
selon les sentimens de la V. M. Marguerite du Saint-
Sacrement. *Lyon*, 1687, in-8. *v. br.*

145. **Conférences ecclésiastiques du diocese d'Angers.**
Paris, 1755, 19 vol. in-12. *v.*

146. **Conférences ecclésiastiques du diocèse de Condom.**
Paris, 1702, 2 vol. in-12. *v.* — Conférences ecclésiastiques du diocèse de Langres. *Lyon*, 1684, 2 vol.
in-12. *v.* — Conférences ecclésiastiques du diocèse de
Lodève. *Paris*, 1749, 5 vol. in-12. *v.*

147. **Conférences ecclésiastiques du diocèse de Luçon.**
Paris, 1684, 11 vol. in-12. *v.*

148. **Conférences ecclésiastiques de Paris, par Le Se-
mellier.** *Paris*, 1748, 19 vol. in-12. *v.*

149. **Conférences ecclésiastiques de Paris, sur le ma-

riage. *Paris*, 1735, 5 vol. in-12. *v.* — Conférences de Paris, sur l'usure et la restitution. *Paris*, 1775, 4 vol. in-12. *v.*

150. Conformité de la conduite de l'Eglise de France pour ramener les protestans, avec celle de l'Eglise d'Afrique pour ramener les donatistes à l'Eglise catholique. *Paris*, 1686, in-12. *v. br.* — Brueys, Examen des raisons qui ont donné lieu à la séparation des protestans. *La Haye*, 1683, in-12. *v. br.*

151. Considérations sur les dimanches et les fêtes des mystères, et sur les fêtes de la Vierge et des saints. *Paris*, 1671, 2 vol. in-8. *v.*

152. Constitution (la) Unigenitus avec des remarques. 1743, in-12. *v.* — Abrégé chronologique des principaux événements qui ont précédé la Constitution Unigenitus en 1732, in-12. *v.* — Anecdotes ou mémoires secrets sur la Constitution Unigenitus. *Trevoux*, 1744, 2 vol. in-12. *v. fil.* — Appellans célèbres. 1753. — Principes propres à affermir et à consoler dans les épreuves présentes et la Constitution *Unigenitus*, avec des réflexions. 1741, in-12. *v.* — Histoire du livre des Réflexions morales sur le Nouveau-Testament et la Constitution Unigenitus. *Amst.*, 1730, in-4. *v.* 2e part. — Poésies sur la Constitution Unigenitus. *Villefranche*, 1724, in-8, tom. I. *v.* — Recueil de pièces (6) relatives à la Constitution Unigenitus. in-12. *v.*

153. Covasrubias (P.), Sermonum dominicalium pars estivalis et pars hyemalis. *Parisiis*, 1520, 2 part. en 1 vol. in-4. *non rel.*

154. Crasset (le P.), Considérations chrétiennes pour tous les jours de l'année. *Paris*, 1700, 4 vol. in-12. *v. br.*

155. Crellii (J.), Opera. tom. 4. *Irenopoli*, 1656. in-fol. *v. br.*

156. Critique abrégée des ouvrages des auteurs ecclésiastiques. *Paris*, 1716, 2 vol. in-12. *v.* — Clerici (Dav.), Quæstiones sacræ Ed. J. Clerico. *Amst.*, 1685, in-12. *v.*

157. Croiset (le P.), Exercices de piété pour tous les jours de l'année. *Lyon*, 1759, 12 vol. in-12. *v.*
Juin manque.

158. Croiset (J.) Parallèle des mœurs de ce siècle et de la morale de J. C. *Lyon*, 1743, 2 vol. in-12. *v.* — Réflexions chrétiennes sur divers sujets de morale. *Paris*, 1710, 2 vol. in-12. *v.* — Retraite spirituelle pour un jour de chaque mois. *Paris*, 1710, 2 vol. in-12. *v.*

159. Desmarets (J.), Les délices de l'esprit. *Paris*, 1658, 4 part. en 1 vol. in-fol. *v.*

(15)

160. Démocrite (le) des reformez ou prétendus tels. *Lyon*, 1624, in-12. *parch.* — Forest (de la), Méthode d'instruction pour ramener les prétendus réformés à l'église romaine. *Paris*, 1784, in-12. *bas.*

161. Denys le Chartreux (le P. Denys-Lenuis de Rickel), De la munificence et libéralité de Dieu, avec la vie de l'Auteur, trad. en franç. par F. J. Morice, *Paris*, 1587, in-8. *parch.* — Carbo (L.), Interior homo, vel de suiipsius cognitione. *Venetiis*, 1585, in-8. *parch.*

162. Deylingii (Sal.), Observationes sacræ. *Lipsiæ*, 1708-1715, 3 tom. en 2 vol. in-4. *v. br.*

163. Dialogue sur le baptesme ou la vie de J. communiquée aux chrétiens dans ce sacrement. *Paris*, 1667, 2 part. en 1 vol. in-12. *parch.* — Diego de Estella, le second livre de la vanité du monde, mis en franç. par G. Chappuis. *Lyon*, 1612, in-8. *parch.*

164. Dissertation sur la condemnation des théâtres. *Paris*, 1694, in-12. *v.*

165. Diurnal de Paris, latin-françois. *Paris*, 1737, 3 vol. in-12. *m. v. doublé de tabis d. s. tr.*

166. Diurnal du Bréviaire romain. *Paris*, 1743, in 8. *v. d. s. tr.*
     Aux armes.

167. Divinité de N. S. J. C., prouvée contre les hérétiques et les déistes par les écritures de l'anc. et du nouv. testament. *Paris*, 1751, 3 vol. in-12. *v.* — Ditton (H.), la religion chrétienne démontrée par la résurrection de N. S. J. C., trad. de l'angl. *Amst.*, 1728, in-8. *cart.*

168. Dorothée (le P.), les plaisirs de la vie spirituelle. *Paris*, 1679, 3 vol. in-4. *v. br.* — Dorothée (S.), Instructions, trad. du grec. *Paris*, 1686, in-8. *v.*

169. Duegne (G.) le Miroir de consolation pour les tristes et les affligez, mis en franç. de l'espagn. par Fr. de Belleforest. *Paris*, 1582, in-8. *parch.* — Drelincourt (Ch.), Consolations de l'âme fidèle contre les frayeur de la mort. *Genève*, 1713, in-8. *v.*

170. Duguet, Explication des caractères que S. Paul donne à la charité. *Amst.*, 1728, in-12. *v.* — Traité sur la prière publique. *Bruxelles*, 1708, in-12. *v.*

171. Duhamel (J. B.), Institutiones biblicæ seu scrip-

turæ sacræ prolegomena. *Parisiis,* 1698, 3 vol. in-12. bas. — Duhamel (J. B.), Theologia speculatrix et prac- tica. *Parisiis,* 1690, in-8. tom. 1, 2, 4, 5, 6, 7.

172. **Dupin (L. El.),** Dissertation préliminaire où prolégomènes sur la bible. *Amst.,* 1701, 2 tom. en 1 vol. in 4. *v.* — Traité de la doc- trine chrétienne et orthodoxe. *Paris,* 1703, in-8. *v.* — Traité sur l'amour de Dieu. *Paris,* 1717, in-8. *v.* — Liber psalmorum, cum notis L. E. Dupin. *Parisiis,* 1691, in-8. *v.*

173. **Dupont (L.),** Méditations sur les mystères de la foy, trad. de l'espagn. *Paris,* 1688, 6 vol. in-12. *v.*

174. **Dupont (L.),** Abrégé des méditations sur les mystères de la foy. *Paris,* 1624, in-12. *parch.* — La direction spirituelle aux saincts sacremens de confession, communion, etc., trad. de l'espagn. par R. Gaultier. *Paris,* 1627, in-8. *parch.* — La Guide spirituelle, trad. de l'espagn. par le p. J. Brignon. *Paris,* 1689, 2 vol. in-8. *v.*

175. **Durand (F. J.),** Sermons nouveaux pour les prin- cipales solemnités chrétiennes. *Lausanne,* 1773, 3 vol. in-8. *br.*

176. **Ecclesiasticus** græce et latine, ex interpret. et cum notis J. Drusii. *Franequeræ,* 1596. — Liber hasmo- næorum gr. et latine ex interpretatione et cum notis J. Drusii. *Franequeræ,* 1600. — J. Drusii annotationes in Jesu Christi testamentum. *Franequeræ,* 1612, in-4. *parch.* — Drusii (J.) observationes sacræ. *Frane- keræ,* 1594. — Ejusdem de quæsitis per epistolam. 1695. — Ejusdem quæstiones hebraicæ. 1599. — Ejus- dem miscellanea locutionum sacrarum. *Franequeræ,* 1586. — Ejusdem de hæsidæeis. *Franequeræ,* 1603, in-8. *parch.*

177. **Elémens** de la philosophie du ciel (par de Vismes). *Paris,* 1806, in-8. *br.*

178. **Elisée (le p.),** Sermons. *Paris,* 1785, 4 vol. in-12. *v.* — Geoffroy (le p.), Sermons. *Lyon,* 1788, 4 vol. in-12. *v.*

179. **Eloges** historiques des saints. *Paris,* 1697, 4 vol. in-12. *v.*

180. **Epiphanii (S.)** opera, edd. Petavio et aliis. *Coloniæ,* 1682, in-fol. tom. 2. *v. br.*

181. **Ephraem** Syri opera, gr., syr., lat. *Romæ,* 1740, in-fol. *br.* (le tome 2).

182. **Ephrem le Syrien (S.),** Discours de la componction, trad. en franç. par Bosquillon. *Paris,* 1697, in-12. *v.* — Erasmus (Des.), De immensa Dei misericordia. *Ba-*

sileœ, 1524. — Ibidem modus orandi deum. *Basileœ*,
1524. — Ibidem de libero arbitrio. *Basileœ*, 1524,
pet. in-8. *v. br.* — Eymeric, Traité du légitime ministère de l'église. *Paris*, 1770, 2 vol. in-12. *v.*

183. (Fourmont) Mouaacah , Ceinture de douleur, ou réfutation du livre intitulé : Règles pour l'intelligence
des SS. Écritures. *Paris*, 1723, in-12. *v.*

184. (François.), Preuves de la religion de J.-C. contre
les spinosistes et les déistes. *Paris*, 1752, 8 vol. in-12.
bas.

185. François de Reims (le P.), la Vraie perfection de
de cette vie dans l'exercice de la présence de Dieu. *Paris*, 1646, 2 vol. in-12. *parch.* — Franc (le P. Ant.),
Méthode pratique pour converser avec Dieu. *Lyon*,
1776, in-12. *bas.*

186. François de Sales (S.), OEuvres. *Paris*, 1669 et
suiv., 12 vol. in-12. *v.*

187. François de Sales (S.), Défense de l'estendart de la sainte
croix de N. S. J.-C. *Lyon*, 1649, in-8. *mar. n.*— Epistres spirituelles.
Paris, 1661, in-8. *mar. n.* — Introduction à la vie dévote. *Paris*,
1666, in-8. *v.*—Traicté de l'amour de Dieu. *Paris*, 1647, in-8. *parch.*
— Les vrays entretiens spirituels. *Lyon*, 1630, in-8. *parch.*

188. Sales (St. François de), OEuvres. *Tolose*, 1637,
in-fol.. *non rel.*

189. François de Thoulouse, le Missionnaire apostolique,
Paris, 1682, 12 vol. in-8. *v.*

190. Fromentieres (J. L.), Sermons. *Paris*, 1691, 3 vol.
in-8. *v.* — Carême. *Paris*, 1696, 2 vol. in-8. *v.* —
OEuvres meslées. *Paris*, 1695, in-8. *v.*

191. Gabrielis Sermones de tempore. *Tubingen* , 1500.
— Ejusdem sermones de sanctis. in-4. *goth. non
rel.*

192. Gambart, le Missionnaire paroissial , ou sommaire
des exhortations familières sur les 52 dimanches de
l'année. *Paris*, 1685, 5 vol. pet. in-12. *v. br.*

193. Genet, Théologie morale. *Rouen*, 1739, 8 vol.
in-12. *v.*

194. Gentillet (Inn.), Examen concilii Tridentini. *Genevœ*, 1586 , in-8. *parch.*—Gentillet (Inn.), le bureau
du concile de Trente. 1586, in-8. *parch.*

195. Germain , Tradition de l'Eglise romaine sur la
prédestination des saints et sur la grâce efficace. *Co-*

logne, 1687, 3 vol. in-12. *v.* — Cordier (L.), Nouveau sistème sur la prédestination. 1749, in-12. *bas.* —D'Elbecque (Norb.), Dissolutio schematis Wyckiani Bipartiti de prædestinatione. *Antv.*, 1708, in-12. *v. br.*

196. Gerson (J.), Conclusiones de diversis materiis moralibus utiles. *Sans date*, in-4, *gothique, non rel.* (*les 3 premières feuillets déchirées*).

197. Gery (de), Prônes. *Paris*, 1788, 2 vol. in-12. *v. fil. d. s. t.* — Graveron (le p. de), Conférences sur divers sujets de morale et de piété. *Paris*, 1763, 2 vol. in-12. *bas.*

198. Gobinet, Instruction chrétienne des jeunes filles. *Paris*, 1772, in-12. *parch.*—Instruction de la jeunesse en la piété chrétienne. *Paris*, 1754, in-12. *bas.* — Instruction sur la pénitence et sur la sainte communion. *Paris*, 1751, in-12. *v.* — Instruction sur la religion. *Paris*, 1733, in-12. *v.*

199. Godeau (Ant.), Tableaux de la pénitence. *Paris*, 1700, in-12. *fig. v.* — Lettres sur divers sujets. *Paris*, 1713, in-12. *bas.* — Méditations sur le très saint sacrement de l'autel. *Paris*, 1674, in-12. *v.* — Paraphrase des pseaumes de David en vers françois. *Paris*, 1649, in-12. *v. br.*

200. Gotti (Vinc. L.) Theologia scholastico-dogmatica juxta mentem D. Thomæ Aquinatis. *Bononiæ*, 1727, 16 tom. en 7 vol. in-4.

201. Grancolas (J.), Traité de la messe et de l'office divin. *Paris*, 1713, in-12. *v.*

202. Grandeur de l'Eglise romaine établie sur l'autorité de saint Pierre et de saint Paul. 1645, in-4. — Glielmo (Ant.), Le Grandezze della santissima trinita. *Venetia*, 1665, in-4. *v. br.*

203. Graduale ad usum ordinis præmonstratensis. *Nanceii*, 1787, in-4. *v. br.*

204. Graduale Romanum. *Paris.*, 1697, in-8. *mar. n.*

205. Gravois (M. Ant.), De ortu et progressu, cultus ac festi immaculati conceptus B. Dei genetricis Virginis Mariæ. *Lucæ*, 1764, in-4. *v.*

206. Gregorii Nysseni (Sti.) opera, gr. et lat. *Parisiis*, 1638, 3 vol. in-fol. *v. br.* (le tome 2 est double).

207. Gregorii (S.) papæ opera, studio et labore monachorum ordinis Sti. Benedicti. *Parisiis*, 1705, in-fol. *v. br.* tom. 3.

208. Grégoire de Nazianze, Le prélat, trad. par Collin. *Paris*, 1640, in-12. *parch.* —Grégoire le grand, Com-

mentaire sur les neuf leçons de l'office des morts.
in-12. *v.* — Grégoire le grand (S.), Pastoral du minis-
tère·et des devoirs des pasteurs, trad. par Ant. de
Marsilly. *Paris*, 1694, in-12. *v.*

109. Granada (Luys de), Introduction del symbolo de
la Fe. *Salamanca*, 1590, in-fol. *parch.* (*editio princeps*).

110. Grenade (L. de), Catéchisme ou introduction au
symbole de la foi, trad. par Girard. *Paris*, 1688,
in-fol. *v. br.*

211. Grenade (de), Traité de l'oraison, trad. par Girard.
Paris, 1675, 2 vol. in-8. *v.*—Sermons, trad. de l'espagn.
Paris, 1698, 3 vol. in-8. *v.* — Mémorial, trad. par
Girard. *Paris*, 1665, 2 vol. in-8. *v.* — Addition au
mémorial, trad. par Girard. *Paris*, 1684, in-8. *v.* —
La guide des pécheurs, trad. par le même. *Paris*, 1679,
in-8. *v.* — Catéchisme, trad. par le même. *Paris*,
1665, 4 vol. in-8. *v.*

212. (Griffet), Année du chrétien. *Paris*, 1747, 18 vol.
in-12. *v.*

213. Grimaud (G.), La liturgie sacrée où l'antiquité, les
mystères et les cérémonies de la sainte messe sont expliquées. *Paris*, 1686, 3 vol. in-12. *v.*

214. Grosez (J. E.), Journal des saints et méditations
pour tous les jours de l'année. *Lyon*, 1709, 3 vol.
in-12. *v.*

215. Grotius (Hug.), De coenæ administratione ubi
pastores non sunt item an semper communicandum
per symbola. *Londini*, 1685, in-12. *v.* — Grotius,
Vérité de la religion chrétienne. *Paris*, in-8. *v.* (En
caractères italiques).

216. Guerard (Rob.), Abrégé de la S. Bible en forme de
questions et de réponses familières. *Paris*, 1777, 2 vol.
in-12. *bas.* — Gaultier, Lettres théologiques. 1756,
2 vol. in-12. *v.*

217. (Guyon), Oracle des anciens fidèles. *Berne*, 1760.
— Middleton, Traité du sénat Romain, trad. de l'angl.
Montauban, 1753, in-12. *dem. rel.* — Oracle des nouveaux philosophes (par l'abbé Guyon). *Berne*, 1769,
in-12. *bas.*

218. Habert (L.), Theologia dogmatica et moralis. *Parisiis*, 1736,
7 vol. in-12. *v.*— Ejusdem compendium theologiæ dogmaticæ et
moralis. *Parisiis*, 1736, in-12. *v.* — Pratique du sacrement de péni-

tence. *Paris*, 1738, in-12. *v.* — Pastel, Réponse à un libelle intitulé: Suite de la dénonciation de la théologie de M. Habert. *Paris*, 1712, in-12. *v.*

219. (Hamon), Explication de l'Oraison dominicale, *Paris*, 1738, in-12.— Christiani cordis gemitus seu soliloquia, autore J. H. *Parisiis*, 1732, 2 vol. in-12. *v.* — Gémissemens d'un cœur chrétien exprimés dans les paroles du pseaume CXVIII, par H. P. *Paris*, 1731, in-12. *v. d. s. tr.* — Explication du Cantique des Cantiques, *Paris*, 1708, 4 vol. in-12. *v.* — Principes de conduite dans la défense de la vérité, par Hamon, avec des règles pour les temps d'épreuve et de persécution, par Nicole. 1734, 2 vol. in-12. *v.*

220. Harduini (Jo.) Opera selecta. *Amstelodami*, 1709, in-fol. *v.* —Harduini (Joa.) Opera varia. *Amstelodami*, 1735, in-fol. *v.*

221. Hasæus (Th.), De Liviathan Jobi et ceto Jonæ disquisitio. *Bremæ*, 1723, in-8. *v. f.*

222. Hayer (H.), Apostolicité du ministère de l'Église romaine. *Paris*, 1765, in-12. *bas.* — Existence de Dieu. *Paris*, 1769, in-12, *br.* — La Règle de foi vengée des calomnies des protestants. *Paris*, 1761, 3 vol. in-12. *v.*

223. Hebert (Fr.), Prosnes. *Paris*, 1725, 4 vol. in-12. *v.* —Hubert (le P.), Sermons. *Paris*, 1725, 6 vol. in-12. *v.*

224. Henricus à St. Ignatio, Theologia sanctorum veterum ac novissimorum. *Paris*, 1700, in-8. *v.* — Harphii theologia mystica. *Col. Agrip.*, 1556, in-fol. *v. br.* — Harphius (H.), Théologie mystique, trad. par J. B. de Machault. *Paris*, 1617, in-4. *parch.*

225. Hermant (God.), Entretiens sur l'Évangile de saint Mathieu. *Paris*, 1690, 3 vol. in-12. *v.* — Hermant, Sermons sur les mystères, avec plusieurs panégyriques des saints. *Rouen*, 2 vol. in-12. *v.* — Tradition de l'Église sur le silence chrétien et monastique, (par Hermant, publié et terminé par Muguet). *Paris*, 1697, in-12, *v. br.*

226. Hieronymi (S.) Opera, studio ac labore D. Vallarsii. *Veronæ*, 1734, in-fol. tom. 1.

227. Hieronymi Epistolæ selectæ, ed. P. Canisio. *Lugduni*, 1704, in-12. *v.* — Hommey (J.), Supplementum patrum. *Parisiis*, 1684, in-8. *v.*

228. Hieronymi da Ferrara (il P.) Opera. *Milano*, 1510, in-8. *fig. parch.*

229. Hincmari epistolæ. *Moguntiæ*, 1602, in-4. *vel.* — Longolii (Chr.) Orationes duæ et Epistolæ. *Parisiis*. 1526, in-8. *v. rel. fatiguée.*

230. Holden (H.), Divinæ fidei analysis. *Parisiis, Barbou,* in-12. *v.*

231. Homélies du Bréviaire, avec les leçons des festes des Saints mises en françois. *Paris,* 1740, 2 vol. in-8. *mar. r. à compart. d. s. tr.*

232. Homélies morales sur les Évangiles de tous les dimanches de l'année. *Lyon,* 1727, 4 vol. in-8. *v.*

233. Homiliæ doctorum ecclesiasticorum, jussu Caroli M. in unum redactæ, opera Alchuini, *sine loco et anno.* in-fol, *gothique.*

234. Horstius (J. M.), Paradisus animæ christianæ. *Coloniæ Agripp. Egmont,* 1670. in-8. *v. br.*

235. Hoornbeck (J.), Socinianismus Confutatus. *Ultrajecti,* 1650, 3 vol. in-4. *vél.*

236. Houdry. Bibliothèque des prédicateurs (Morale, Mystères, Panégyriques, tables). *Lyon,* 1715, 16 vol. in-4. *v.*

237. Huetius (P. D.), Censura philosophiæ cartesianæ. *Parisiis,* 1694, in-12. *v. br.* — Huetius (P. D.), De interpretatione. *Parisiis,* 1661. in-4. *parch.*

238. Hugonis de Sto.-Charo Opera. *Lugduni,* 1669, in-fol. tom. 1 et 2. *v. b.*

239. Hugonis de Sto.-Charo Sermones, 3ᵉ part. *Parisiis,* 1586, *vél. goth. non rel.* — Hugonis de Sto.-Charo Postilla super epistolas et evangelia tam de tempore qû de sanctis. *Parisiis Jehan Petit,* (sans date), in-4. *goth. non rel.*

240. Hugonis de Sto. Victore Opera. *Rothomagi,* 1648, in-fol. *v. br.* tom. 1, 3.

241. Hymni ecclesiastici præsertim qui Ambrosiani dicantur, cum scholiis et indice G. Cassandri. *Coloniæ,* 1556, pet. in-8. *v.*

242. Idiota, de statu religiosorum. *Parisiis,* 1521. — Tractatus de spiritualibus ascensionibus. *Parisiis, Jehan Petit,* pet. in-8. *gothique, v.*

243. Institution et instruction chrétienne. *Naples,* 1779. 3 vol. in-12. *bas.* — Instructions tirées du Rituel du diocèse d'Evreux. *Paris,* 1733, in-12. *bas.*

244. Instruction chrétienne. *à la Neuve Ville,* 1751, 5 vol. in-8. *br.*

245. Instruction sur les dispositions qu'on doit apporter aux sacremens de pénitence et d'eucharistie. *Paris,*

1753, in-12. *bas.* — Idée véritable de l'oraison, par De la Grange. *Paris,* 1699, in-12. *v.* — Introduction à la vie religieuse et parfaite. *Lyon,* 1677, in-8, *v.*

246. Instr. chrét. sur les mystères de N. S. J. C. et sur les principales festes de l'année. *Paris,* 1673, 5 vol. in-8.

247. Instructions sur tous les mystères de N. S. J. C. et pour les festes de la Ste. Vierge qui y ont rapport. *Paris,* 1719, 6 vol. in-12. *v.*

248. Jamin, Placide à Scholastique. *Paris,* 1775, in-12. *bas.* — Jamin (N.), Pensées théologiques relatives aux erreurs du temps. *Bruxelles,* 1772, in-12. *bas.*

249. Jard (le P.), Sermons. *Paris,* 1768, 5 vol. in-12. *br.*

250. Jarry (du), De la parole de Dieu, du style de l'écriture sainte et de l'éloquence évangelique. *Paris,* 1689, in-12. *v.* — Recueil de divers ouvrages de piété. *Paris,* 1688, in-12. *v.* — Sentimens sur le ministère évangelique. *Paris,* 1689, in-12. *v.* — Sermons. *Paris,* 1709, in-12. *v.* tom. 2, 3, 4. — Sermons sur les mystères de N. S. J. C. *Paris,* 1709. 2 vol. in-12. *v.*

251. Jean Climaque (S.), L'échelle sainte, trad. par Arnauld d'Andilly. *Paris,* 1658, in-12. *mout.* — Jean de la Croix, OEuvres spirituelles, trad. par R. Gaultier. *Paris,* 1621, in-8. *parch.* — Jean des Anges, Luite spirituelle et amoureuse entre Dieu et l'ame, trad. par le P. Arzelier. *Paris,* 1621, in-12. *parch.*

252. Jeremiæ prophetiæ, hebr. *Parisiis, Rob., Stephanus,* 1540, in-fol. *parch.*

253. Jérome (S.), Lettres, trad. en franç. *Paris,* 1682, in-8. *v.* — Jérome (S.), Traité des vanités du siècle, trad. par Martianay. *Paris,* 1715, in-12.

254. Jerosme (le P.), Bibliothèque Ascetique. *Paris,* 1761, 7 vol. in-12. *mar. v. d. s. tr.*

255. Johannis Chrysostomi (S) Expositio in nov. Jesu Christi testamentum, gr. et lat. 1603, in-fol. *v. br.*

256. Joannis Chrysostomi (J.) Opera. *Parisiis,* 1570, in-fol. tom. 4.

257. Johannis Chrysostomi (S.) Opera. *Parisiis,* 1588, in-fol. tom. 1 à 5.

258. Joannis Chrysostomi (S.) opera. *Parisiis,* 1614. in-fol. tom. 2, 3.

259. Johannis Chrysostomi (S.) Opera, ed. Fronto Ducæo. *Parisiis,* 1636; in-fol. tom. 2 à 4.

260. Joannis (S.) Chrysostomi Flores sive florilegia, gr. lat., ed. Etzelio. *Moguntiæ,* 1603, in-4. *parch.*

261. Jean Chrysostome (S.), Abrégé sur le nouv. test. *Mons,* 1676, 2 vol. in-8. *v.*

262. Jean Chrysostome, Homélies sur les épitres de S. Paul. *Paris,* 7 vol. in-8. *v. non unif.*

263. Jean Chrysostome (S.), Homélies sur l'épistre de S. Paul aux Romains. *Paris,* 1675, in-8. *v.* — Jean Chrisostome (S.), Homélies sur la 1re épitre de S. Paul aux Corinthiens. *Paris,* 1686, in-8. *v.*

264. Jean Chrysostome (S.), Homélies sur l'évangile de S. Matthieu, trad. en franç. par Ant. De Marsilly. *Paris,* 1693, 3 vol. in-8. *v.*

265. Jean Chrysostome (S.), Sermons choisis, trad. du grec. *Paris,* 1690, 2 vol. in-8. *v.* — Jean Chrysostome (S.), Trois homélies, avec les cinq catechèses mystagogiques de S. Cyrille, trad. du grec par Ant. de Laval. *Paris,* 1620, in-8. *parch.*

266. Joliot (J. F.), Le Sacramentaire des pasteurs. *Paris,* 1709, in-4. *v. br.*

267. Joly (Jos. R.) Conférences sur les mystères. *Paris,* 1771, 3 vol. in-12. *bas.* — Conférences sur les principaux sujets de la morale chrétienne. *Paris,* 1768, 6 vol. in-12. *v.* — Prônes pour tous les dimanches de l'année. *Paris,* 1698, 4 vol. in-12, *v.*

268 Jubilé universel de l'année sainte. *Paris,* 1752, in-8. *mar. n. d. s. tr.*

269. Jueniu (G.), Institutiones theologicæ ad usum seminariorum. *Parisiis,* 1701, 7 vol. in-12. *v. d. s. tr.* — Theologia redacta in compendium per interrogata et responsa. *Parisiis,* 1717, in-12. *v.* — Théorie et pratique des sacremens, des censures, des monitoires et des irrégularités. *Paris,* 1717, 3 vol. in-12.

270. Jurgiewicz (And.), Bellum quinti evangelii. *Coloniæ,* 1595, in-8. *parch.* — Justin (S.), Seconde apologie pour les chrestiens, trad. en franç. *Paris,* 1670, in-12. *v.*

271. Kempis (Th. à) Opera omnia. *Col. Agripp.* 1668, in-8. *v.*

272. Kircheri (Ath.) Arca Noe. *Amst.,* 167 , in-fol. *fig. v. br.*

273. La Berthonye (le P.), OEuvres. *Paris,* 1777, 3 vol. in-12. *v.*

274. La Boissière (le P.), Sermons. *Paris,* 1738, 6 vol. in-12. *v.*

275. Lachetardie (de), Recueil d'homélies (1 à 43) pour

les dimanches et festes de l'année. *Paris*, 1707, in-4.
rel. et en cahiers.

Le n° 24 manque.

276. La Colombière (le P.) Sermons. *Lyon*, 1757, 6 vol.
in-12. *v.*

277. Lactantius (C.) Divinarum institutionum. *Lugduni*,
1541, in-8. *v. f.*

278. Lactantii (L. C.) Opera cum notis Jos. Isæi. *Cæsenæ*,
1646, in-fol. *v. br.*

279. **Lafiteau (P. Fr.)**, Avis de direction propres aux religieuses
et aux gens du monde. Paris, 1752 in-12. *v.* — Histoire de la Constitution Unigenitus. *Avignon*, 1738, in-4. *v. f. tom.* 2. — Retraite
de quelques jours pour une personne du monde. Paris, 1759, in-12. *v.*
— Retraite spirituelle pour les religieuses. Paris, 1760, in-12. *v.*
— Sermons. *Lyon*, 1758, 4 vol. in-12. *v.* — La vie de la très sainte
Vierge. Paris, 1759, in-12. *v.*

280. **Lafont (de)**, Principes de la théologie morale.
Paris, 1701. 3 vol. in-12. *v.* — Lecture des Pères de
l'Eglise. *Paris*, 1697, in-12. *v.* — Lectures de piété.
Paris, 1763, in-12. *br.*

281. **Lalemant (le P.)**, La mort des justes. Paris, 1722, in-12. *v.*
— Saints désirs de la mort. Paris, 1710, in-12. *v.* — Testament spirituel. Paris, 1671, in-12. *v.* ·

282. **Lambert (Jos.)**, Histoires choisies de l'Anc. et du Nouv.-
Testament. Paris, 1782, in-12. *v.* — Instructions sur le symbole. Paris,
1728, 2 vol. in-12. *v.* — Manière de bien instruire les pauvres. *Rouen*,
1740, in-12. *v.*

283. **Lamy (Bern.)**, Apparatus Biblicus. *Lugduni*, 1696, in-8. *v.*
— Apparat de la Bible, trad. du lat. Paris, 1697, in-8. *v.* — Harmonia
sive concordia quatuor Evangelistarum. *Parisiis*, 1689, in-12. *v.* —
Introduction à l'Ecriture-Sainte. *Lyon*, 1711, in-12, *v.* — Lettres
philosophiques sur divers sujets importans. Paris, 1703, in-12. *vel.*

284. **Lanspergius (Jo. Ju.)**, Opuscula spiritualia. *Coloniæ.
Agripp.*, 1630, 2 vol. in-4. *v. br.*

285. **La Placete (J.)**, Esssais de morale. *Amst.*, 1716, in-12. —
Nouveaux essais de morale. *La Haye*, 1725, 2 vol. in-12. *v.* — Ré-
flexions chrétiennes sur divers sujets. *Amst.*, 1707, in-12. *v.* — Traité
de la foi divine. *Cologne*, 1697, in-12. *v.* — Traité de l'orgueil.
Amst., 1700, in-12. *v.* — Traité des bonnes œuvres en général.
Amst., 1700, in-12. *v.* — Traité du sermon. *Lahaye*, 1713, in-12. *v.*

286. **La Roche (de)**, Panégyriques des saints. *Paris*, 1724, 2 vol.
in-12. *v.* — Sermons pour le carême. *Paris*, 1725, 3 vol. in-12. *v.*
— Sermons sur les mystères. *Paris*, 1729, in-12. *tom.* 4.

287. La Rue (de), Sermons, avent et caresme. *Lyon*,
1719, 4 vol. in-12. *v.* — La Rue (le P.), Panégyriques

des saints et oraisons funèbres. *Paris*, 1740, 3 **vol.**
in-12. *v.*

288. Launoy (Math. de), Replique chrétienne en forme
de commentaire sur la réponse tirée du dehors de la
moelle des SS. écritures, etc. *Paris*, 1579, in-8. *parch.*

289. Launoii (J.) De auctoritate negantis argumenti
dissertatio. *Lut. Paris.*, 1662. — Ejusdem de varia
Aristotelis in Acad. Paris. fortuna. *Lut. Paris.*, 1662,
in-8. *v.* — Launoii (J.) Veneranda romanæ ecclesiæ
circa simoniam traditio. *Parisiis*, 1675, in-8. *v.f.*

290. Laval (de), Sentences et instructions chrestiennes tirées des anciens pères de l'Église. *Paris*, 1690, 2 vol. in-12. *v.* — Sentences,
prières et instructions chrétiennes. *Paris*, 1676, in-12. *v.* — Sentences et instructions chrestiennes tirées de S. Augustin. *Paris*, 1677, 2
vol. in-12. *v.*

291. La Volpilière (de), Sermons sur les vérités chrétiennes et morales. *Paris*, 1689. 4 vol. in-8. *v.* — Suite des sermons. *Paris*, 1694.
2 vol. in-8. *v.* — Discours synodaux sur toutes les fonctions pastorales. *Paris*, 1704, 2 vol. in-12 *v.*

292. Le Balleur, La religion révélée défendue contre
les ennemis qui l'ont attaquée. *Paris*, 1763, 5 **vol.**
in-12. *v.*

293. Lebeuf, Traité historique et pratique sur le chant
ecclésiastique. *Paris*, 1741, in-8. *v.*

294. Le Bossu (S.), Science pratique et pacifique de la
Grâce. *Paris*, 1654, in-4. *parch.*

295. Leger (Ant.), Sermons sur divers textes de l'Ecriture sainte. *Genève*, 1720, 2 vol. in-8. *v.* — Ménard,
Paraphrase sur le livre de l'ecclésiastique. *Paris*, 1710,
in-8. *v.*

296. Lejeune (le P.), Le Missionnaire de l'oratoire ou
Sermons. *Rouen*, 1664, in-8, tom. 1 à 6, 8, 10.

297. Le Masson (P.), Introduction à la vie intérieure et
parfaite. *Paris*, 1701, 2 vol. in-8. *v.* — Leroux (Fr.),
Traité des devoirs intérieurs de piété. *Lyon*, 1697,
in-12. *v.*

298. Lemonnier (P.), Cursus philosophicus. *Parisiis*,
1750, 6 vol. in-12, *v.*

299. Le Nain (P.), Homélies sur plusieurs chapitres de
Jérémie. *Paris*, 1697, in-8, *v.*— (Languét.) Traité de
la confiance en la miséricorde de Dieu. *Paris*, 1741,
in-12. *v.* — Latour Dupin (de), Panégyrique de Saint-
Jean Népomucène. *Paris*, 1754, in-12, *v.*

4

300. Lenglet Dufresnoy, La messe des fidèles. *Paris*, 1752, in-12. *v.* — Traité du secret inviolable de la confession. *Paris*, 1708, in-12. *v.*

301. Le Nourry (Nic.), Apparatus ad bibliothecam maximam veterum patrum et antiq. scriptorum Eccles. Lugduni editam. *Parisiis*, 1694, 2 vol. in-8. *v.*

302. Letourneux, Année chrétienne. *Paris*, 1728, 13 vol. in-12. *v. non unif.*

303. Lettres sur plusieurs points de controverse contenant les principaux motifs de la conversion du prince Frédéric à l'Eglise catholique apostolique et romaine. *Mannheim*, 1749, 2 vol. in-12, *v.* — Lettres d'une mère à son fils pour lui prouver la vérité de la religion chrétienne. *Paris*, 3 vol. in-12, *v.*

304. Leusden (J.), Onomasticum sacrum. *Ultrajecti*, 1665, in-12, *v. br.* — Synopsis hebraica et chaldaica. *Tr. ad Rh.*, 1667, in-12, *v. f.*

305. Le Valois (L.). Lettres sur la nécessité de la retraite. *Paris*, 1698, 2 tom. en 1 vol. in-12. *v.* — OEuvres spirituelles. Paris, 1739, 3 vol. in-12. *v.* — Prières et méditations à l'usage des retraites. Paris, 1750, in-12. *bas.*

306. Lherminier (Nic.), Summa Theologiæ. *Parisiis*, 1719, 6 vol. in-8. *v.*

307. Lingendes, Conciones in quadragesimam. *Paris.*, 1661, 3 vol. in-4. *v. br.*

308. Lingendes (de), Conciones in quadragesimam. *Parisiis*, 1664, 3 vol. in-8. *v.* — Conciones de Eucharistiæ sacramento. *Parisiis*, 1663, in-8. *v.* — Sermons pour le caresme. Paris, 1663, 2 vol. in-8. *v.*

309. Louis (Eph.), Conférences mystiques sur le recueillement de l'ame pour arriver à la contemplation du simple regard de Dieu par les lumières de la foy. *Paris*, 1676, in-12. *v.* — La nature immolée par la grâce ou pratique de la mort mystique. *Paris*, 1674, 2 part. en 1 vol. in-8. *v.*

310. Ludolfi in Psalterium expositio. *Parisiis*, 1506, in-4, *goth. non rel.*

311. Mabillon (J.) et Th. Ruinart, Ouvrages posthumes. *Paris*, 1724, 3 vol. in-4. *cart.*

312. Mabillon, Eusebii romani epistola de cultu SS. Ignotorum Parisiis, 1705. — Dissertation sur le culte des saints inconnus. Paris, 1705, in-12. *v.* — Traité des études monastiques. Paris, 1692, 2 vol. in-12. *v.* — Réflexions sur la réponse de l'abbé de la Trappe au traité des études monastiques. Paris, 1693, 2 vol. in-12. *v.*

313. Maldonatus (J.), Commentarii in quatuor evangelistas. *Lugduni*, 1682, in-fol. *v. br.*

314. Maldonat, Traité des anges et des démons, trad. par Fr. de la Borie. *Paris*, 1617, in-12, *parch.* — Marca (P. de), dissertationes posthumæ sacræ et ecclesiasticæ. 1669, in-12. *v.*

315. Manuel des cérémonies romaines. *Paris*, 1717, 2 vol. in-12. *v.* — Chamillard (G.), de corona, tonsura et habitu clericorum. *Parisiis*, 1659, in-8° *parch.*

316. Maréchal, Concordance des SS. Pères de l'Eglise, grecs et latins. *Paris*, 1739, 4 vol. in-4. *v.*

317. Marii Mercatoris acta, cum notis Rigberii. *Bruxellis*, 1673, in-12. *v.* — Latiniaci (P.), Canones amoris sacri. *Parisiis*, 1659, in-12. *parch.*

318. Marin (M. A.), Le baron Van Hesden, ou la république des incrédules. *Toulouse*, 1762, 5 vol. in-12. *br.*

319. Martyrologium Ebroicense. *Parisiis*, 1752. in-8. *v.*

320. Martyrologium romanum. *Parisiis*, 1735, in-8. *v.*

321. Matthucci (A.), Cautela confessarii, pro foro sacramentali. *Venet.*, 1724, in-4. *parch.* — Leutbreuver, Nouvelle méthode pour se disposer à une bonne et entière confession. *Paris*, 1688, in-12. *parch.*

322. Massoulié (Ant.), Traité de la véritable oraison. *Paris*, 1699, in-12. *v.* — Traité de l'amour de Dieu. *Paris*, 1703 in-12, *v.*

323. Mauduit, Analyse de l'Evangile selon l'ordre historique de la concorde. *Paris*, 1694, 4 vol. in-12. *v.* — Analyse des épitres de saint Paul et des épitres canoniques. *Lyon*, 1760, 2 vol. in-12. *v.* — Analyse des actes des apôtres. *Paris*, 1701, 2 vol. in-12. *v.*

324. Maur de l'enfant Jésus, l'Entrée à la divine sagesse, *Paris*, 1678, in-12. *v.* — Laurent (Fr.), Le Palais de de l'amour divin de Jésus et de l'ame chrétienne. *Paris*, 1602, in-12. *parch.*

325. Maximes chrétiennes tirées de l'Ecriture sainte et des saints Pères. *Paris*, 1701, 2 tom. en 1 vol. in-12. *v. f.* — Martianay (J.), Traitez sur la vérité et la connaissance de la sainte écriture. *Paris*, 1703, in-12. *v.*

326. Méditations chrétiennes sur les évangiles de tous les jours de l'année et pour les principales fêtes. *Paris*, 1726, 2 vol. in-12. *v.* — Chappuis (le P. J.),

Méditations chrétiennes pour tous les jours de l'année. *Paris*, 1724, 2 vol. in-12. *v.*

327. Méditations pour les retraites sur différents sujets. *Nancy*, 1732, in-12. *v.* — Méditations sur les principaux devoirs de la vie religieuse. *Paris*, 1703, in-8. *v.* — Medaille (P.), Méditations sur les évangiles de tous les dimanches de l'année. *Paris*, 1709, in-12. *v.*

328. Méditations sur la concorde de l'évangile. *Paris*, 1733, 3 vol. in-12. *v. f.*

329. Méditations sur l'épître de S. Paul aux Romains. *Paris*, 1735, 2 vol. in-12. *v.* — Méditations sur les épistres catholiques de S. Jacques, S. Pierre et S. Jean. *Paris*, 1754, 6 vol. in-12. *v.*

330. Mege (Jos.), Commentaire sur la règle de S. Benoist. *Paris*, 1687, in-4. *v.* — Méditations sur la règle de S. Benoist. *Paris*, 1698, in-12. *v.*

331. Mesenguy, Abrégé de l'histoire et de la morale de l'Anc. Testament. *Paris*, 1737, in-12. *v.* — Exposition de la doctrine chrétienne. 1754, 4 vol. in-12.

332. Mesenguy, Abrégé de l'histoire de l'ancien testament. *Paris*, 1735, 7 vol. in-12. *v.*

333. Méthode pour discerner la véritable religion chrétienne d'avec les fausses qui prennent aujourd'hui ce nom. *Paris*, 1725, in-12. *v.* — Maynard, la religion protestante convaincue de faux. *Paris*, 1740, 2 vol. in-12. *v.*

334. Minucii Felicis Octavius et Cyprianus de idolorum vanitate, ed. Rigaltio. *Lutet.*, 1643, in-4. *vél.* — Minutius Felix : l'Octavius, trad. par Dumas. *Paris*, 1637, in-4. *parch.*

335. Missale Carnotense. *Carnuti*, 1782, in-fol. *v. d. s. tr.*

336. Missale S. Lugdunensis ecclesiæ. *Lugd.* 1737, in-fol. *m. r. d. s. tr.*

337. Missale Romanum. *Antuerpiæ*, 1677, in-fol. *v.*

338. Missale Romanum. *Paris.*, 1717, in-fol. *v.*

339. Missale Romanum. *Paris.*, 1742, in-fol. *v. d. s. tr.*

340. Missale Romanum, ad usum franciscanorum. *Parisiis*, 1742, in-fol. *v.*

341. Missale Romanum. *Venet.*, 1744, in-fol. *m. r. d. s. t.*

342. Missale Romanum. *Lugd.*, 1755, in-fol. *m. r. d. s. t.*

343. Missale Senonense. *Senonis*, 1785, in-fol. *v. d. s. t.*

344. Missale Tullense. *Tulli Leucorum*, 1750, in-fol. *v.*

345. Molinier (E.), Sermons pour tous les dimanches de l'année.

Tolose, 1639, 2 vol. in-8. *parch.* — Sermons pour les festes des saincts. *Avignon*, 1652, 3 vol. in-8. *parch.* — Sermons pour les féries et dimanches du caresme. *Tolose*, 1641, 2 vol. in-8. *parch.* — Bouquet sacré de l'Eucharistie pour l'octave du S. Sacrement. *Tolose*, 1647, in-8. *parch.* — Le Bouquet de myrrhe de l'amante sacrée (Passion). *Tolose*, 1643, in-8. *parch.* — Les douze fondements de la cité de Dieu (Avent). *Tolose*, 1642, in-8. *parch.* — Le mystère de la croix et de la rédemption du monde. *Tolose*, 1643, in-8. *parch.*

346. Moliuier, Sermons choisis. *Paris*, 1730, 14 vol. in-12. *v.*

Les tom. 9, 10, 11, 14 manquent.

347. Momigno (il P.), Diario quadragesimale. *Venetia*, 1650, in-4. *parch.* — (Pacaud) Discours de piété sur les plus importants objets de la société. *Paris*, 1751, 3 vol. in-12. *v.*

348. Montargon (H. de), Dictionnaire apostolique. *Paris*, 1752, in-8. *v.* Tom. 1, 3, 4, 5, 8, 11, 12, 13.

349. Morale du N. T., partagée en réflexions pour chaque jour de l'année, (par La Neuville). *Paris*, 1758, 4 vol. in-12. *v.* — Évangile médité et distribué pour tous les jours de l'année. *Paris*, 1801, 8 vol. in-12. *br.*

350. Morale chrétienne rapportée aux instructions que J. C. nous a données dans l'oraison dominicale. *Bruxelles*, 1741, 5 vol. in-12. *v.* — Morale du S. Esprit, ou les devoirs du chrétien tirez des seules paroles de l'écriture sainte. *Paris*, 1687, in-8. *v.*

351. Mornai (Phil. de), de l'institution, usage et doctrine du S. Sacrement de l'eucharistie, en l'église ancienne. *La Rochelle*, 1598, in-4. *parch.* — Jurieu, Examen de l'Eucharistie de l'église romaine. *Rotterdam*, 1682, in-8. *v. br.*

352. Moyens surs et honnestes pour la conversion de tous les hérétiques. *Cologne*, *P. Marteau*, 1681, in-12. *vel.* — Muratori, De la charité chrétienne envers le prochain et diverses œuvres de miséricorde. *Paris*, 1745, 2 vol. in-12. *v.*

353. Neercassel, évêque de Castorie (J), Amor pænitens. *Embricæ*, 1685, 2 vol. in-8. *v.* — L'amour pénitent, trad. en franç. *Utrecht*, 1741, 3 vol. in-12. *v.* — Tratactus sanctorum et præcipue B. V. Mariæ cultu. *Ultrajecti*, 1675, in-12, *v.* — Du culte des Saints et principalement de la T. Ste Vierge Marie, trad, en franç. *Paris*, 1679, in-8. *v.*

354. **Negroni** (J.), Tractatus ascetici. *Colon. Agripp.*, 1624, in-4. *vél.*

355. **Nepveu** (F.), Esprit du christianisme. *Paris*, 1713, in-12. *v.* — Exercices intérieurs pour honorer les mystères de N. S. J. C. *Paris*, 1701, 2 tom. en 1 vol. in-12. *v.* — Pensées ou réflexions chrétiennes pour tous les jours de l'année. *Paris*, 1759, 4 vol. in-12. *v.* — Réflexions chrétiennes. 4 vol. in-12. *v.*

356. **Neuville** (Ch. Frey de), Sermons. *Paris*, 1777, 8 vol. in-12. *v.*

357. **Nicole**, Essais de morale. *La Haye*, 1688, 10 vol. pet. in-12. *mar. n. d. s. tr.*

358. **Nicole**, De l'unité de l'Église. *Paris*, 1729. in-12. *mar. bl. fil. d. s. tr.*—Perpétuité de la foy de l'Église touchant l'eucharistie. *Paris*, 1664 , in-12. *dos de m. bl.* — Préjugez légitimes contre les calvinistes. *Paris*, 1699, in-12. *v. dos de mar. bl.* — Réponse au nouveau livre de M. Claude. *Paris*, 1671, in-12. *v dos de mar. bl.*

359. **Nicole**, De la foy, de l'espérance et de la charité. *Anvers*, in-12. *v.* — Instructions sur l'oraison dominicale, etc. *Paris*, 1718, 2 vol. in-12. *v.* — Traité de l'oraison. *Paris*, 1684, in-8. *v.* — Traité de l'usure. *Paris*, 1720, in-12. *v.* — Lettre à Nicole défendue par deux dissertations. 1734, in-12. *v.* — Hilarion, réfutation du sistème de Nicole touchant la grâce universelle. 1716. — Réflexion sur le traité de la grace générale, etc. in-12. *v.*

360. **Nouet** (J.), Vie de Jésus dans les Saints. *Paris*, 1688, 2 vol. in-12. *v. br.* — Nouet (le P.), Vie mystique de Jésus dans le très S. Sacrement. *Paris*, 1700, in-12. *v.*

361. **Nouveaux sermons** (par Jérôme). *Liége*, 1738, 5 vol. in-12. *v. fil. d. s. tr.*—Soanen(le P.), Sermons. *Paris*, 1767, 2 vol. in-12. *v. non unif.*

362. **Oberlin** (Jer. Jac.), Discours prononcé à l'académie des protestans de la confession d'Augsbourg. *Strasbourg*, 1804, in-8. *br.* — Livre de prières avec les désignations de la messe : Livre de confession du XIVe siècle, avec un commentaire par Oberlin. *Strasbourg*, 1784, in-12. *br.* (en allemand.)

363. **Office** de la quinzaine de Pâques, noté, à l'usage de Paris. *Paris*, 1828, in-12. *br.*

364. **Office** de la semaine sainte, lat. et franç., à l'usage de Rome et de Paris. *Paris*, 1701, in-8. *mar. r. à compart. d. s. tr.*

365. **Olier**, Lettres spirituelles. *Paris*, 1672, in-8. *v.* — Suffren (le P.), Avis et exercices spirituels. *Paris*, 1701, in-12. *v.*

366. **Opstraet (J.)**, De locis theologicis dissertationes. *Insulis Flandr.*, 1737, 3 vol. in-12. *v.* — Dissertatio de conversione peccatoris. *Lovanii*, 1727, in-12. *v.* — Idée de la conversion du pécheur. 1733, 2 tom. en 1 vol. in-12. *v.* — Pastor bonus. *Rotomagi*, 1699, in-12. *v.* — Le bon pasteur, ou l'idée, le devoir, l'esprit et la conduite des pasteurs, trad. par Hermant. *Rouen*, 1703, 2 vol. in-12. *v.*

367. **De ordinatione**, de ordine et ordinis speciebus. in-4. *cart.* (*manuscrit.*)

368. **Origenis**, Dialogus contra Marcionitas gr. et lat., opera et studio J. R. Westenii. *Basileæ*, 1674, in-4. *v. br.*

369. **Origenis** in sacras scripturas commentaria. *Lutetiæ Parisiorum*, 1679, in-fol. tom. 1. *v.*

370. **Orléans (d')**, Nouvel abrégé des méditations de L. Dupont. *Paris*, 1703, 2 vol. in-12. *v.* — Rodriguez, Abrégé de la perfection chrétienne. *Paris*, 1762, 2 vol. in-12. *bas.*

371. **Osorius (J.)**, Conciones. *Parisiis*, 1607, 5 vol. in-8. *v.* — Osorius (H.), De Gloria et de nobilitate civili et christiana. *Rothomagi*, 1616, in-8. *parch.*

372. **Ouverture** intérieure du royaume de l'agneau occis dans nos cœurs. *Paris*, 1660, in-4. *v. br.* — Richard, Agneau pascal, ou explication des cérémonies des Juifs en la manducation de l'agneau de Pasques, appliquées dans un sens spirituel à la manducation de l'agneau divin dans l'Eucharistie. *Cologne*, 1686, in-8. *v.*

373. **Ouvrages** (divers) de piété tirez de S. Cyprien, S. Basile, S. Hierome, etc. *Paris*, 1664, in-8. *v.*

374. **Ouvrages** des SS. Pères qui ont vécu du temps des apôtres, contenant la lettre de S. Barnabé, etc., avec des notes. *Paris*, 1717, in-12. *v. br.* — Divers ouvrages de piété tirez de S. Cyprien, S. Basile, S. Hierome, etc. *Paris*, 1673. in-12. *v. br.*

375. **Palafox (J.)**, Directions pastorales pour les evesques. *Paris*, 1671, in-12. *v.* — OEuvres spirituelles. *Paris*, 1772, in-18. *bas.* — Remarques sur les advis les plus importants de Ste Thérèse. *Paris*, 1662, in-8. *parch.*

376. **Pallu (le P.)**, Du saint et fréquent usage des sacremens de pénitence et d'eucharistie. *Paris*, 1770, in-12. *bas.* — Du salut, sa nécessité, ses obstacles, ses moyens. *Paris*, 1769, in-12. *v.* — Pluche, Har-

monie des pseaumes et de l'évangile. *Paris*, 1768, in-12. *v.*

377. Panegyris Janseniana seu testimonia eruditorum virorum celebrantia librum, cui titulus Corn. Jansenii Augustinus. *Delphis*, 1698, in-4. *vél.* — Traité de l'équilibre et de la volonté, contre l'év. de Soissons et les autres molinistes. *Utrecht*, 1729, in-4. *v. mouillé.*

378. Pastorale Parisiense, D. E. L. de Juigné, arch. Paris. auctoritate editum. *Parisiis*, 1786, 3 vol. in-4. *v.*

379. Pastoret, Zoroastre, Confucius et Mahomet comparés. *Paris*, 1788, in-8. *br.*

380. Pellegrin, Histoire de l'ancien et du nouveau testament. *Paris*, 1727, 2 vol. in-8. *v.* — Cantiques spirituels sur les points les plus importans de la reiigion. *Paris*, 1728. in-8. — L'imitation de J. C. mise en cantiques spirituels. *Paris*, 1727, in-8. *v* — Noels nouveaux sur les chants des noels anciens. *Faris*, 1735, in-8. *v.*

381. Peyrere (de la), Apologie. *Paris*, 1665, in-8. *parch.* — Præadamitæ sive exercitatio super versibus XII, XIII et XIV capitis V. epistola Pauli ad Romanos. 1655, in-12.

382. Pepin (G.), de Imitatione sanctorum. *Parisiis*, 1530, in-8. *parch.* — Pepyn (G.), Opusculum super confiteor. *Parrhisiis*, 1519, in-8. *v.*

583. Petavii (D.) Theologica dogmata. *Lutetiæ Paris.*, 1650, in-fol. tom. 4.

384. Petit Didier, Justification de la morale et de la discipline de l'église de Rome et de toute l'Italie. *Estival*, 1727, in-12. *v.* — Prières chrétiennes en forme de méditations (par Petit Didier). *Paris*, 1751, in-12. *v.*

385. Petri Blesensis opera, studio, J. Busæi. *Moguntiæ*, 1600, in-4. *v. br.*

386. Petitpied, Traité de la liberté. *Utrecht*, 1753, in-4. *br.* — Papin, Les deux voyes opposées en matière de religion, l'examen particulier et l'autorité. *Liége*, 1713, in-12. *v.*

387. Piny (Al.), Etat du pur amour. *Lyon*, 1690, in-12. *v.* — Piny (Al.), Retraite sur le pur amour ou pur abandon à la divine volonté. *Paris*, 1684, in-12. *v.*

388. Pithœus (P.), Comes theologus sive spicilegium ex sacra messe. *Parisiis*, 1684, in-12. *v.*

389. Poitevin (F.), L'église de France affligée. *Cologne*, 1688, in-12. *v. br.* — Ouvrard (R.), Motifs de réunion à l'Eglise catholique présentés à ceux de la religion prétendue réformée. *Paris*, 1668, in-12. *v.*

390. Pontas (J.), Exhortations aux malades en leur administrant le saint viatique. *Paris*, 1703, in-12. *v.* — Pontas (J.), Exhortations pour le baptême, les fiançailles, le mariage et la bénédiction du lit nuptial, *Paris*, 1691, in-12. *v.*

391. Possevini (Ant.), Apparatus sacer. *Coloniæ Agripp.*, 1608, in-fol. *v.* tom. 1.

392. Poli, Synopsis criticorum. *Ultrajecti*, 1695, in-fol. tom. 3, 4, 5.

393. Processionale. in-18.
Manuscrit sur vélin.

394. Processionale Parisiense. *Parisiis*, 1739, in-8. *v.*

395. Processionale usibus ac ritibus S. Romanæ ecclesiæ accomodatum. *Parisiis*, 1722, in-8. *v.*

396. Princesses malabares (les) ou le célibat philosophique, 1734. — Entretiens de la C^ssc *** au sujet des affaires présentes par rapport à la religion. 1736, in-12. *v.*

397. Prones et Sermons. in-fol. tom. 2.
(Manuscrit.)

398. Protestants, Discours à lire au conseil sur le projet d'accorder l'Etat civil aux protestants (par Bosmand), 1787. — Lettre à l'abbé A. — Deux mots au Discoureur. — Lettre au sujet de l'Edit sur l'Etat civil des Protestants. — Non catholiques en France. in-8. *v.* — Gilbert de Voisins, Mémoires sur les moyens de donner aux Protestants un Etat civil en France. 1787, in-8. *v.* — Lettres de deux curés des Cévennes sur la validité des mariages des protestants et sur leur existence légale en France. *Londres*, 1779, 2 part. en 1 vol. in-8. *br.* — Lettre d'un patriote sur la tolérance civile des protestants en France. 1756, in-8. *v.* — Mémoire où l'on examine s'il est de l'intérêt de l'Eglise et de l'Etat d'établir pour les Calvinistes une nouvelle forme de se marier. 1756, in-8. *br.* — Mémoires (1er et 2e) sur le mariage des Protestants en France. 1785, 2 vol. in-8. *br.*

399. Psalterium Davidis, hebræum, græcum et latinum, cum annot. P. Artopoei. *Basileæ*, 3 tom. 2 vol. pet. in-8. *v. f. d. s. tr.*

400. Quesnel, Le bonheur de la mort chrétienne, retraite de huit jours. *Paris*, 1700, in-12. *v.* — Instructions chrétiennes et élévations à Dieu sur la passion. *Paris*, 1702, in-12. *v.* — Jésus-Christ pénitent ou exercices de piété. *Paris*, 1738, in-12. — Piété (la) envers

J.-C. ou Méditations sur les mystères et les paroles de N. S. J.-C. *Rouen*, 1697, in-12. *v. d. s. tr.* — Prières chrétiennes en forme de méditations sur tous les mystères de N. S. etc. *Paris*, 1732. 2 vol. in-12. *v.* — Recueil de lettres spirituelles sur les divers sujets de morale et de piété. *Paris*, 1721, 3 vol. in-12. *v.*

401. **Rancé (de)**, De la sainteté et des devoirs de la vie monastique. *Paris*. 16 , 2 vol. in-12. *v.* — Eclaircissemens de quelques difficultés formées sur le livre de la sainteté et des devoirs de la vie monastique. *Paris*, 1686, in-12. *v.* — Cinq chapitres tirés du livre de la sainteté et des devoirs de la vie monastique. *Paris*, 1707, in-12. *v.* — Conduite chrétienne. *Paris*, 1698, in-12. *v.* — Conférences ou instructions sur les épîtres et évangiles des dimanches. *Paris*, 1688, 4 vol. in-12. — Règle de St.-Benoît, nouv. traduite et expliquée selon son véritable esprit. *Paris*, 1703, 2 vol. in 12. *v.* — Traité abrégé des obligations des chrétiens. *Paris*, 1699, in-12. *v.*

402. **Raulin (J.)**, Sermones de Eucharistia. *Parisiis*, 1590 in-4. *gothique. v.*
> Le titre manque.

403. **Recueil de pièces dont, Pour et contre la Bible**, par Sylvain Maréchal. 1801. — La France en danger, par l'ultramontanisme. *Paris*, 1801. — Observations sur la nécessité de rétablir la religion chrétienne dans sa pureté primitive, etc. in-8. *bas.*

404. **Recueil de mandemens d'évêques et autres pi écs** (on y trouve plusieurs opuscules sur les convulsionnaires). 2 vol. in-4. *v.*

405. **Réflexions chrétiennes sur les grandes vérités de la foi et sur les principaux mystères de la passion de N. S.** *Paris*, 1748, in-12. *v.* — Roias (Ant. de), La vie de l'esprit pour s'avancer en l'exercice de l'oraison, trad. par Cyprien de la nativité. *Paris*, 1670, in-12. *v.*

406. **Réflexions importantes sur la virginité.** *Orléans*, 1700, in-12. *v. br.* — Suchon (Mlle G.), du célibat volontaire ou la vie sans engagement. *Paris*, 1700, in-12. *v.* — Traité de la virginité. *Paris*, 1699. in-8. *v.*

407. **Règles de conduite pour les curez, tirées de St. Jean Chrysostôme et méthode enseignée par St. Augustin pour faire de bons prônes**, etc. *Paris*, 1689, in-8. *v.* — Reginonis, de Ecclesiasticis disciplinis et religione christiana, ed St. Baluzio. *Parisiis*, 1671, in-8. *v.*

408. **Remarques sur différens ouvrages** (Théologie, Morale). in-4.
> Manuscrit.

409. **Renversement de la morale chrétienne par les désordres du monachisme.** in-4. *fig. vel.*

(35)

410. **Retrajtes** : De Belingan, Retraite spirituelle sur les vertus de J. C.
Paris, 1732, in-12. v. — Lelarge, Retraite spirituelle. *Lyn*, 1769,
2 vol. in-12. v. — Navarre, Retraite de dix jours pour les religieuses.
Paris, 1710, in-12. v. — Noyers (le p. P. de), Le religieux en retraite ou retraite spirituelle de dix jours. *Avignon*, 1736, in-12. v.
— Retraite annuelle formée sur des modèles de l'Ecriture-Sainte.
Paris, 1714, in-12. v. — Retraite chrétienne sur les vérités du salut.
Paris, 1723, 2 vol. in-12. v. — Retraite de huit jours sur les principales vertus chrétiennes et religieuses. *Paris*, 1728, in-12. v. — Retraite de dix jours sur les principales obligations des religieuses. *Paris*,
1708, in-12. v. — Retraite ecclésiastique. *Paris*, 1708, 2 vol. in-12.
v. — Retraite spirituelle pour un jour chaque mois, par un P. de la C.
de J. *Paris*, 1709, in-12. v. — Tiberge, Retraites et méditations à
l'usage des Religieuses. *Paris*, 1745, in-12. v.

411. **Richard** (le P. Ch. L.), Analyse des conciles généraux et particuliers. *Paris*, 1772-1777, 5 vol. in-4. *br.*

412. **Richelieu** (le card. de), Traité de la perfection du
chrétien. 1662, in-12, v. — Ripaut (Arc.). La divine
naissance, enfance et progrès admirable de l'ame au
saint amour de Jésus et de Marie, in-8. *parch.* — Rous-
sel, Principes de religion ou préservatif contre l'in-
crédulité. *Paris*, 1753. in-12. *br.*

413. Rituale Parisiense, a de Noailles. *Paris.*, 1701, in-4.

414. Rituale Romanum, *Parisiis*, 1679, in-8. *mar. r. à
compart. d. s. t.*
  (Aux armes).

415. **Rivière** (L. de la), Tableaux mystiques des quatre
amours sacrez. *Lyon*, 1630, in-4. *parch.* — Richeom-
me (L.), Tableaux sacrez. in-8. *parch.* — Rosier
mystique de la très Ste. Vierge Marie ou le très sacré
rosaire, par S. Dominique. *Vennes*, 1688, in-12. v.

416. **Rivius** (J.), De seculi nostri felicitate et hominum
erga dei beneficia ingratitudine. 1548. — Idem, De
perpetuo in terris gaudio piorum. *Basileœ*, 1550,
in-8. *parch.*

417. **Rodriguez** (A.), Exercices de la vertu et de la perfection chrétienne, trad. par R. Desmare. *Paris*, 1696,
3 vol. in-4.

418. **Rodriguez**, pratique de la perfection chrétienne,
trad. de l'espagn., par Regnier Desmarais. *Paris*,
1742, 6 vol. in-12. *v.*

419. **Rondet** (L. E.), Dissertation sur le rappel des Juifs
et le chapitre onzième de l'Apocalypse. *Paris*, 1778,
2 vol. in-12. v.

420. Sacy, (Is. L. Le Maistre de), Lettres chrestiennes et spirituelles. *Paris*, 1690, 2 vol. in-8. *v.*

421. Saint Jure (J. B.), De la connoissance et de l'amour du fils de Dieu N. S. J. C. *Paris*, 1667, 6 vol. in-8. *v.*

422. Saint Jure (J. B.), Le livre des éluz, Jésus-Christ en croix. *Paris*, 1650, in-4. *v. br.*

423. Saint Jure (J. B.), Méditations sur les plus grandes et plus importantes véritez de la foy. *Paris*, 1652, 2 vol. in-8. *v.*

424. Sainte Marthe (C. de), Traitez de piété ou discours sur divers sujets de la morale chrétienne. *Paris*, 1733, 2 vol. in-12. *v.* — De la piété des chrestiens envers les morts, (par Cl. de Ste. Marthe). *Paris*, 1699, in-12. *fig. v. br.*

425. Sanadon (le P.), Prières et instructions chrétiennes. *Paris*, 1778, in-12. *bas.* — Sanadon (le P. Nic.), Retraites spirituelles propres aux communautez religieuses. *Paris*, 1728, in-12. *v.* — Salvien, De la providence, trad. nouvelle. *Paris*, 1701, in-12. *v.*— Salazar (Fr. de), La conversion d'un pécheur, réduite en principes. *Paris*, 1737, in-12. *v.*

426. Sanctum J. C. Evangelium notis illustratum. *Parisiis*, 1701, 2 vol. in-12. *v.*

427. Santii Porta sermones hyemales et estivales de tempore. *Lugduni*, 1517. 2 part. en 1 vol. in-4. *goth. non rel.*

428. Saurin (J.), Sermons. *La Haye*, 1730, tom. 1 à 7. in-8. *v.*

429. Saurin (Jac.), Discours sur le vieux et le nouveau testament. *La Haye*, 1728, in-fol. *fig. gr. pap. br.* tom. 1 et 2.

430. Savonarola (H.), De simplicitate christianæ vitæ. *Lugd. Bat.*, 1638, in-12. *v. br.*—Stadiera (F.), Inganni della via spirituale. *Venetia*, 1744, in-4. *parch.*

431. Schotanus (Chr.), De authoritate versionis græcæ quæ dicitur LXX interpretum. *Franequeræ*, 1663, in-4. *vel.* — Sandapila silicernio quinti ac sexti evangelii efferendo. *Lugduni*, 1622, in-12. *parch.*

432. Sciencé universelle de la chaire ou dictionnaire moral. *Paris*, 1727, 6 vol. in-8. *v.*

433. Scoti (Jo. Duns) Opera omnia. *Lugduni*, 1639, 12 vol. in-fol. *v. br.*

433 *bis.* Scupoli (L.), Combattimento spirituale. *Parigi*,

(37)

1660, in-fol. *v.* — Henr. à Sto. Ignatio, Ethica amoris.
Leodii, 1709, in-fol. *v. br.* tom. 1ᵉʳ.

434. Segaud (le P.), Sermons, carême. *Paris*, 1752, 3
vol. in-12. *v.* — Panégyriques. *Paris*, 1752, in-12. *v.*

435. Segneri (P.), Il cristiano instruito nella sua lege. *Venezia.*
1687, 3 tom. en 1 vol., in-4. *parch.*— Quaresimale. *Venezia*, 1717,
in-4. *v. br.* — Il divoto di Maria Vergine. *Venetia*, 1694, in-12,
v. br.

436. **Segneri** (P.), L'instruction du confesseur, trad. en franç. par L.
de la Grange. *Paris*, 1696, in-12. *v br.* — Pratique des devoirs des
curés, trad. en franç. par Delvincourt. *Paris*, 1781, in-12. *v.* —
L'instruction du pénitent, trad. en franç. par L. de la Grange. *Lyon*,
1730, in-12. *v.*

437. Seguy, Panégyrique des saints. *Paris*, 1736, 2 vol.
in-12. *v.* — Seguy, Sermons pour les principaux jours
de carême. *Paris*, 1744, 2 vol in-12. *v.*

438. Senault (J. Fr.), Panégyrique des saints. *Paris*,
1656-1657, 2 vol. in-4. *v. br.*

439. Senault (J. F.), Panegyrique des saints. *Paris*, 1660,
3 vol. in-8. — Senault (J. J.), Paraphrase sur Job.
Paris, 1654, in-8. *parch.*

440. Septem tubæ sacerdotales sive selecti SS. patrum
tractatus. *Lugd.*, 1680, in-4. *v.* — Peregrini (Const.)
Tuba concionatorum. *Bruxellæ*, 1630, in-8. *parch.*

441. Seraphin (le P.), Homélies sur les évangiles des dimanches
de carême, de pasques et de quasimodo. *Paris*, 1695, in-12. *v.* —
Évangiles des dimanches depuis Quasimodo jusqu'à la Trinité.
Paris, 1694, in-12. Tom. 2 et 3. — Dimanches de l'avent. *Paris*,
1695, in-12, *v.* — Évangiles des mystères et des festes des mois
de novembre et décembre. *Paris*, 1697, in-12. *v.* — Evangiles des
mystères et des festes du mois de décembre. *Paris*, 1697, in-12. *v*

442. Sermons choisis pour le caresme (par Surian).
Liége, 1738, 2 vol. in-12. *v.* — Sermons choisis du P.
D. T. P. L. O. (Du Treul), *Lyon*, 1757, 2 vol. in-12. *v.*

443. Sermons des plus célèbres prédicateurs de ce tems.
Bruxelles, 1745, 3 vol. in-12. *v.*

443 *bis.* Sermons pour le carême, par le p. Dufay. *Lyon*,
1738, 4 vol. in-12. *br.*

443 *ter.* Sermons. Brunier : Sermons sur les tremblemens de terre.
Francfort, 1756, in-8. *br.* — Dufresne : Sermons sur la réformation
de Genève. *Genève*, 1756, in-8. *br.* — Rivière (J. Brutel de la), Sermons sur divers textes de l'Ecriture Sainte. *Amst.*, 1746, in-8. *br.*

444. Sermones Michaelis de Hungaria universales ; Sermones de rosario beate virginis Marie et de sancta
Anna : Passio Domini. *Parisiis*, 1518, *goth.* — Ser-

mones funebres. *Lugduni,* 1492, *goth.* — Gerson (J.),
Tractatus de ecclesiastica potestate ac origine juris et
legum. *Parisiis,* 1497, *goth.* — Badetus, destructo-
rium bæresum. *Parisiis,* 1532.—Melanchthon (Phil.),
ad Paulinæ doctrinæ studium adhortatio. *Parisiis,*
1529, in-12. *v.*

445. **Simon (Rich)**, Histoire critique du Vieux Testament. *Amst.,*
1685, in-4. *v. br.* — Réponse de P. Ambrun à l'histoire crit. du V.
Testament. *Rotterdam,* 1685.— Réponse au livre intitulé : Sentimens
de quelques théolog. de Hollande sur l'hist. crit. du V. Testament.
Rotterdam, 1686. — Rich. Simonis opuscula critica adversus Is.
Vossium. *Edinburgi,* 1685. — H. Lecamus, Judicium de nupera Is.
Vossii ad iterata P. Simonii objectiones responsione. *Edimb.,* 1685.
— De l'inspiration des livres sacrés. *Rott.,* 1687, in-4. *v. br.* — Histoire crit. du texte du Nouv.-Testament. *Rotterdam,* 1689, in-4. *v.
br.* — Histoire critique des versions du Nouv.-Testament. *Rotterdam,*
1690, in-4. *v. br.* — Histoire critique des commentateurs du Nouv.-
Testament. *Rotterdam,* 1693, in-4. *v. br.* — Nouvelles observations
sur le texte et les versions du Nouv.-Testament. *Paris,* 1695, in-4.
v. br.

446. **Simon de la Vierge, Actions chrétiennes.** *Liége,*
1744-1746, 15 vol. in-12. *v.*

447. **Singlin (de), Instructions chrétiennes sur les mystères de N. S.** *Avignon,* 1744, 6 vol. in-12.

448. **Slichtingius, Commentaria posthuma in Novum
Testamentum.** *Irenopoli,* 1656, 2 tom. en 1 vol.
in-fol. *vél.*

449. **Socini (F.), Opera omnia.** *Iren.,* 1656, 2 vol.
in-fol.

450. **Sophronius, le pré spirituel, translaté du grec en
lat. par le P. Ambroise, et du lat. en franç. par F.
Pasquier d'Orenge.** *Lovain,* 1598, in-12. *parch.* —
Saluthio (B. de), Le paradis des contemplatifs mis en
françois par F. Fassardy. *Paris,* 1609, in-12. *parch.*

451. **Soyer (le P.), OEuvres spirituelles.** *Paris,* 1674, 3
vol. in-12. *v.*

452. **Stay (Ben.), Philosophiæ versibus traditæ libri VI.**
Romæ, 1747, in-8. *br.* — S. Joseph (P. a.), Idea philosophiæ moralis seu ethica. *Parisiis,* 1659, in-12.
parch.

453. **Stephani Epistolæ, ed. Cl. du Molinet.** *Lut. Par.,*
1679, in-8. *v.*

454. **Suarez (F.), De Divina gratia.** *Lugd.,* 1620, 3 vol
in-fol. *v.*

455. Surin, Catéchisme spirituel. *Paris*, 1669, 2 vol. in-12. *parch.* — Dialogues spirituels. *Paris*, 1741, 3 vol. in-12. *bas.* — Fondemens de la vie spirituelle. *Paris*, 1743, in-12. *bas.*

456. Sykes (Ashley), Examen des fondemens et de la connexion de la religion naturelle et de la révélée, trad. de l'angl. *Amst.*, 1742, 2 vol. in-12. *v.*

457. Terasson (le P.), Sermons. *Paris*, 1736, 4 vol. in-12. *v. d. s. tr.*— Sermons (nouveaux) d'un prédicateur célèbre par sa piété et son éloquence (Terasson). *Utrecht*, 1731, in-12. *v.* tom. 1 et unique.

458. Tertullien : Apologétique, avec des notes. *Paris*, 1715, in-12. *v.* — Le livre du manteau, trad. nouv. *Paris*, 1665, in-12. *v.*— De la patience et de l'oraison. *Paris*, 1640, in-12. *parch.*

458 *bis.* Testamentum (N.) Gr. *Oxoniæ typis Baskerville*, 1763, in-4. *br.*

459. Testamentum (novum) græce. *Typis Baskerville, Oxonii*, 1763, in-8. *br.*

460. Testament (Nouv.) de N. S. J. C. trad. en franç. *Mons*, 1667, 2 vol. in-12. *v.*

461. Testament (Nouv.) de N. S. J. C. trad. en françois. *Mons*, 1690, 2 vol. in-12. *v. f. d. s. tr.*,

461 *bis.* Testament (Nouv.) de N. S. J. C., trad. nouv., revue par les pasteurs de Genève. *Genève*, 1726, in-4. *br.* — Le même, in-8. *br.*

462. Testament (Nouv.) en françois avec des réflexions morales sur chaque verset (par Quesnel). *Amst.*, 1736, 8 vol. in-12. *v. br.*

463. Testament (Nouv.) trad. en franç. avec des notes. *Paris*, 1740, 6 tom. en 4 vol. in-12.

464. Thauleri (J.) Sermones, ed. Surio. *Colon.*, 1615, in-4. *v. br.* — Thaulere, Institutions, trad. en franç. *Paris*, 1665, in-8. *v.*

465. Theodoreti opera, cura et studio Jac. Sirmondi. *Lutetiæ parisiorum*, 1642, in-fol. tom. 1, 2, 4. *ch. m.* —Ejusdem auctuarium, cura et studio Jo. Garnerii. *Lutet. Parisior.*, 1684, in-fol. *ch. m.*

466. Theodori Cantuar. Pœnitentiale. *Lut. Paris.*, 1677, 2 tom. en 1 vol. in-4. *v.*—Van Hoorn, Tractatus quadragesimales. *Gandavi*, 1565, in-4. *v.*

467. Thérèse (Ste), Le chasteau de l'asme, trad. en franç. *Paris*, 1671, in-8. *v*. — Le chemin de perfection, trad. en franç. par Chanut. *Paris*, 1690, in-8. *v*. — Lettres, trad. en franç. par Fr. Pelicot. *Bruxelles*, 1661. in-8. *v*. — OEuvres spirituelles, trad. en franç. par F. de Ribera. *Paris*, 1621, in-8. *parch*. — Recueil de paroles sur la pratique de la vertu. *Agen*, 1677, in-8. *v*.

468. Thérèse (Ste), Le chemin de la perfection, de la trad. d'Arnauld d'Andilly. *Paris*, 1697, in-12. *v. br*. — Les sept méditations sur le Pater, trad. par Arnauld d'Andilly. *Paris*, 1696, in-12. *v*. — Sommaire abrégé des degrés de l'Oraison mis en lumière par Thomas de Jésus, trad. de l'espagn. *Paris*, 1612, in-12. *parch*.

469. Thiers (J.-B.), Critique de l'histoire des flagellans et justification de l'usage des disciplines volontaires. *Paris*, 1703, in-12. *v*. — Dissertation sur les porches des églises. *Orléans*, 1679, in-12. *v. br*. — De la plus solide, la plus nécessaire et souvent la plus négligée de toutes les dévotions. *Paris*, 1702, in-12. tom. 2. — De stola in archidiaconorum visitationibus gestanda à parœcis. *Parisiis*, 1674, in-12. *v. br*. — Réponse à la lettre du P. Mabillon, touchant la prétendue Ste larme de Vendôme, *Amst.*, 1751, in-12. — Traité de la clôture des religieuses. *Paris*, 1681, in-12, *v*, — Traité de la dépouille des curés. *Paris*, 1683, in-12. *v. br*.

470. Thomæ de Aquino prima pars secundæ partis theologiæ. *Paris*, 1513, in-4. *Gothique. v*. — Liber secundus secundæ partis. *Paris.*, 1512, in-4. *Gothique. v*. — Thomæ de Aquino (S.) Tertia pars summe. *Rothomagi*, 1520, in-8. *Gothique. v*.

471. Thomæ Aquinatis (S.) Opera. *Romæ*, 1570, in-fol. tom. 10 à 17 en 6 vol. *v. f*.

472. Thomæ Aquinatis (S.) Commentarii in octo libros politicorum Aristotelis. *Parisiis*, 1645, in-fol. *v*.

473. Thomæ Aquinatis (S.) Expositio in XII libros metaphysicos Aristotelis et in librum de causis. *Parisiis*, 1646, in-fol. *v*.

474. Thomæ Aquinatis (S.) in VIII physicorum Aristotelis libros commentaria. *Parisiis*, 1649, in-fol. *v*.

475. Thomæ Aquinatis (S.) Commentaria in IV libros sententiarum ed. J. Nicolai. *Parisiis*, 1659, 4 tom. en 2 vol. in-fol. *v*.

476. Thomæ Aquinatis (S.) Opera. *Parisiis*, 1660, in-fol. *v*.

477. Thomæ Aquinatis (S.) Summa, ed. Nicolai. *Parisiis*, 1663, in-fol. tom. 2.

478. Thomas, les vérités et les devoirs du christianisme expliqués d'une manière accommodée à la capacité des plus foibles, ou essai d'une instruction pour les In-

diens, trad. de l'angl. par J. Bourdillon. *Genève*,
1744, in-12. *v.* — Thomas de Ste Marie, le Catéchisme de Ste Thérèse. *Rouen*, 1672, in-12. *v. br.*

479. Thomassin (Lud.), Dogmata theologica : de verbi
Dei incarnatione. *Parisiis*, 1680, in-fol. *v. br.*

480. Thomassin (L.), Traité de l'aumône. *Paris*, 1695, in-8. *v.*
— Traité de la vérité et du mensonge ; des juremens et des parjures.
Paris, 1691, in-8. *v.* — Traité de l'office divin pour les ecclésiastiques
et les laïques. *Paris*, 1700, in-8. *v.* — Traité de l'unité de l'église.
Paris, 1693, 2 vol. in-8. *v.* — Traité des festes de l'église. *Paris*, 1697,
in-8. *v.* — Traité des jeûnes de l'église. *Paris*, 1680, in-8. *v.* — Traité
du négoce et de l'usure. *Paris*, 1697, in-8. *v.*

481. Tilladet (de), Dissertations sur diverses matières de
religion et de philologie. *Paris*, 1712, 2 vol. in-12.
v. f. — Théologien dans les conversations, avec les
sages et les grands du monde (tiré des mss. du P.
Coton, par le P. Boutauld). *Paris*, 1689, in-12. *v. br.*

482. Tillotson, Sermons sur diverses matières importantes, trad. de l'angl. par J. Barbeyrac. *Amst.*, 1744,
7 vol. in-12. *v.*

483. Toilette de M. l'archev. de Sens, ou réponse au
factum des filles de Ste. Catherine-lés-Provins contre
les PP. Cordeliers. 1669, in-12. *parch.*

484. Tome (Fr.) de Jesus, Trabajos de Jesus traducidos
de la lengua portuguesa, por Chr. Ferreyra y Sam-
payo. *Madrid*, 1631, in-4. *parch.*

485. Tournely (H.), Prælectiones theologicæ de baptismo et con-
firmatione. *Parisiis*, 1727, in-8. *v.* — de Deo. *Pariisis*, 1741, 2 vol.
in-8. *v.* — De ecclesia Christi. *Parisiis*, 1749, 2 vol. in-8. *v.* — de
eucharistiæ sacramento. *Parisiis*, 1729, 2 vol. in-8. *v.* — De gratià
Christi. *Parisiis*, 1725, 2 vol. in-8. *v.* — De incarnatione verbi divini.
Parisiis, 1727, in-8. *v.* — De mysterio SS. Trinitatis. *Parisiis*, 1726,
in-8. *v.* — De sacramento ordinis. *Parisiis*, 1729, in-8. *v.* — De sacramentis in genere. *Parisiis*, 1726, in-8. *v.* — De sacramentis pœnitentiæ et extremæ unctionis. *Parisiis*, 1728, 2 vol. in-8. *v.* — Tournely convaincu d'erreur et de mauvaise foi dans ce qu'il a écrit sur les
matières de la grâce. *Cologne*, 1764, in-12. *v.*

486. Continuatio Prælectionum theologicarum N. Tournely. *Parisiis*, 1747, in-8. *v.* tom. 1 à 9, 14, 15.

487. Traité de la confiance en la miséricorde de Dieu
(par Languet). *Paris*, 1741, in-12. *v. br.* — Traité
de la correction fraternelle. *Paris*, 1676, in-12. *v.*
— Traité de la paresse. *Paris*, 1677, in-12. *v. br.*

488. Traité de la perfection de l'état ecclésiastique. *Lyon*,
1759, 2 vol. in-12. *v.* — Traité du secret de la con-

fession. *Paris*, 1708, in-12. *v. br.* — Traité sur le petit nombre des élus. *Paris*, 1760, in-12. *v.*

488 *bis*. Traité de la vérité de la religion chrétienne, par Abbadie. 1771, 4 vol. in-12. *br.*

489. Trattado dell'interdetto della santita di Papa Paulo V, composto da diversi theologi. *Venetia*, 1606, in-4. *vel.*

490. Tronson, Forma cleri secundùm exemplar quod a C. D. monstratum est. *Paris.*, 1727, in-4. *v.*

491. Turretin (Alph.), Traité de la vérité de la religion chrétienne, tiré en partie du latin, par J Vernet. *Paris*, 1753, 2 vol. in-12. *v.* — Traité des sources de la corruption qui règne aujourd'hui parmi les chrétiens, par Ostervald. *Amst.*, 1709, 2 tom. en 1 vol. in-12. *v.*

492. Varet, Lettres chrétiennes et spirituelles. *Paris*, 1681, 2 vol. in-12. *v. br.* — Pensées et réflexions sur les égarements des hommes dans la voie du salut. *Paris*, 1700-1702, 3 tom. en 2 vol. in-12. *v.*

493. Vaubert (le P. L.), Dévotion à N. S. J. C. dans l'eucharistie. *Paris*, 1752, 2 vol. in-12. — Vaubert (le p.), Le saint exercice de la présence de Dieu. *Paris*, 1750, in-12. *bas.*

494. Venture (Mardochée), Prières journalières à l'usage des Juifs Portugais ou Espagnols. *Paris*, 1772. in-12. *v. fil.* — Prières des festes de Pessah, de Sebouhot et de Souccot. *Paris*, 1774, in-12, tom. 3. *br.*

495. Vernet (J.), Traité de la vérité de la religion chrétienne. *Lausanne*, 1772, 10 vol. in-8. *br.*

496. Victorin (le P.), Le chrétien uny à J. C. au fond du cœur pour l'y adorer en esprit de foy et d'amour. *Paris*, 1567, in-12. *v. br.* —Vignolles (de), Le vray chrétien instruit et sanctifié dans ses exercices, heures nouvelles. *Paris*, 1737, 2 vol. in-12. *fig. v. f.*

497. Villethierry (Girard de), Le Chrétien dans la tribulation et dans l'adversité, le chrétien malade et mourant. *Nancy*, 1735. 2 vol. in-12. *v.* — Le chrétien étranger sur la terre. *Paris*, 1725, in-12. *v.* — Des églises et des temples des chrétiens. *Paris*, 1706, in-12. *v.* — Des vertus théogales et cardinales. *Paris*, 1710, in-12. *v. br.* — Traité de la vocation à l'état ecclésiastique. *Paris*, 1695, in-12. *v.*

498. Villethierry, Vie de J. C. dans l'Eucharistie. *Paris*, 1733, in-12. *v.* — Vie des religieux et des religieuses. *Paris*, 1724, in-12.

v. br. — Vie des riches et des pauvres. *Paris,* 1740, in-12. *v.* — Vie des veuves. *Paris,* 1736, in-12. *v.*

499. Vives (L), De veritate fidei christianæ. *Lugd. Bat.,* 1639, in-12. *v.* — Rosignoli (C.), Verita eterne esposte in lezioni, *Parma,* 1729, in-12. *fig. v.*

500. Vossius (G. J.), De Baptismo. *Amst., Elzevir,* 1648, in-4. *vel.* — De cognitione sui. *Amst.,* 1654, in-12. *parch.*

501. Vuitasse (C.), Tractatus de Deo. *Parisiis,* 1718, 3 vol. in-12. *v.*—Tractatus de Eucharistiæ sacramento. *Parisiis,* 1720, 2 vol. in-12. *v,* — Tractatus de sacramento confirmationis. *Parisiis,* 1722, 2 vol. in-12. *v.* — Tractatus de sacramento ordinis. *Parisiis,* 1718, 2 vol. in-12. *v.*—Tractatus de sacramento pœnitentiæ. *Parisiis,* 1718, 2 vol. in-12. *v.*

502. Walonis Messalini de episcopis et presbyteris dissertatio. *Lugd. Bat.,* 1641, in-12. *v. br.* — Yves (le p.), Le souverain pontife. *Paris,* 1645, in-12. *parch.*

503. Warburton, Dissertation sur les tremblemens de terre, etc., qui firent échouer le projet formé par l'empereur Julien de rebâtir le temple de Jérusalem. *Paris,* 1754, 2 vol. in-12. *v.*

504. Wolzogenii opera omnia exegetica, didactica et polemica. *Irenop.,* 1656, 2 vol. in-fol. *vel.*

504 *bis.* Würdtwein (A. A.), Concilia Moguntina in elencho nuper edito nuntiata, novis accessionibus aucta. *Mannhemii,* 1766, in-4. *br.*

JURISPRUDENCE.

Droit de la nature et des gens. — *Droit civil et criminel.*

505. Acta pacis Westphaliæ publica. *Hannover.,* 1736, in-fol. tom. 6. *cart.*

506. Actes et mémoires des négociations de la paix de Nimègue. *La Haye,* 1698, 4 tom., 7 vol. in-12. *v. br.* — Disdier, Histoire des négociations de la paix de Nimègue. *La Haye,* 1697, in-12. *v. br.* — Histoire

du traité de paix de Nimègue. *Pais*, 1754, 2 vol.
in-12. *bas.*

507. Actes et mémoires des négociations de la paix de
Ryswick. *La Haye*, 1707, 5 vol. in-12. *v. br.* —
Mémoire historique concernant la négociation de la
paix de Vervins. *Paris*, 1667. 2 vol. in-12. *v.*

508. Arrêts notables sur plusieurs questions de droit
civil, de coutume, de discipline ecclésiastique et de
droit civil. *Paris*, 1710, in-4. *v.* — Alphabetica series
rubricarum omnium juris utriusque civilis et canonici in duas tabulas distributa. *Gratianopoli*, 1770,
in-12. *br.*

509. Auger, Traité sur les tailles et les tribunaux qui
connaissent de cette imposition. *Paris*, 1788, 4 vol.
in-4. *v.* — Moreau de Beaumont, Mémoires concernant les impositions et droits. *Paris*, 1789, in-4, *cart.*
le tome 5. — Procès-verbal des conférences pour l'examen des ordonnances de 1667 et 1670. *Paris*, 1714,
in-4. *v. br.*

510. Barbosæ (P.) Opera posthuma. *Coloniæ Allobro-*
gum, 1736, 2 tom. en 1 vol. in-fol. *non rel.*

511. Basilicon libri LX. Car. Fabrotus lat. vertit et
græce edidit. *Parisiis*, 1647, 7 vol. in-fol. *v. br.*
Le tome 2 manque.

512. Bondam (P.), Variæ lectiones. *Zutphaniæ*, 1759,
in-8. *br.*

513. Bouchotte, Observations, etc., pour le rétablissement du divorce, etc. *Paris*, 1790. — Le même, dernières observations pour le
rétablissement du divorce. *Paris*, 1791. — Pétition à l'assemblée nationale par Montaigne, Charron, Montesquieu et Voltaire. *Paris*, 1791.
—Moy (Ch. Al. de), Accord de la religion et des cultes chez une nation
libre. *Paris*, an IV. — Muraire, Rapport sur le mode par lequel les
naissances, mariages et décès seront constatés. in-8. v.

514. Brunnemannus, in XII libros codicis. *Lipsiæ*, 1688,
in-fol. *v. br.* tom. 2.

515. Bruyset (J. M.), Essai sur le contrat collybistique
des anciens et particulièrement des romains. 1786,
in-4. *br.*

516. Cambolas (Fr. de), Décisions notables sur diverses
questions de droit jugées par plusieurs arrêts du parlement de Toulouse. *Toulouse*, 1735, in-4. *v.*

517. Cassan (J. de), La recherche des droits du roy et de
la couronne de France sur les royaumes, duchés, etc.,

(45)

occupez par les princes étrangers. *Paris*, 1646 in-8.
parch. — Dupuy, Traité de la majorité de nos rois et
des régences du royaume. *Paris*, 1655, in-4. *v.*

518. Code Voiturin, ou recueil des édits concernant
les voituriers, de 1200 à 1748. *Paris*, 1763, 2 vol.
in-4. *non couverts*. — Recueil des ordonnances,
édits, etc., concernant les messageries. *Lyon*, 1770,
in-4. *non couvert*

519. Collection générale des lois proclamations, etc., de
juillet 1788 à décembre 1792. *Paris*, 1792, et suiv.,
12 tom. en 15 vol. in-4. *cart.*

    Il manque les tom. 2, deuxième partie, tom. 8 et 10.

520. Coras (J.), Discours des parties et office d'un bon et entier
juge, etc. *Lyon*, 1605. — Arrest du Parlement de Tolose, contenant
une histoire prodigieuse d'un supposé mary. *Lyon*, 1605. — Le même,
Paraphrase sur l'édict des mariages clandestinement contractez par les
enfans de famille, contre le gré et le consentement de leurs pères et
mères. *Lyon*, 1605, in-8. *parch.*

521. Courier des tribunaux, du 1er janvier au 31 août
1828 et du 1er février au 31 août 1829. *fol.*

Coutumes par ordre alphabétique de pays.

522. Coustumes générales d'Amyës, Monstroeul, etc.
Amyens, 1546, in-8. *gothique, v.*

523. Calonne (de), Observations et jugements sur les
coutumes d'Amiens, d'Artois, de Boulogne et de Ponthieu. *Paris*, 1784, in-4. *v.* — Coutumes générales
d'Artois, avec des notes, par Adr. Maillart. *Paris*,
1704, in-4. *v.*

524. Gandillaud (P.), Exposition sommaire sur les
coustumes de la duché et seneschaussée d'Angoumois. *Paris*, 1598, in-8. *parch.* — Commentaires
sur la coustume de Troyes, par J. Rochette. *Troyes*,
1596. in-8. *parch.*

525. Coustumes d'Anjou, nouv. édit. par Cl. Pocquet de
Livonnière. *Paris*, 1725, 2 vol. in-fol. *v.*

526. Fors (los), et Costumas de Bearn. *Pau*, 1682, in-4.
parch.

527. Coustumes du pays et duché de Bourbonnoys.
Paris, in-4 (*sans date*). *goth. parch.*

528. Observations sur la coutume du comté de Bourgogne. *Besançon*, 1756, in-4. *v.*

529. Collet (Ph.), Explication des statuts, coutumes et usages observés dans la province de Bresse., Bugey, Valromey et Gex. *Lyon*, 1698, in-fol. *v. br.*

530. Coutumes générales du païs et duché de Bretagne, avec les notes de P. Hevin, Ch. Dumoulin et Poulain Duparc. *Rennes*, 1745, 3 vol. in-4. *v.* — Hevin (P.), Consultations et observations sur la coutume de Bretagne. *Rennes*, 1734, in-4. *v.*

531. Coustumes et loix des villes et des chastellenies du comté de Flandre, trad. en franç., avec les notes lat. et flamandes de L. Van den Hane, et des observ. sur la trad. par Legrand. *Cambray*, 1719, 3 vol. in-fol. *br.*

532. Commentaire sur les coutumes du Maine et d'Anjou, par L. Olivier de St.-Vast. *Alençon*, 1779, in-8. *br.* Tom. 2, 3, 4.

533. Duplessis, Traité sur la coutume de Paris, avec des notes par Berroyer et de Laurière. *Paris*, 1702, in-fol. *v. br.* — Coustume de Paris par principes, suivant l'ordre de Duplessis. in-4. *v. br.*

534. Maichin, Commentaires sur la coustume de Saint-Jean-d'Angely. *S.-Jean-d'Angely*, 1650, in-4. *cart. non rogn.*

535. Coutumes locales de St.-Omer. *Paris*, 1744, in-4. *v.*—Coutumes de Valenciennes. *Mons*, 1776, in-8. *bas.*

536. Conférence de la rédaction de la coutume de Touraine en 1460, et de ses deux réformations en 1507 et 1559, et nouv. comment. par Dufrementel. *Tours*, 1786, in-4. *v.*

537. Coutumes de la ville de Toulouse, en lat. et en franç., avec des observations par J. A. Soulatges. *Toulouse*, 1770, in-4. *v.*

---

538. D'Aguesseau, OEuvres. *Paris*, 1787, in-4. tom. 1 à 6. *cart. et br.*

539. D'Aguesseau, OEuvres, édit. revue par Pardessus. *Paris*, 1819, in-8. tom. 1 à 10. *br.*

540. Despeisses (Ant.), OEuvres. *Lyon*, 1676, 3 vol. in-fol. *v. br.*

541. Dinner (And.), De justo rerum pretio definiendo de interpretatione tam contractuum quam conventionum. *Stuttgardiæ*, 1661, in-4. *br.*

542. Duck (Art.), De usu et autoritate juris civilis roma-

norum in dominiis principum christianorum. *Lipsiœ,*
1668, in-12. *parch.*

543. Dufail, Les plus solemnels arrêts et règlements
donnez au parlement de Bretagne, avec augmentations
et observat. de Mat. et Mic. Sauvageau. *Nantes,* 1715,
2 vol. in-4. *v. br.* — Frain (Seb.), Arrest du parlement
de Bretagne, trois. édit. augm. par P. Hevin. *Rennes,*
1684, 2 tom. en 1 vol. in-4. *v.*

544. Dunod, Traité des prescriptions de l'aliénation des
biens d'église suivant la jurisprudence du royaume et
les usages du comté de Bourgogne. *Paris,* 1753, in-4. *br.*

545. Durandus, De origine jurisdictionum; de legibus.
Petrus de Palude, causa immediata ecclesiastice potes-
tatis; de audientia confessionum. Johannes Paris. de
utraque potestate papali et regalii. Herveus de eodem
tractatu. (*S. A.* et *L.*), in-4. *goth. non rel.*

546. Duval (P. Neel), Les règles judiciaires du droit cou-
tumier et du droit écrit. *Lyon,* 1723, in-4. *v.* —
Lange, La nouvelle pratique civile, criminelle et
bénéficiale ou le nouv. praticien françois. *Paris,* 1755,
2 vol. in-4. *v.*

547. Edict et déclaration du roy sur les cartes, tarots et
dez. *Paris.* 1605, pet. in-8. *non rel.*

548. Exposition abrégée des loix, avec des observat. sur
les usages des provinces de Bresse et autres régies par
le droit écrit (par Damours). *Paris,* 1751, in-8. *dem. rel.*

549. Florentis (Fr.) Opera juridica, studio J. Doujatii.
Parisiis, 1679, 2 vol. in-4. *v. br.*

550. Fontanella (J. P.), De pactis nuptialibus sive capi-
tulis matrimonialibus tractatus. *Genevœ,* 1641, in-fol.
v. br. — Regia in matrimonium potestas. *Paris.,* 1674,
in-4. *v.*

551. Formey, Exposition abrégée du plan du roi pour
la réformation de la justice. *Berlin,* 1748, in-12. *v. f.*
— Loix (les) civiles et l'administration de la justice
ramenées à un ordre simple et uniforme. *Londres,*
1783, in-12. *br.*

552. Furgole (J. B.), Traité des testamens, codiciles,
donations, etc. *Paris,* 1745, in-4. *v.* — La Rouvière
(de), Traité de la révocation et nullité des donations, etc., par l'ingratitude, etc., des donataires, hé-
ritiers, etc. *Toulouse,* 1738, in-4. *v.*

553. Gazette des tribunaux du 1ᵉʳ novembre 1825, au
31 mars 1830 et tables. in-fol.

554. Grande (la) conférence des ordonnances et édits
royaux, par P. Guenois. *Paris*, 1679, 3 vol. in-fol.
v. br.

555. Grotius (H.), De jure belli ac pacis, cum notis variorum, ed. M. Tydeman. *Trajecti ad Rhenum*, 1773,
2 vol. in-8. *br.*

Imparfait au tome 1er de la feuille ***, au tome 2 de la feuille Vvv.

556. Guzman (Alph.), Tractatus de evictionibus. *Coloniæ
Allobrogum*, 1736, in-fol. *non rel.*

557. Harpprechti (Jo.) Commentarius in IV libros institutionum. *Genevæ*, 1765, 4 tom. en 2 vol. in-fol. *v.*

558. Heineccii (J. G.) Prælectiones acad. in H. Grotii de
jure Belli ac Pacis libros. *Neapoli*, 1765, 2 vol. in-8. *br.*

559. Hello (F.), La jurisprudence françoise conférée avec
le droit Romain. *Paris*, 1665, 3 tom. en 2 vol. in-4.
v. br.

560. Histoire des traités de paix, depuis la paix de Vervins jusqu'à la paix de Nimegue. *Amsterdam*, 1725,
2 vol. in-fol. *v.*

561. Hotomani (Fr.), Commentarius verborum juris.
Basileæ, 1558. — Brederodii (P. C.) Thesaurus Dictio-
num et sententiarum juris civilis. *Lugduni*, 1585,
in-fol. *v. br.*

562. Justiniiani imp. corpus juris civilis. *Lugduni*,
1618, in-fol. *v.* tom. 1, 3, 5 et index. 2 vol.

563. Justiniani imp. corpus juris civilis. *Amst.*, *Elzev.*,
1663, in-8, *v. br.* tom. 2.

564. Justiniani imp. corpus juris civilis. *Amst.*, *Elzev.*,
1663, in-fol. tom. 2.

565. Justinien, Nouvelle traduction des Institutes, par
Cl. J. de Ferrière. *Paris*, 1760, 6 vol. in-12. *v.*

566. Justinien, les L livres du Digeste ou des Pandectes,
trad. par Hulot. *Metz*, 1805, 7 vol. in-4. *br.*

567. Justinien, les L livres du Digeste ou des Pandectes,
trad. par Hulot. *Metz*, 1805, 35 vol. in-12. *br.*

568. Karoli magni et Ludovici Pii regum et impp. francorum capitula sive leges ecclesiasticæ et civiles.
Parisiis, 1588, in-8. *parch.*

569. Kempenaer (A. A ab Andringa de), Selecta quædam

inprimis ad juris patrii locum DAS AVARYS. *Groningæ*, 1798, in-8. *br.*

570. Lefèvre de la Planche, Mémoires sur les matières domaniales ou traité du domaine. *Paris*, 1764, 3 vol. in-4. *v.* — Jacquet, Traité des justices de seigneur et des droits en dépendants. *Lyon*, 1764, in-4. *v.*

571. Leyser (A. a), Meditationes ad Pandectas, ed. G. A. Jenichen. *Lipsiæ*, 1762, in-4. tom. XI. *br.*

572. Linckius (J. E.), Stamina juris publici Romano-Germanici continuo filo ducta. *Argentorati*, 1730, in-4. obl. *v.*

573. Ludewig (J. P. de), Opuscula oratoria. *Halæ Magdeb.*, 1721, in-8. *dem. rel.* — Le Maistre, Plaidoyez et harangues publiés par J. Issali. *Paris*, 1657, in-4. *v. br.*

574. Lucius (J.), Placitorum summæ apud gallos curiæ libri XII. *Lutetiæ*, 1559, in-fol. *parch.*

575. Matthæu (F.), et Sanz, tractatus de re criminali. *Lugd*, 1702, in-fol. *non rel.* (*Avec l'approbation manuscrite, signée Rassicod.*)

576. Maximes du droit public françois. *Amst.*, 1775, 2 tom. en un vol. in-4. *v.*

577. Mémoires sur les priviléges et fonctions des trésoriers généraux de France. *Orléans*, 1745, in-4. *v.*

578. Mémoire pour Fr. Bigot, ci-devant intendant de justice, etc. au Canada, accusé, contre le procureur général du roi. *Paris*, 1763, 3 vol. in-4. *br.*

579. Molinæi (Car.) Opera. *Lutetiæ Paris.* 1638, in-fol. tom. 1 et 3.

580. Molinæi (Car.) Tractatus commerciorum et usurarum. *Parisiis*, 1555, in-4. *parch.* — Traité des prêts de commerce. *Lille*, 1738, in-4. *br.*

581. Moreau de St. Mery, Loix et constitutions des colonies françoises de l'Amérique sous le vent. *Paris*, 6 vol. in-4. *cart.*

582. Nouv. style du Châtelet de Paris, etc., tant en matière civile, criminelle que de police. *Paris*, 1771, in-4. *bas.* — Sallé, Traité des fonctions, droits et privilèges des commissaires au Châtelet de Paris. *Paris*, 1759, 2 vol. in-4. *br.*

583. Ordonnances, édits, déclarations, arrest et lettres

patentes concernant l'autorité et la jurisdiction de la Chambre des Comptes de Paris. *Paris*, 1728, 3 vol. in-4. *br.*

584. Pacii (Jul.) a Beriga Isagogica in institutiones digesta, codicem et decretales. *Lugduni*, 1606, in-fol. *v.*

585. Portugal (A.), De donationibus jurium et bonorum regiæ coronæ. *Lugd.*, 1726, 2 tom. en 1 vol. in-fol.

586. Préliminaires des traitez faits entre les rois de France et les princes de l'Europe depuis Charles VII. *Paris*, 1692, in-12. *v. br.* — Recueil des traitez de paix, etc., entre les couronnes d'Espagne et de France. *Anvers*, 1645, in-12. *v. f.* — Traictez de confédération et d'alliance entre la couronne de France et les princes et estats estrangers. 1650. — Le politique du temps. *La Haye*, 1650, pet. in-12. *v. fil.* — Recueil des principaux traitez de paix faits et conclus pendant ce siècle. *Luxembourg*, 1698, pet. in-12. *v.* — Du Mont (J.), Nouveau recueil de traitez d'alliance, de paix, etc., depuis la paix de Munster jusques à 1709. *Amst.*, 1710, 2 vol. in-12. *v.*

587. Pufendorf (Sam. de), de officio hominis et civis, ed. G. G. Titio. *Lipsiæ*, 1721, in-8. *br.*

588. Radelantius (W.), Decisiones posthumæ curiæ provincialis Trajectini. *Trajecti*, 1637, in-4. *v. br.*

589. Recueil d'arrests donnez en la cour de parlement, baillez pour règlement et sur l'interprétation d'aucuns articles de la coustume. *Rouen*, 1614, in-8. *parch.*

590. Recueil de remontrances du parlement de 1751 à 1765, 12 vol. in-12. *v.*

591. Recueil de traitez de paix, de trèves, etc., depuis la naissance de J. C. jusqu'à présent. *Amsterd.*, 1700, 4 vol. in-fol. *v.*

592. Recueil de traitez de paix, de trève, etc., faits par les rois de France et tous les souverains, depuis près de trois siècles, mis en ordre et imprimé par Fr. Léonard. *Paris*, 1693, 6 vol. in-4. *v. br.*

593. Recueil d'ordonnances, édits et arrêts de 1256 à 1746. in-4. *non rel.*

594. Recueil de pièces (3), arrest de la Basoche en faveur des avocats du parlement de Paris. in-4. — Brevet du régiment de la calotte. in-4. — Arrest du Conseil d'Etat de la calotte, in-8. *br.*

595. Recueil de mémoires sur procès contre le duc de Richelieu (affaire St. Vincent et autres), in-4. *cart.*

596. Recueil de pièces, dont arrets et autres pièces concernant l'université, les biens des jésuites, etc., in-4.

597. Recueil de pièces (104), arrets de condamnation pour divers crimes, de 1718 à 1751, in-4. *cart.*

598. Recueil de pièces (324), concernant la constitution, les Universités, les Parlemens, les Jésuites, les Collèges jusqu'en 1778, 6 vol. in-4. *cart.*

599. Recueil de pièces (32), Procès de Caron de Beaumarchais, 1773-1775, in-4. *cart.*

600. Recueil des édits, déclarations, lettres patentes, arrêts du conseil d'état et conseil souverain d'Alsace, avec des observations par De Boug. *Colmar*, 1775, in-fol. in-4. tom. 2.

601. Remontrances du Parlem. de Paris contre les édits portants l'abolition des corvées, des jurandes, etc. *Amst.*, 1776. — Linguet, Représentations au roi sur la défense à lui faite d'imprimer sa requête en cassation. *Bruxelles*, 1776. — Trinquelague, Éloge de Fléchier. *Nismes*, 1776. — Rouaix, Oraison funèbre de A. B. de Bezons. *Carcassonne*, 1778. — Arcère, État de l'agriculture chez les Romains. *Paris*, 1777. — Oraison funèbre de Charles Emmanuel, roi de Sardaigne. *Chambery*, 1773, in-8. *v.*

602. Renusson (Ph. de), Traités du douaire et de la garde-noble et bourgeoise qu'on appelle bail. *Paris*, 1724, in-4. *v. br.*

603. Rethmeierus (Ph. J.), Jus talionis ad mentem gentilium, Judœorum ac christianorum examinatum. *Ienœ*, 1780, in-4. *v. br.*

604. Sande (Jo. A.), De actionum cessione et de prohibita rerum alienatione. *Leovardiœ*, 1657. — Lamb. Goris, juris Adversaria juris subcisivorum ad lucem consuetudinis Duc. Gelriœ et comit zutphaniæ. *Arnhemii*, 1635, in-4. *parch.* — Sande (Fr. A.) Opera. *Arnemiæ*, 1658, in-4. *v.* — Sande (J. A.), Theatrum practicantium sive res in suprema frisiorum curia judicatæ, cura J. Burgers. *Coloniæ Agrippinæ*, 1684, in-4. *v.*

605. De successione filiarum in regnis et principatibus, ed. E. Ch. Beneke. *Giessæ*, in-4. *cart. n. rog.*

606. Traité de paix entre la France et la Savoye du 29 août 1696, *Paris*, 1697. — Convention de mariage du duc de Bourgogne et de mademoiselle de Savoye. 1697. — Traité de la suspension d'armes en Italie en 1696. *Paris*, 1697. — Traité de paix entre la France et l'Angleterre du 20 septembre 1697. *Paris*, 1697. — entre la France et l'Espagne du 20 septembre 1697. — entre la France et les Provinces-Unies, 21 septembre 1697. — entre l'empereur et la France, 30 novembre 1697, in-4. fig. *v. br.*

607. Vinnii (Arn.) in IV libros institutionum commentarius, ed. J.-C. Heineccio. *Lugduni*, 1767, 2 vol. in-4. *pliés* (la feuille LIIII du tome 2 manque). —

Théophili Institutiones gr. et lat. ed. D. Gothofredo.
1587, in-4. *v.*

Droit ecclésiastique.

608. Abrégé du recueil des actes, titres et mémoires concernant les affaires du clergé de France. *Paris,* 1752,
in-fol. *v.*

609. Augustini (Ant.) Juris pontificii Epitome. *Parisiis,*
1641, in-fol. *v. br.*

610. Benedicti XIV (Lambertini) Bullarium. *Venetiis,*
1778. 4 vol. in-fol. *br.*

611. Bullarium magnum. *Luxemburgi,* 1727, in-fol.
tom. 1 à 11, 14.

612. Collectio præstantiorum operum jus canonicum
illustrantium. *Magontiaci,* 1787, in-4. tom. 1 en 2
part. *cart.*

613. Daoyz (Steph.), Jus pontificum. *Burdigalæ,* in-fol. *v.*

614. Diversi Tractatus de potestate ecclesiastica coercendi
Dœmonios circa energumenos et maleficiatos, etc. *Coloniæ Agripp.,* 1629, in-4. *parch.*

615. Dupin, De Antiqua ecclesiæ disciplina Dissertationes historicæ. *Parisiis,* 1686, in-4. *v. br.* — Dupin,
Traité de la puissance ecclésiastique et temporelle.
1707, in-8. *v.*

616. Fleury, Institution au droit ecclésiastique. *Paris,*
1721, in-12. *v.* — Doujat (J.), Histoire du droit cano-
nique. *Paris,* 1677, in-12. *v. br.*

617. Fontejus (Cl.), De antiquo jure presbyterorum in
regimine ecclesiastico. *Taurini,* 1676, in-12. *v.*

618. Henniges (H.), De summa imperatoris romani potestate circa sacra. *Noribergæ,* 1676, in-8. *v.*

619. Innocentii III, Epistolæ ed. Steph. Baluzio. *Parisiis,*
1682, 2 vol. in-fol. *v.*

620. Italus ad Febronium de statu ecclesiæ, à P. V. a
Cocaleo. *Francof,* 1773, 2 vol in-8. *cart.*

621. Jus Belgarum circa bullarum pontificiarum recep-
tionem. *Leodii,* 1645, in-12. *parch.*

622. (Lorry), Essai ou dissertation sur le mariage en sa
qualité de contrat et de sacrement. *Paris,* 1760, in-12.
v.

623. Pichler (V.), Candidatus abbreviatus jurispruden-

tiæ sacræ. *Aug. Vindel.*, 1736, 2 vol. in-8. *peau de truie.*

624. Passerini (P. M.), Tractatus de Electione canonica. *Colon. Agripp.*, 1694, in-fol.

625. Theologi ac jurisconsulti virorum in Belgio clarissimorum de disciplina ecclesiastica recentes commentationes. *Trajecti ad Rh.*, 1774, in-8. *br.*

626. Théorie et pratique du droit canon sur les dignités, bénéfices, biens, etc. par P. G. (Gourt), et de N. *Paris*, 1765, 3 vol. in-4. *v.*

627. Tractatus de libertatibus ecclesiæ gallicanæ, autore M. C. S. *Leodii*, 1684, in-4. *v.br.*
Avec la signature d'Et. Baluze.

628. Traité de l'autorité du Pape (par Lévêque de Burigny, édit. de Chiniac de la Bastide). *Vienne (Paris)*, 1782, 5 vol. in-8. *br.*

SCIENCES ET ARTS.

Philosophie. — Métaphysique. — Morale. — Philosophie occulte.

629. Agrippa (H. C.), Paradoxe sur l'incertitude, vanité et abus des sciences. 1623, in-12. *parch.* — Le même, Sur la noblesse et excellence du sexe féminin, etc., avec le traité sur l'incertitude et la vanité des sciences et des arts, trad. par de Gueudeville. *Leiden*, 1726, 3 vol. in-12. *v.*

630. Amusement philosophique sur le langage des bestes. *Amst.*, 1747, in-12. *v.*

631. Apophtegmatum opus cum variis accessionibus per Des. Erasmum. *Parisiis*, 1533, in-4. *non. rel.*

632. Argens (d'), la Philosophie du bon sens. *Lahaye*, 1746, 2 vol. in-12. *v. fil.* — Bartoli (Dan.), L'homme de Lettres, trad. par de Livoy. *Paris*, 1769, 3 vol. in-12. *v.*

633. **Aristotelis Ethicorum Nicomachiorum paraphrasis gr. ed. Dan. Heinsio.** *Lugd Bat.*, 1607, in-4. *rel.*

634. **Artemidorus : Le livre traitant des Songes, trad. du latin , plus le livre d'Aug. Nyphe des divinations et augures, par A. Du Moulin.** *Rouen*, 1584, in-16. *non rel.*

634 *bis.* **Bacon (F.), Scripta in naturali et universali philosophia.** *Amst., Elzev*, 1653, petit in-12. *v. br.*

635. **Bacon (Fr.), Nouvelle atlantide.** *Paris*, 1702, in-12, *v. br.* — Analyse de la philosophie de Fr. Bacon. *Paris*, 1755, 2 vol. in-12, *v.*

636. **Bekker (Balt.). Le monde enchanté.** *Amst.*, 1694, 4 vol. petit in-12. *cart. non rog.*

637. **Berenger, Le peuple instruit par ses propres vertus.** *Paris*, 1787, 2 vol. in-12. *v.* — Bellegarde (de), Règles de la vie civile. *Lahaye*, 1731, in-12, *v.*

638. **Beverovicii (Jo.) Epistolica quæstio de vitæ terminio fatali an mobili? pars 3ª et ultima ed. J. Elichmanno.** *Lugt Bat.*, 1639. — B. Burchelatus, Charitas sive convivium dialogicum septem physicorum. *Tervisii*, 1593, in-4. *v. br.*

639. **Boetius, de consolatione philosophiæ.** *Lugdun.*, 1493, in-4. *Goth., non rel.*

640. **Boece, La consolation de la philosophie, trad. du latin.** *Bruxelles*, 1711, petit in-12. *v.* —Bugnet (Nic.), La philosophie du Ruvarebohni (vrai bonheur). 2 vol. in-12. *br.*

641. **Bonnet (Ch.), Palingénesie philosophique.** *Lyon*, 1770, 2 vol. in-8. *br.*

642. **Berkeley (G.), Dialogues entre Hylas et Philonous.** *Amst.*, 1750, in-12. *v.* — Bosset, Abrégé de l'Essay de Locke sur l'entendement humain. *Londres*, 1751. in-12. *br.*

643. **Callieres (de),** De la science du monde. *Paris*, 1717, in-12. *v. f.* —Cardan, La science du monde. *Paris*, 1661, in-12. *v. br.* — Courtot (Fr.), La science des mœurs, tirée du fonds de la nature. *Paris*, 1694, in-12. *v. br.*

644. **Campanella (Thom.), De sensu rerum et magia.** *Parisiis*, 1637, in-4. *parch.*

645. **Catonis (D.) Disticha de moribus, curante O. Arntzenio.** *Traj. ad Rh.*, 1735, petit in-8. *vel. doré.*

646. **Censorinus, de die natali, ed. N. Lindenbrogio.**

Hamburgi, 1614. — Pignorius (L.), De servis et eorum apud veteres ministeriis. *Aug. Vind.*, 1613. *fig.*—Hansenius (J. B.), De jurejurando veterum. *Tolosæ*, 1614. — Meursius (J.), De luxu Romanorum. *Hagæ Comitis*, 1605. in-4. *v. f. fil.*

647. Ciel (le) ouvert à tous les hommes. in-4. *v. br. manuscrit.*

648. Colonne, Des principes physiques de l'astrologie judiciaire. in-4. *v. br. manuscrit.*

649. Condillac, Essai sur l'origine des connaissances humaines. *Amst.*, 1742, 2 part. en 1 vol. in-12. *v.* — Traité des sensations. *Paris*, 1788, 2 vol. in-12. *bas.* — Traité des systèmes. *Paris*, 1771, in-12. *bas.*

650. Condorcet, Esquisse d'un tableau historique des progrès de l'esprit humain. *Paris*, 1798, in-8. *br.* — Saverien, Histoire des progrès de l'esprit humain dans les sciences naturelles. *Paris*, 1775, in-8. *v.*

651. Conty (le prince de), Les devoirs des grands. *Paris*, 1667, in-12. *v. br.* — Règlement donné par une dame de qualité (Mme de Liancourt) à sa petite fille pour sa conduite et celle de sa maison. *Paris*, 1698, in-12. *v. br. d. s. tr.*

652. Coyer, La noblesse commerçante. *Paris*, 1756, in-12. *v.* — Noblesse (la) militaire, ou le patriote françois. 1756, in-12. *v. fil.* — Principes généraux pour servir à l'éducation des enfans particulièrement de la noblesse françoise. *Paris*, 1763, 3 vol. in-12. *v.*

653. Dacier, Bibliothèque des anciens philosophes. *Paris*, 1771, 9 vol. in-12. *v.* — République de Platon. *Paris*, 1762, 2 vol. in-12. *v.*

654. De Bonnaire, Les leçons de la sagesse sur les défauts des hommes. *Paris*, 1743, 3 vol. in-12. *bas.* — Reflexions sur les défauts ordinaires des hommes et sur leurs bonnes qualitez. *Paris*, 1692, in-12. *v. br.*

655. Del Rio (Mart.), Disquisitionum magicaru mlibri VI. *Lugduni*, 1612, in fol. *v. br.*

656. Denesle, Préjugés du public sur l'honneur. *Paris*, 1766, 3 vol. in-12. *v.* — Nouveau traité de la civilité qui se pratique en France.— Traité du point d'honneur. *Paris*, 1679-1680, 2 vol. in-12. *v. br.* — Sacy (de), Traité de la gloire. *Lahaye*, 1745, in-12. *bas.*

657. Descartes (René), Discours de la méthode pour bien conduire sa raison et chercher la vérité dans les sciences, plus la dioptrique et les météores. *Paris*, 1668, in-4.

v. br.—Le même, Les principes de la philosophie, trad. en franç. *Paris*, 1647, in-4 *v. br.*

658. Descartes : Discours de la méthode. *Paris*, 1724, 2 vol. in-12, *fig. v. br.* — Le même, Lettres. *Paris*, 1724, 6 vol. in-12. *v.*

659. Deslandes, Histoire critique de la philosophie. *Amst.*, 1754, 4 vol. in-12. *v.* — Bilfingeri (G. B.) Varia in fasciculos collecta. *Stuttgardiæ*, 1743, in-8. *fig. cart.*

660. Dictionnaire de l'industrie. *Paris*, 1795. 6 vol. in-8. *br.*

661. Diderot, OEuvres philosophiques. *Amst.*, 1772, 6 vol in-8. *v. fil.* — Pensées philosopiques, en ital. et en franç. *Londres*, 1777, pet. in-8. *br.*

662. Encyclopédie, supplément. in-fol. tom. 5. *br.*

663. Encyclopédie, Table analytique et raisonnée des matières. *Paris*, 1780, 2 vol in-fol. *v. non unif.*

664. Erasmus (Des.), Colloquia familiaria, ed. P. Rabo. *Roterodami*, 1693, in-8. *v.*—Erasme, Eloge de la folie, trad. par Gueudeville. *Berlin*, 1761, in-8. *br.*

665. Erasmus (D.), Stultitiæ laus. *Parisiis*, *Barbou*, 1765, pet. in-8. *br.* — Erasme, L'Eloge de la folie, trad. du lat. par Gueudeville. *Barbou*, 1757, in-12. *fig. br.*

666. Essai de psychologie. *Londres*, 1756, in-12. *br.* — Tralles, Pensées sur l'existence et l'immatérialité de l'ame. *Vienne*, 1776, in-12. *br.*

667. Essai sur le caractère et les mœurs des François, comparées à celles des Anglois. *Londres* 1775, in-12. *dem. rel.* — Mémoires pour servir de suite aux considérations sur les mœurs de ce siècle. 1778, in-12. *bas.*

668. Extrait des pensées et sentiments de J. Meslier, sur les erreurs et superstitions de toutes les religions et principalement de la religion chrétienne. in-4. *v.* Manuscrit.

669. Fausseté des miracles des deux Testaments. in-8. *br.*

670. Fioravanti (Leo), Specchio di scientia universale. *Venetia*, 1583, in-8. *parch.*

671. Formey, Mélanges philosophiques. *Leyde*, 1754, 2 vol. in-12. *demi-rel.* — Le même, Le philosophe payen. *Leyde*, 1759, 3 vol. in-12. *v.*

672. Furmerus (B.), De rerum usu et abusu. *Antver-*
piæ, 1575, in-4. *parch.* — Gorini, Antropologie, trad.
de l'ital. 1761, in-4. *v..*

673. Helvétius, De l'esprit. *Paris*, 1769, in-8. *br.* —
La Force (L. de), Traitté de l'esprit de l'homme. *Paris,*
1666, in-4. *v. br.*

674. Heurnius (Ott.), Babylonica, Indica, Ægyptia, etc.,
philosophiæ primordia. *Lugd. Bat.*, 1619, petit in-12.
vél.

675. Histoire critique de l'éclectisme. 1766, 2 vol.
in-12. *v.* — Histoire de la philosophie payenne. *La*
Haye, 1724, 2 vol. in-12. *v.*

676. Holbach, Morale universelle. *Amst.*, 1776, 3 vol.
in-8. *br.*

677. (Holbach), Tableau philosophique du genre humain. *Londres*, 1767, 3 part. en 1 vol. in-8. *v.*

678. Horstii (G.) Conciliator enucleatus. *Giessæ Has-*
sorum, 1615. — Niphus (T.), De auguriis et de diebus
criticis glocenii astrologia generalis. *Marpurgi*, 1614.
— Marius (Sim.), Mundus jovialis. *Norimbergæ*, 1614.
— Marianus Bubo. 1541, in-4. *parch.*

679. Huetius (P. Dan.), De imbecillitate mentis humanæ. *Amst.*, 1758, in-12. *br.*

680. Hume, Pensées philosophiques, morales, criti-
ques, littéraires et politiques. *Paris*, 1767, in-12. *v.*
— Histoire naturelle de l'ame, trad. de l'angl. de Charp.
La Haye, 1745, pet. in-8. *br.*

681. Hutcheson (Fr.), Philosophiæ moralis institutio
compendiaria. *Glasguæ*, 1742, in-12. *v.* — Système
de philosophie morale, trad. de l'angl. *Lyon*, 1770,
2 vol. in-12. *v.*

682. Legendre (G. Ch.), Traité historique et critique de
l'opinion. *Paris*, 1758, 9 vol. in-12. *v.*

683. Leibnitz, Essais de Théodicée sur la bonté de
Dieu, la liberté de l'homme et l'origine du mal. *Amst.*,
1714, 2 vol. pet. in-8. *v.*

684. Lenglet Dufresnoy, Recueil de dissertations sur les
apparitions, les visions et les songes. *Paris*, 1752,
2 vol. in-12. *v.* — Le même, Traité sur les apparitions, les visions et les révélations. *Paris*, 1757, 2
vol. in-12. *v.*

685. Le Pileur d'Apligny, Essais sur la morale des anciens et des

modernes. *Paris*, 1772, in-12. *v.* — Nouveaux essais de morale. *Paris*, 1691, in-12. *v.* — Premontval (de), Le Diogène de D'Alembert, ou Diogène decent. *Amst.*, 1755, in-12. *dem. rel.*

686. Lettres philos. sur les phisionomies. *La Haye*, 1748, 2 part. en 1 vol in-12. *v.*—Bellière (de la), La physionomie raisonnée. *Paris*, 1664, in-12. *v. br.*

687. Lesclache (L. de), La philosophie morale. *Paris*, 1655, 5 tom. en 4 vol. in-4. *v. br.*

688. Lettres de Thrasibule à Leucippe. in-4. *v.* (*manuscrit.*)

689. Liber de remediis utriusque fortune prospere et adverse copulatus per Adrianum Cartusienum. (*circa* 1470 *Ulrich Zeil*), in-4. *cart.* (*mouillé.*)

690. Liceti (Fort) De quæsitis per epistolas à claris viris responsa. *Coloniæ*, 1640, in-4. *v. br.*

691. De lubrico temporis curriculo de que hominis miseria nec non de funere Christ. regis Caroli VIII. *Pour Robert Gourmont.* in-8. *non rel.*

692. Malebranche, De la recherche de la vérité. *Paris*, 1772, 4 vol. in-12. *v.*

693. Malestroict (de), Les paradoxes, avec la response de J. Bodin. *Paris*, 1568, in-4. *parch.*

694. Mascardi (A.) Discorsi morali su la Tavola di Cebete. *Venetia*, 1642, in-4. *parch.*

695. Masenius (Jac.), Speculum imaginum veritatis occultæ. *Coloniæ Ubiorum*, 1664, in-8. *v. br.*

696. Mazeas (J. M.), Institutiones philosophicæ. *Parisiis*, 1777, 2 vol. in-12. *v.* — L'homme machine. *Leyde*, 1748, in-12. *br.*

697. Mémoires (3) de l'Université, sur les moyens de pourvoir à l'instruction de la jeunesse et de la perfectionner.—Jugement des auteurs du journal encyclopédique, sur la législation du divorce. —Les quand (par Voltaire). — Seconde requeste des catins. — Ordonnance de Momus, portant défense de rire de la conduite du chapitre d'Orléans. — (Morellet), Réponse à L. (Linguet), et autres pièces. in-12. *cart.*

698. Meursii (Jo.) Exercitationes criticæ. *Lugd. Bat.*, *Elzev.*, 1599, 2 part. en 1 vol. in-8. *v. f.* — Meursius (Jo.), De gloria. *Lugd. Bat.*, 1601, in-8. *v.*

699. Notice sur Sylvain Marechal, avec des supplémens pour le dictionnaire des athées, par Jer. De la Lande. in-8. *plié.*

700. Pascasii Alea sive de curanda ludendi in pecuniam cupiditate lib. II. *Basileæ.* — P. Sibylleni de peste, liber. *Pragæ*, 1564. — Mic. Neandri synopsis mensurarum et ponderum, ponderationisque men-

surabilium secundum Romanos. *Basileæ*, 1555.—H. Acoromboni tractatus de lacte. *Norimbergæ*, 1538, in-4. *v. br.*

701. (Paw), Recherches philosophiques sur les Egyptiens
et les Chinois. *Berlin*, 1773, 2 vol. in-12. *cart.*

702. Pensées diverses et réflexions philosophiques propres à former l'esprit et le cœur, par B. *Paris*, 1751. — Poesies latines et françoises. *Londres*, 1756, in-12. *v.* — Mes pensées (par de la Beaumelle).
Paris, 1753; in-12. *br.* — Pensées morales de divers auteurs chinois.
trad. par Levesque. *Paris*, 1782, in-18. *bas.*

703. Platonis opera, cum notis Jo. Serrani. in-fol. les tom.
2 et 3. *v.*

704. Plutarchus, tria opuscula ex interpretatione G. Bu-
dei. *In edibus Ascensianis*, 1505, in-4. *non rel.*

705. Pluquet, Traité philos. et polit. sur le luxe. *Paris*,
1786, 2 vol. in-12. *v.*

706. Poëme philosophique et théorique sur le sujet des
sages. in-4. *mout. r. dent. d. s. tr.*
    Manuscrit.

707. Pomponatius (P.), Tractatus de immortalitate animæ. 1534, pet. in-12. *v. br.* — Sandius (Ch. Chr.),
Tractatus de origine animæ. 1671, in-8. *v. f.*

708. Portefeuille d'un philosophe. *Cologne*, 1770, 6 tom.
en 3 vol. in-8. *v.*

709. Propheties de Michel Nostradamus. *Troyes.* —
Recueil des prophéties, tant anciennes que modernes.
Troyes, in-8. *parch.*

710. Propheties perpétuelles, depuis 1521 jusqu'à la fin
du monde, présentées à M. de Louvois par MM. de
l'Acad. R. des Sciences, qui en ont fait l'expérience
pendant 140 ans et qu'ils ont assurées infaillibles
et véritables. 1680, in-4. *v. br.*
    Manuscrit.

711. Recueil contenant : Beccaria, traité des délits et des peines,
trad. par Morellet. *Paris*, 1797. — Considérations sur l'influence des
mœurs dans l'état militaire des nations. 1788. — Essai sur les mœurs
considérées dans leurs rapports avec l'art militaire. 1788. —Les Jam-
mabos, tragédie. 1779, in-8. *bas.*

712. Recueil de pièces, dont lettre au P. Berthier sur le
matérialisme. *Genève*, 1759.—Lettre de M. de Barry,
contenant l'état actuel des mœurs, usages, commerce, etc., des habitants de l'île de Malegache. *Paris*,
1764. — Mémoire sur la nécessité de diminuer le nombre et de changer le système des maisons religieuses.

1755.—Mémoire sur les abus du célibat dans l'ordre politique, 1765.— Mémoire pour procéder à la réformation des ordres religieux. 1767, etc., in-12. *v. fil.*

713. Règles égyptiennes pour tirer les réponses des triangles des demandes. in-4. *cart.*

Manuscrit.

714. Rochefoucauld (de la), Pensés, maximes et réflexions morales, avec notes par Amelot de la Houssaye. *Paris*, 1777, in-12. *v.* — Molinæus (L.), Morum exemplar seu characteres. *Lugd., Bat., Elzev.*, 1654, pet. in-12. *v. br.*

715. Rodeur (le), trad. de l'angl. (du Rambler) *Maestricht*, 1786, 4 vol. in-12. *bas.* — Réformateur (le), *Amst.*, 1757, 2 vol. in-12. *v.*

716. Rorarius (H.), Quod animalia bruta sæpe ratione utantur melius homine, ed. G. H. Ribovio. *Helmstadii.* 1728, in-8. *dem. rel.*

717. Rouzæus (L.), Problematum miscellaneorum, antaristotelicorum centuria. *Lugd., Bat.*, 1616. — Ciceronis sententiæ, apophthegmata, etc. *Lugduni*, 1570. — Sententiæ veterum poetarum per locos communes digestæ G. Majore collectore. *Lugd.* 1576. — Aristotelis sententiæ selectissimæ. *Lugd.*, 1570. — Xenophontis gnomologia, Ejusdem parabolæ, *Lugd.*, 1558. — Gnomologia ex omnibus Isocratis operibus collectæ per H. Vuolfium. *Lugd.*, 1552. pet. in-12. *cart.*

718. Saverien, histoire des philosophes anciens et modernes. *Paris*, 1783, 13 vol. in-12. *v.*

719. Senault (J. Fr.), De l'usage des passions. *Paris*, 1641, in-4. *gr. pap. v. br.* — Scaliger (J. C.), De subtilitate. *Lutetiæ*, 1557, in-4. *parch.*

720. Senecæ(L. Ann.) et P. Syri Mimi sententiæ, cum notis variorum ed. Jos. Scaligero. *Lugd.*, *Bat.*, 1708, in-8. *br.*

721. Seneque (Luc. Ann.) OEuvres mises en franç. par M. de Chalvet. *Paris*, 1647, in-fol. *v. br.*

722. Sextus Empiricus, Pyrrhoniarum hypotypωseωn libri III, interprete Henr. Stephano. 1562, in-8. *v. d. s. tr.* — Bierlingii (Fr. G.) Commentatio de Pyrrhonismo historico. *Lipsiæ*, 1724, in-8. *cart.*

723. Spagnius (And.), De Caussa efficiente. *Romæ*, 1764, in-4. *br.*

724. The Spectator. *London*, 1753, 8 vol. in-12. *v.*

725. Spectatrice (La), trad. de l'angl. *La Haye*, 1749, 4 vol. in-12. *v.*

726. Steele, Philosophe (le), nouvelliste, trad. de l'angl. *Zuric*, 1737, 2 vol. in-8. *v.* — Polite (the) Philosopher. *Edinburgh*, 1775, petit in-12. *v.*

727. Tesauro (Em.), Introduction aux vertus morales, trad. de l'ital. par Th. Croset. *Brusselle*, 1712, 2 vol. in-8. *v. br.*

728. Théorie des sentiments agréables. *Paris*. 1748, petit in-8. *v.* — Rochefort (de), Histoire des opinions des anciens et des systèmes des philosophes sur le bonheur. *Paris*, 1778, in-8. *dem. rel.*

729. Thomasii (J.) Historia atheismi, ed. Chr. G. Schwarzio. *Altorfii Noricorum*, 1713. — Ejusdem, Dissertationes varii argumenti. *Altorfii Noricorum*, 1712. — Ejusdem, Tractatus de anima brutorum. 1713, in-8. *vel.*

730. Typus mundi in quo ejus calamitates et pericula nec non divini, humanique amoris antipathia emblematice proponuntur. *Antverp*, 1652, in-12. *non rel.*

731. Un honête homme peut-il croire sérieusement que Jésus de Nazareth soit ressuscité, par un ecclésiastique banni en 1755, in-4. *v. Manuscrit.*

732. Uvier (J.), Cinq livres de l'Imposture et tromperie des diables ; des enchantements et sorcelleries, pris du latin et faits françois par J. Grevin. *Paris*, 1569, in-8. *v. f.*

733. Voltaire, Dictionnaire philosophique. *Amst.*, 1789, 8 vol. in-12. *br.*

734. Walchius (J.), Decas fabularum humani generis sortem mores, etc., adumbrantium. *Argentorati*, 1609, in-4. *parch.*

735. Wesele Scholten (B. P. van), De philosophiæ ciceronianæ loco, qui est de divina natura. *Amst.*, 1783, in-4. *br.*

736. Xenophontis Memorabilium Socratis dictorum lib. IV. gr. ed. J. A. Ernesti. *Lipsiæ*, 1742, in-8. *vel.*

Politique. — Économie politique.

737. Amirati (Scip.) Dissertationes politicæ sive discursus in C. Corn. Tacitum. *Helenopoli*, 1609, in-4. *parch.* — Melliet (L.), Discours politiques et militaires sur Corn. Tacite. *Rouen*, 1633, in-4. *parch.*

738. **Bettange (de), Traité des monnoyes.** *Avignon*, 1760, 2 vol. in-12. *bas.*

739. **Canaux :** Deparcieux, Trois mémoires sur la rivière d'Yvette. 1762, in-4. — Recueil de pièces sur les rivières d'Estampes et de La Ferté Aleps. *Paris*, 1757, in-4. — Perronet, Mémoire sur les rivières d'Yvette et de la Bièvre. *Paris*, 1776, in-4. — Pièces sur le canal de St. Quentin. in-4. — Lecreulx, Sur les rivières de la Meurthe, des Vosges, de la Meuse et de la Moselle. *Nancy*, an III, in-4. *br.* — Pièces sur le canal de l'Ourcq. in-4. — Leschevin, Sur le canal de Bourgogne. 1813, in-8. — Froidour, Descript. des travaux du canal de Languedoc. 1672, in-8. — Floquet, Canal de Provence. 1750, in-8. — Thomassin, Lettres sur le canal de Bourgogne. 1726, in-8. — D'Auxiron, Comparaison du projet de Deparcieux, pour donner des eaux à la ville de Paris. 1769, in-8., etc.

740. **Canaux et navigation :** Darles de Linieres, Nouvelles pompes. 1764, in-4. — Allemand, Mémoire sur la navigation intérieure. 1785, in-4. — Detrouvile, Moyens hydrauliques (rapport sur). 1790, in-4. — Fulton, Recherches sur les canaux de navigation. an VII, in-8. — Ducros, Mémoire sur les quantités d'eau qu'exigent les canaux de navigation. an IX, in-8. — Prault St. Germain, Projet pour la jonction du Rhin à la Seine. *Paris*, 1804, in-4. — Egault, Mémoire sur les inondations de Paris. *Paris*, 1814, in-4.

741. **Catéchisme** et cas de conscience à l'usage des cacouacs. 1758. — Nouveau mémoire pour servir à l'usage des cacouacs. 1757. — De Guignes, Mémoire dans lequel on prouve que les Chinois sont une colonie egyptienne. *Paris*, 1759. — Lettre sur spectacles. 1759. — Palissot, Les philosophes. *Paris*, 1759. — Les qu'est-ce? à l'auteur de la comédie des philosophes. 1760. — L'esprit, chanson. in-12. *v.*

742. **Chokier (J. A.), Thesaurus politicorum aphorismorum et notæ in Onosandri strategicum.** *Moguntiæ*, 1613. — **Bornitii (J.) Ærarium sive tractatus politicus de ærario.** *Francof.*, 1612, in-4. *vel.*

743. **Code ou nouveau règlement sur les lieux de prostitutions dans la ville de Paris.** 1775, in-12. *br.*

744. **Codicile d'or.** *A la sphère.* 1675, in-12. *br.*

745. **Delisle de Sales, Eponine ou de la république.** *Paris*, 6 vol. in-8. *fig. cart.*

746. **De Welz, La maggia del credito svelata, istituzione fondamentale di publica utilita.** *Napoli*, 1814, 2 vol. in-4. *br.*

747. **Elémens** du commerce. *Paris*, 1754, 2 vol. in-12. *v. fil.* — Essai politique sur le commerce. 1734, in-12. *bas.* — Le financier citoyen. 1757, 2 vol. in-12. *v. fil.*

748. **Figon (Ch. de), Traicté des offices et dignitez, tant du gouvernement de l'estat, que de la justice et des finances de France.** *Paris*, 1645, in-8. *parch.*

749. Forme de la convocation et de la tenue des États
Généraux. *Paris*, 1789, 14 vol. in-8. *br.*

750. Francheville (Dufrene de), Histoire des finances.
Paris, 1738, in-4. *v.* tom. 1. 2.

751. Garrault (Fr.), Sommaire des édicts et ordonnances royaux
concernant la cour des monnoyes ensemble les changeurs, etc. *Paris*,
1632, in-8. *parch.* — Edict du roy portant nouvelle fabrication d'es-
pèces d'argent. *Paris*, 1643, in-12. *fig. v. d s tr.* — Arrest du conseil
d'état du roy concernant l'information pour abus, malversations, etc.,
faites dans toutes les monnoyes du royaume. 1701, in-12. *v. br.*

752. Gazette du commerce. 1764 à 1769, in-4. *v.* —
Gazette d'agriculture, commerce, arts et finances.
1770 à 1774. in-4. *v.* 11 vol.

753. Gouly (B.), Vues sur l'importance du commerce des
Colonies, etc. *Paris*, in-8. *br.*

754. Grégoire, Essai sur la régéneration des Juifs. *Metz*,
1789, in-8. *br.*

755. Grimaudet (Fr.), Des monnoyes, augment et di-
minution du pris d'icelles. *Paris*, 1576, pet. in-8.
parch.

756. Gracian (Balt.), L'homme de cour, trad. de l'esp.
par Amelot de la Houssaye. *Paris*, 1684, in-4. *v. br.*
— Faret, L'honeste homme, ou l'art de plaire à la
court, trad. en espagnol, par Ambr. de Salazar. *Paris*,
1634, in-4. *parch.*

757. Harrington (J.), Aphorismes politiques, trad. de
l'angl. *Paris*. an III, in-18. *dem. rel.* — Alambic des
loix. 1773, in-8. *v. fil. d. s. tr.* — Alambic moral.
1773, *v. fil.*

758. Histoire du commerce et de la navigation des peuples anciens et modernes. *Paris*, 1758, 2 vol. in-12.
bas.

759. Journal économique. in-12. 1754 à 1772, in-8.
et in-12. *rel. et en cahier.*

760. Lettres d'un Suisse sur les véritables intérêts des
princes et des nations de l'Europe qui sont en guerre.
Basle, 1704, 5 vol. in-12. *v.*

761. Machiavelli (Nic.) Disputationes de republica.
Lugd. Bat., 1643, in-12. *v. f. fil.* — *ibidem*, Princeps.
Lug. Bat., 1648, pet. in-12. *vel.* — Machiavel (N.),
Discours de l'estat de paix et de guerre, trad. d'ital.
en franç. *Paris*, 1637, in-4. *v. br.*

762. **Malthus** (T. R.), Observations on the effects of the corn Laws on the agriculture, etc. *London*, 1815, in-8. *br.* — Malthus, the grounds of an opinion on the policy of restricting the importation of foreign corn. *London*, 1815, in-8. *br.* — Malthus, inquiry into the nature and progress of rent. *London*, 1815, in-4. *br.* — Bizet de Frayne, Manière de spéculer sur les fonds publics. *Paris*, 1818, in-8. *br.*

763. **Mémoire concernant le précis des faits, pour servir de réponse aux observations envoyées par les ministres d'Angleterre dans les cours de l'Europe.** *Paris I. R.*, 1756, in-4. *br.*

764. **Mirabeau**, Lettres sur l'administration de Necker, 1787. — Défense de Necker contre Mirabeau. 1787. — Dénonciation de l'agiotage. 1787. — Réponse à Mirabeau sur la dénonciation de l'agiotage, 1787. — Lettre du public parisien à Caron de Beaumarchais. 1787, in-8. *v.* — Conseils à un jeune prince. 1788. — Lettre à Fréderic Guillaume II. 1787. — Lettre sur l'éloge de Fréderic et l'essai de tactique, par de Guibert, 1788. — Observations sur Bicêtre. 1788. — De l'institution du célibat ecclésiastique. 1810. — Gueroult, Constitution des Spartiates, des Athéniens et des Romains. 1792, in-8. *v.* — Des lettres de cachet et des prisons d'état. *Hambourg*, 1782, 2 vol. in-8. *v. d. s. tr.* — Ouvrages politiques et philosophiques. *Londres*, 1776. — Réglemens observés dans la chambre des communes, 1789. — Lettres sur l'administration de Necker, 1787, in-8. *bas.*

765. **Mirabeau**, De la banque St-Charles, in-8. *br.* — Lettres (19) à ses commettans. in-8. *br.* — Lettres de cachet. 2 vol. in-8. *br.*, et autres pièces de et sur Mirabeau, le tout renfermé en 8 cartons in-8.

766. **Necker**, De l'administration des finances en France. 1784, 3 vol. in-8. pap. de holl. *v.*

767. **Noodt**, Du pouvoir des souverains et de la liberté de conscience, trad. du lat. par J. Barbeyrac. *Amst.*, 1714, in-12. *v. f.* — Schelius (R. H.), Libertas publica. *Amst.*, 1666, in-12. *v. br.*

768. **Notions claires sur les gouvernemens** (par Mercier). *Amst.*, 1787, 2 vol. in-12. *dem. rel.* — Précis de l'ordre légal. *Amst.*, 1768, in-12. *v.*

769. **Ordonnance du roy**, sur le faict et reiglement général de ses monnoyes. *Troyes*, 1577, *fig.* — Ordonnance du roy sur le descry des monnoyes de billon étrangères *Troyes*, 1577, in-8. *fig parch.* — Déclaration du roy portant que les monnoyes d'argent legères ne seront exposées que pour leur juste prix selon leur poids et titre. *Paris*, 1641, in-8. *parch.*

770. **Opuscules législatifs**, contenant divers fragments inédits de Bentham, Dumont, etc. *Genève*, 1831, 3 vol. in-8. *br.*

771. **Recueil de pièces** (15) sur la compagnie des Indes. in-4. *cart.*

772. Recueil de pièces (212) sur les monnoies, les billets de banque et les réfugiés, de 1690 à 1774, in-4. *cart.*

773. Refuge (du), Traicté de la cour ou instruction des courtisans. *Amst.*, *Elzev.*, 1656, in-12. *v. br.* — Recueil de maximes pour l'institution du roy. *Paris*, 1663, pet. in-12 *non rel.*

774. Recueil des testamens politiques de Richelieu, du duc de Lorraine, de Colbert, de Louvois. *Amst.* 1749, 4 vol. in-12. *v.*

775. Regnier (L.), De l'économie publique et rurale des Perses et des Phéniciens. *Genève*, 1819, in-8. *br.*

776. Rohan, De l'intérêt des princes et des estats de la chrétienté. *Paris*, 1650, pet. in-12. *v. br.*—Nouveaux intérêts des princes de l'Europe. *Cologne*, 1688, in-12. *v. br,*

777. Richesse de la Hollande. *Londres*, 1778, 2 vol. in-4. *v.*

778. Richesse de la Hollande. *Londres*, 1778, 5 vol. in-12. *v.*

779. Saavedra (A. D.), Idea principis christiano-politici 101 symbolis expressa. *Amst.* 1659, pet. in-12. *vel.* —Savedra Faxardo (D.), Le prince chrestien et politique, trad. de l'espagn. par J. Row. 1668, 2 part. en en 1 vol. 1 vol. in-12. *vel.*

780. Saint Pierre (l'abbé de), Ouvrages de politique. *Roterdam*, 1738, 17 vol. pet. in-8. *br.* — S. Pierre (l'abbé de), Annales politiques. *Londres*, 1757, 2 tom. in-8. *v.*

781. Sainte Croix, Des anciens gouvernements fédératifs et de la législation de Crête. *Paris*, an VII, in-8. *bas. fil.*

782. Senault (J. Fr.), Le monarque ou les devoirs du Souverain. *Paris*, 1661, in-4. *gr. pap. v. br.*

783. Severi (Aur. Alex.) Axiomata politica et ethica. *Parisiis*, 1622, in-4. *v. f.*

784. Traité des restitutions des grands. *A la Sphère*, 1665. — Lettre mystique touchant la conspiration dernière. *Leiden*, 1602.—Essai d'un projet pour rendre la paix de l'Europe solide et durable., pet. in-12. *v. f.* — Question royalle et sa décision. *Paris*, 1609, in-12. *v.*

785. Traicté et advis sur les désordres des monnoyes et

diversité de moyens d'y remédier. *Paris*, 1600, in-8. *v. f.*

786. Turgot, Le conciliateur. 1788, in-8. *br.* — Mémoire sur les colonies Américaines. *Paris.* 1791, in-8. *br.* — Mémoire sur la vie et les ouvrages de Turgot. 1782, 2 part. en 1 vol. in-8. *v.*

Physique. — Chimie. — Alchimie.

787. Aérostats. Carnus, Lettre contenant la relation du voyage fait sur la Montgolfière, etc. *Rhodez*, 1784, in-8. *br.* — Dissertation sur les aerostates des anciens et des modernes, par A. G. Ro... *Génève*, 1784, in-12. *br.* — Essai sur l'art du vol aérien. *Paris*, 1784, in-12, *fig. br.* — Lettre sur le globe airostatique, sur les têtes parlantes, etc. *Paris*, 1783, in-8. *br.* — Le mouton, le canard et le coq. *Paris*, 1783. in-12. *br.*

788. Aldini (J.), Essai sur le galvanisme. *Paris*, 1804, in-4. *fig. cart.*

789. Aldini (J.), Essai sur le galvanisme. *Paris*, 1804, 2 vol. in-8. *fig. br.*

790. Magnétisme. Mesmer, Mémoire sur la découverte du magnétisme animal. *Paris*, 1779, in-12. *br.* — Système raisonné du magnétisme universel, d'après les Principes de Mesmer. 1786, in-18; *br.* — Puységur (Max. de), Rapport des cures opérées à Bayonne par le magnétisme animal. *Paris*, 1784, in-8. *br*

791. Meyer (Fr.), Essais de chymie, trad. de l'allem. par Dreux. *Paris*, 1766, 2 vol. in-12. *v.* — Physique des corps animés, par. B. *Paris*, 1755, in-12. *v. fil.*

792. Nollet, Leçons de physique élémentaire. *Paris*, 1783, 6 vol. in-12. *v.*

793. Pascal, Traitez de l'équilibre des liqueurs et de la pesanteur de la masse de l'air. *Paris*, 1763, in-12. *fig. v. br.*

794. Saussure (H. B.), Essais sur l'hygrométrie. *Neuchatel*, 1783, in-4. *br.*

SCIENCES NATURELLES.

Histoire naturelle. — Botanique. — Minéralogie. — Zoologie, etc.

795. Annales forestières. in-8. années 1, 2, 3, 4, 5, 7, 8. Il manque, 1re année nos 1, 3 à 8. — 5e année nos 1 à 3. — 7e 10 nos.

796. Aristotes, De natura, etc. animalium, Theophrasti

(67)

historia plantarum, Aristotelis problemata, Alexandri
Aphrodisiensis problemata, Th. Gaza interprete. *Aldus,*
1513, in-fol. *v. br.*
> Quelques feuillets endommagés.

797. Aristotelis opera, gr. et lat., ed. G. Du Vallio.
Parisiis, 1639, tome 4. in-fol. *ch. m. v. f.*

798. Astruc, Mémoires pour l'histoire naturelle de la
province de Languedoc. *Paris,* 1740, in-4. *fig. cart.
non rog.*

799. Baco (Fr.), Historia vitæ et mortis. *Lugd. Bat.,*
1637, in-12. *vel.* — Baco (Fr.), De ventis, etc. *Lugd.
Bat.,* 1638, pet. in-12. *v. f. fil.*

800. Baieri (Joh. Joc.) Oryctographia norica. *Norimbergœ,* 1708, *fig.* — Ejusdem sciagraphia musei sui.
Norimbergœ, 1730, *fig.* in-4. *dem. rel.*

801. Bibliothèque phisico-économique. 1782 à 1795, 22
vol. in-12. *br.*

802. Boccone, Recherches et observations naturelles.
Amsterdam, 1674, pet. in-8. *fig. br.*

803. **Bois :** Baudrillart, Annuaire forestier. *Paris,* 1811. in-18. *br.* —
Baudrillart, Plantations des routes et des avenues. *Paris,* 1809. in-8.
br. — Rapport sur la coupe des bois entre deux terres. *Paris,* 1808,
in-8. *br.* — Van Recum, Observations sur la nécessité d'établir en
France des écoles forestières. *Paris,* 1807, in-8. *br.* — Examen des
avantages résultant de l'emploi de la scie au lieu de la hache, pour le
façonnage du bois de chauffage. *Colmar,* 1809, in-8. *br.* — Hartig,
Expériences sur les rapports de combustibilité des bois entre eux, trad.
de l'allem. par Baudrillart. *Paris,* 1807, in-12. *br.*

804. **Bois :** Dralet, Traité de l'aménagement des bois et forêts,
Paris, 1812, in-12. *br.*—Desgodets et Lecamus de Mezières, Essai sur
les bois de charpente. *Paris,* 1763, in-12. *br.* — Mémoire sur les bois
du roi. in-8. *br.* — Noirot, De l'aménagement et de l'exploitation des
forêts qui appartiennent aux particuliers. *Dijon,* 1812, in-12. *br.* —
Pannelier, Essai sur l'aménagement des forêts. *Paris,* 1788, in-8. —
Sesseval (de), Examen de l'essai sur l'aménagement des forêts de Pannelier. 1779, in-8. *br.* — Plinguet, Traité sur les réformations et les
aménagements des forêts. *Orléans,* 1789, in-8. *fig. br.*

805 **Bois :** Herbin de Halle, Traité du cubage des bois. *Paris,*
1812, in-12. *br.* — Herbin de Halle, Des bois propres au service des
arsenaux de la marine et de la guerre. *Paris,* 1813, in-8. *br.* — Goujon,
Des bois propres aux constructions navales. *Paris,* 1803, in-12. *br.*

806. Bournon (de), Essai sur la lithologie de Saint
Etienne. 1785, in-8. *br.*

807. Buffon, Histoire naturelle. *Paris, I. R.,* 1749,
in-4. tomes 1 à 14. *v.* — Supplément, tom. 1 à 6. *br.*

— Minéraux, tom. 1, 3, 4, 5. — Lacépède, Ovipares et serpents. 2 vol. in-4. *v.*

808. Buffon, Histoire naturelle. *Paris*, 1775, in-8. tom. 1 à 4, en 8 vol.—Oiseaux, tom. 1, 2, 3.— Supplément, tom. 1, en 2 vol. in-8. *fig. v. fil.*

809. Buffon, Histoire naturelle. *Paris. I. R.*, 1750, 31 tom. en 32 vol. in-12. *v. fig.* —Supplément. *Paris*, 1774. tom. 1 à 10, in-12. *v. fil.* — Oiseaux, 1770, 18 vol. in-12. *fig. v.* — Minéraux. 1783. tom. 1 et 2. in-12. *v. fil.* — Ovipares et serpents. 1788. tom. 1 et 2. in-12. *fig. v.* — Poissons. An VI. in-12. tom. 1 et 2. *cart.*

810. Buffon, Histoire naturelle édit. de Sonnini. in-8. *cart.* tom. 1 à 16, 22 à 27, 30, 33.—Mollusques. tom. 4. Poissons. tom. 9 et 10. — Plantes. tom. 1, 2, 4 à 17.

811. Buffon, Histoire naturelle des oiseaux. *Paris, I. R.* 1771, gr. in-fol. *fig. color. v. fil. d. s. t.* tom. 1, 2, 3, 4.

812. Buffon, Histoire naturelle des oiseaux. *Paris, I. R.* 1770, 10 vol. gr. in-4. *fig. color. cart.*

813. Buxbaum (J.-C.), Plantarum minus cognitarum centuriæ 1, 2, 3, 4, 5. *Petropoli*, 1728-1733. in-4. *br.*

814. Charletoni (C.), Onomasticonzoicon, cui accedunt mantissa anatomica et quædam de variis fossilium generibus. *Londini*, 1678, in-4. *fig. v. br.*

815. Cramer (P.), Papillons exotiques d'Asie, d'Afrique et d'Amérique. *Amsterdam*, 1779, in-4. *fig. color. br.* (Les livraisons 1 à 10, 15 à 22).

816. Delius (Chr. F.), Traité sur la science de l'exploitation des mines, trad. en franç. par Schreiber. *Paris*, 1778, 2 vol. in-4. *fig. v.*

817. Dolomieu (de), Mémoire sur les tremblements de terre de la Calabre en 1783. *Rome*, 1784, in-8. *br.* — Dolomieu, Journal du dernier voyage dans les Alpes, par T. C. Bruun-Neergaard. *Paris*, 1802, in-8. *br.*

818. Duhamel, Traité des arbres et arbustes. *Paris*, 1800, tom. 1, 2, 3. in-fol. *fig. cart.*

819. Ernst et Engramelle, Papillons d'Europe. *Paris*, 1779, in-4. *fig. color.* Nos 1, 2, 4, 5, 7 à 10, 13, 15, 16, 18, 19, 21 à 27.

820. Gessneri (J.) Tabulæ phytographicæ, analysin generum plantarum exhibentes. *Turici*, 1795, in-fol. *fig.* 1 à 9.

82ι. Gouan (Ant.), Histoire des poissons, lat. et franç. *Strasbourg*, 1770, in-4. *br.*

822. Goube, Traité de la physique végétale des bois. *Paris*, 1801, in-8. *br.* — Guiot, l'Arpenteur forestier. *Paris*, 1764, in-8. *br.*

823. Goujon, Mémorial forestier, an IX, an XII, an XIII, an XIV. *Paris*, 1804, 4 vol. in-8. *cart.* et *br.*

824. Gronovius (L. Th.), Museum ichtyologicum. *Lugd. Bat.*, 1754, in-fol. *dem. rel.*

825. Guettard, Observations sur les plantes. *Paris*, 1747, 2 vol. in-12. *v.* — Des Jacinthes et de leur anatomie, reproduction et culture. *Amst.*, 1768, in-4. *fig. v.* — Wedelii (J. W.), Tentamen botanicum flores plantarum in classes genera etc dividendo cognitioni nominis, etc., ed. G. E. Hambergero. *Jenæ*, 1749, in-4. *br.*

826. Hal, le Gentilhomme cultivateur, trad. de l'angl. par Dupuy Demportes. *Paris*, 1762, 18 vol. in-12. *v.*

827. Jacquin (N. Jos.), Observationes botanicæ. *Vindobonæ*, 1764, 3 part. en 1 vol. in-fol. *fig. cart.*

828. Journal d'économie rurale ou bibliothèque des propriétaires ruraux (mars 1803 à mars 1813). in-8 en cahiers.

Le Nº 106 manque.

829. Karsten (G.), Museum Leskeanum. *Lipsiæ*, 1789, 3 vol. in-8. *fig. color. br.*

830. Licetus (J.), De monstris, ex recens. G. Blasii. *Amst.*, 1675, in-4. *fig. rel.*

83ι. Liger, Nouvelle maison rustique. *Paris*, 1790, 2 vol. in-4. *fig. br.* — La Quintinye, Instruction pour les jardins fruitiers et potagers. *Paris*, 1690, 2 vol. in-4. *v.*

832. Majole (Sim.), Les jours caniculaires, c. à d. vingt et trois discours des choses naturelles et surnaturelles, mis en franç. par F. de Rossel. *Paris*, 1643, in-4. *parch.* — Principales merveilles de la nature. *Rouen*, 1723, in-12. *fig. v.*

833. Millin, Minéralogie homérique. *Paris*, 1790, in-8. *br.*

834. Observations périodiques sur la physique, l'histoire nat. et les sciences, par Toussaint. Juillet, 1756 à janvier 1758, 3 vol. in-4. en cahiers.

835. Orschall (J. Chr.), OEuvres métallurgiques, trad. de l'allem. *Paris*, 1760, *fig.* — Schindlers, Art d'es-

sayer les mines et métaux , trad. de l'allem. par
Geoffroy. *Paris*, 1759, in-12. *fig.*

836. Palladius (R. T. Æ.), De re rustica, curante J. G. Gesnero. *Mannhemii* , 1781, in-12. *br.*

837. Pallas (P. S.), Elenchus Zoophytorum, cum selec-
tis auctorum synonymis. *Hagæ Comitum* . 1766, in-8.
br.

838. Parmentier , Mémoire sur les avantages que le
royaume peut retirer de ses grains. *Paris*, 1789,
in-4. *br.*

839. Recueil contenant 11 pièces dont : sur un insecte qui dévore
les grains de l'Angoumois, etc. — Althen, Mémoire sur la culture
de la garance. — Mémoire sur les moyens de détruire les mulots. —
Différens procédés pour employer le charbon de terre dans la fonte
des métaux , etc , par Jars, etc. in-4. *parch. v.*

840. Recueil de pièces (49) sur la physique et l'histoire
naturelle. in-4. *cart.*

841. Recueil de pièces (8) dont Brouaut (J.), Traité de
l'eau-de-vie, ou anatomie théorique et pratique du vin.
Paris, 1646. — L'écurie de Grison, etc. in-4. *v.* — Défense du vin de Bourgogne contre le vin de Champagne. *Parisiis*, 1702 , in-4. *br.*

842. Rozier, Observations sur la physique et l'histoire
naturelle. in-4. — introduction, 2 vol. — observations, 1773 à 1791, 39 vol. in-4. *v. et cart.* — Juin ,
juillet, octobre , novembre 1792. — Juillet 1793. —
Journal de physique, tom. 51, 54.

843. Rozier, Vues économiques sur les moulins et pres-
soirs à huile d'olive. *Paris*, 1776, in-4. *br.* — Cadet
de Vaux, Instruction sur l'art de faire le vin. *Paris*,
an VIII, in-8. *br.*

844. Stoll (C.) , Représentation des cigales et des punai-
ses des quatre parties du monde. *Amsterdam* , 1780-
1784, in-4. *fig. color. br.* (les livr. 1 à 10.)

845. Temminck (C. J.), Histoire naturelle des pigeons
et des gallinacées. *Amst.*, 1813, 3 vol. in-8. *fig. br.*

846. Theophrastus's history of stones with an english
version and notes by J. Hill. *London*, 1774, in-8. *br.*

847. Ventenat (E. P.), Tableau du règne végétal. *Paris*,
an VII, 4 vol. in-8. *pap. vel. br.*

848. Wabst (Chr. X.), De hydrargyro. *Vindobonæ*,
1754, in-4. *cart.* pars. 1.[a]

(71)

849. Waldstein (Fr.) et P. Kitaibel, Descriptiones et
icones plantarum rariorum Hungariæ. *Viennæ*, 1802,
in-fol. tom. 1. en livr.
    La 6e livraison manque.
850. Wurffbainii (J. P.) Salamandrologia. *Norimber-*
gæ, 1683, *fig.* — Lienard (N.), Dissertation sur la
cause de la purgation. *Paris*, 1659, in-4. *cart.*

SCIENCES MÉDICALES.

Médecine , — Anatomie , — Chirurgie , —
Médecine spagirique , etc.

851. Albini (B. S.), Tabulæ ossium humanorum. *Leidæ*,
1753, in-fol. *br.*
852. Artis medicæ principes, recensuit Alb. de Haller.
Lausannæ, 1787, 11 vol. in-8. *br.*
853. Avicenna, ex Gerardi crem. versione et And. Alpagi
castigatione, ed. Fab. Paulino. *Venetiis*, 1608, in-fol.
v. br. tom. 1.
854. Baglivi (G.) Opera medico-practica et anatomica,
cum notis Ph. Pinel. *Parisiis*, 1788, 2 vol. in-8. *br.*
855. Bertrandi (Ambr.) Opere anatomiche e cerusiche
publicate da G. A. Penchienati e G. Brugnone. *Torino*,
1786, 11 vol. in-8. *fig. br.*
856. Boerhaave (H.), Aphorismes de chirurgie, commen-
tés par Van Swieten, trad. par Louis. *Paris*, 1768,
7 vol. in-12. *v.*
857. Brieude (de), Topographie médicale de la Haute-
Auvergne. *Paris*, 1786, in-4. *br.*
858. Caldani (L. Ma. et Fl.) Icones anatomicæ. *Vene-*
tiis, 1801, gr. in-fol. *fig. dem. rel.* part. 1. pl. 1
à 51.
859. Camper (P.), Dissertatio de fractura Patellæ et ole-
crani figuris illustrata. *Hagæcomitum*, 1789. in-4. *br.*
— Verdun, De l'amputation à lambeau, trad. en franç,
par P. Massuet. *Paris*, 1757, in-8. *fig. br.*
860. Desmonceaux, Sur la vue des enfans naissants. 1775, in-8.
br. — Hunter, Sur les preuves d'infanticide. 1786, in-8. *br.* — Balme,
Dissert. sur la mélancolie anglaise, ou réflexions sur le suicide. 1589.

in-8. *br.* — Latour (D.), Essai sur le rhumatisme. *Paris*, 1803, in-8. *br.* — Virard (P.), Essai sur la santé des filles nubiles. *Paris*, 1776, in-8. *br.*

861. Fernélius (J.), De morbis universalibus et particularibus. *Lugd., bat.*, 1645, 4 vol. in-8. — Ibidem, De febribus ed. R. Lœnio. *Amst.*, 1664, pet. in-4. *vel.*

862. Framboisière (Nic. Abr. de la), OEuvres. *Paris*, 1613, in 4. *v. br.* — Wedelii (G. W.), Centuriæ sœundæ exercitationum medico-philologicarum sacrarum et profanarum. Decas I, II, III, IV. *Ienœ*, 1705, in-4. *fig. br.*

863. Haen (Ant. de), Vindiciæ difficultatum circa modernorum systema de sensibilitate et irritibilitate humani corporis. *Viennæ*, 1762, in-8. *br.* — Bernerius (G. E.), De efficacia et usu aeris mechanico in corpore humano. *Amst.*, 1733, in-8; *br.*

864. Hoffmann (Fr.), Consultations de médecine, trad. du lat. *Paris*, 1754, 8 vol. in-12. *v. br.*

865. Lecamus, La médecine pratique rendue plus simple, plus sûre et plus méthodique. *Paris*, 1769, in-4. *v.*

866. Malacarne (V.), Auctuarium observationum et iconum ad osteologiam et osteopathologiam L. et A. Scarpa. *Patavii*, 1801, in-8. *br.*

867. Magnini regimen sanitatis. *Lugduni*, 1517. *goth.* — Q. Serenus de re medica sive morborum curationibus. *Tiguri*, 1540, in-4. *parch.*

868. Meibomius (J. H.), De flagrorum usu in re veneria, et lumborum renumque officio. *Lugd., Bat., Elzev.*, 1643, in-4. *v.*

869. Millot, Art de procréer les sexes à volonté. *Paris*, in-8. *br.*

870. Murray (J. A.) Apparatus medicaminum, curante L. Chr. Althof. *Goettingœ*. 1793, 6 vol. in-8 *br.* — Ibidem, Opuscula. *Goettingœ*, 1785, 2 vol. in-8. *fig.*

871. Paulli (Sim.) , De causa febrium cum malignarum et petechialium tum morbillorum, etc. *Francof*, 1660. — *Idem*. De abusu Tabaci et herbæ Thee. *Argentorati*. 1665. — Tackii (Jo.), Triplex phasis sophicus. *Francof*. 1673, in-4. *vel.*

872. Pernety (A. J.), Connoissance de l'homme moral

par celle de l'homme physique. *Berlin*, 1776, 3 vol.
in-8. *parch.*

873. Plane (J. M.), Physiologie, ou l'art de connaître
les hommes sur leur physionomie. *Meudon*, 1797,
2 vol. in-8. *fig. pap. vel br.*

874. Planque, Bibliothèque choisie de médecine. *Paris*,
1748-1770, 31 vol. in-12. *br.*

875. Pomme (P.), Traité des affections vaporeuses des
deux sexes, ou maladies nerveuses vulgairement ap-
pelées maux de nerfs. *Paris*, an VII, 3 vol. in-8. *dem.*
rel.

876. Recherches sur l'origine, sur les divers états et sur
les progrès de la chirurgie en France. *Paris*, 1744,
in-4. *cart.*

877. Recueil de pièces : James, Dissertat. on fevers. *London*,
1761. — Recalde, Abrégé historique des hôpitaux. *Paris*, 1784. —
Question de droit et de médecine. — Apperçu d'un rigoriste sur la
cartonomancie et son auteur. — Instruction sur les moyens de s'as-
surer de l'existence de la morve. — Observations sur les écrits modernes.—Mémoire pour les nourrisseurs du Limousin contre le fermier
de la caisse de Poissy. in-12. *v. f.*

878. Recueil de pièces (32), ouvrages de médecins sur
les miracles et les convulsionnaires. in-4. *cart.*

879. Recueil des pièces qui ont concouru pour le prix de
l'Académie Royale de chirurgie. *Paris*, 1775, 8 vol.
in-12. *v.*

880. Recueil sur la peste en 1720 et 1721. in-4. *v. br.*
Manuscrit.

881. Sauvages (Fr. Boissier de), Nosologie méthodique,
trad. du lat., avec notes de Nicolas. *Paris*, 1771, 3
vol. in-8. *dem. rel.*

882. Sauvages (Fr. Boissier de), Nosologie méthodique,
trad. du lat., par Gouvion. *Lyon*, 1772, 10 vol.
in-12. *v.*

883. Traité des Eunuques (par Ancillon). 1707, in-12.
br.

884. Vegetii (Ren.) Artis veterinariæ sive mulomedicinæ
libri IV, cur. J. M. Gesnero. *Mannhemii*, 1781, in-12.
br.

885. Winslow (J. B.), Exposition anatomique de la
structure du corps humain. *Paris*, 1732, in-4. *fig. v.*
— Rudius (E.), De virtutibus et viciis cordis. *Venetiis*,
1587, in-4. *parch.*

SCIENCES MATHÉMATIQUES.

Mathématiques. — Astronomie. — Optique. — Perspective , etc.

886. Alembert (d'), Traité de l'équilibre et du mouvement des fluides. *Paris*, 1744, in-4. *br.*— Le même, Nouvelles tables de la lune. in-4. *br.*

887. Anthemius, fragment sur des paradoxes de mécanique, trad. du grec en françois, par Dupuy. 1777, in-4. *br.* — Charles, Recherches sur les intégrales des équations aux différences finies et sur d'autres sujets.

888. Bailly, Essai sur la théorie des satellites de Jupiter. *Paris*, 1766, in-4. *br.*— Fontenelle, Ragionamenti sù la pluralita de' mondi, trad. dal francese. *Parigi*, 1748, in-12. *v. fil. d. s. tr.*

889. Berthoud (Ferd.), Eclaircissemens sur l'invention, etc., des nouvelles machines proposées pour la détermination des longitudes en mer par la mesure du temps. *Paris*, 1773, in-4. *br.*

890. Bezout, Mécanique. *Paris*, an IV, 2 vol. in-8. *br.*

891. Bossut, Traité d'hydrodinamique. *Paris*, 1775, 2 vol. in-8. *fig. br.* — Le même, Traité de méchanique. *Paris*, 1775, in-8. *fig. br.* — Le même, Traité de géométrie. *Paris*, 1775, in-8. *fig. br.* — Le même Algèbre. *Paris*, 1773, in-8. *fig. br.*—Le même, Arithmétique. *Paris*, 1775, in-8. *br.*

892. Bouguer, La figure de la terre déterminée par les observations de Bouguer et Lacondamine. *Paris*, 1749, in-4. *fig. br.*

893. Brook Taylor, Methodus incrementorum directa et inversa, *Londini*, 1717, in-4. *cart.*

894. Cachin, Travaux maritimes : rapport sur les travaux entrepris sur la rivière de l'Orne avec supplément. An V. — Mémoire de Lefebure en réponse aux écrits de Cachin. — Réponse de Cachin. in-4. *br.*

895. Cassini, Eléments d'astronomie. *Paris*, 1740, in-4. *v.*

896. Clairaut, Recherches sur la comète des années 1531, 1607, 1682 et 1759. *Saint-Pétersbourg*, 1762, in-4. *br.*

897. Connaissance des temps. 1684, 1696, 1711, 1718, 1731, 1734, 1743, 1746, 1751, 1753 à 1808. in-8. *rel. et br.*—Flambeau astronomique. *Rouen*, 1720, in-12. *parch.* — Desplaces, état du ciel. 1731. *Paris*, in-12. *mar. r. d. s. tr.* (*Aux armes de Condé.*) — Pingré, Etat du ciel. 1755, 1756, 1757. in-8. *v.*

898. Condorcet (de), Essais d'analyse, tome 1 (sur le système du monde et le calcul intégral). *Paris*, 1768, in-4. *br.* — Du problème des trois corps. *Paris*, 1767, in-4. *br.*

899. Deidier, Le calcul différentiel et le calcul intégral, expliqués et appliqués à la géométrie. *Paris*, 1740, in-4. *fig. v.* — Elémens des principales parties des mathématiques nécessaires à l'artillerie et au génie. *Paris*, 1745, 2 vol. in-4. *fig. v.* — La mesure des surfaces et des solides par l'arithmétique des infinis et les centres de gravité. *Paris*, 1740, in-4. *fig. bas.*

900. Doyen, Géométrie de l'arpenteur. *Paris*, 1769, in-8. *fig. br.*

901. Du Carla, Expression des nivellemens, publiée par Dupain-Triel. *Paris*, 1782, in-8. *br.*

902. Elemens de la géométrie de l'infini. *Paris*, 1727, in-4. *fig. v. f.*

903. Euclidi geometricorum elementorum libri XV. Campani in eosdem commentaria; Theonis commen taria A. B. Zamberto interprete. Hypsiclis commen- taria A. B. Zamberto interprete. *Parisiis, Henr. Ste- phanus*, in-fol. *v. br.*

904. Euler (L.), Institutiones calculi intregralis. *Petro- poli*, 1792, in-4. *br.* tom. 1 et 2.

905. Frezier, Théorie et pratique de la coupe des pierres et des bois. *Paris*, 1754, 3 vol in-4. *fig. br.*

906. Gruson (G. Ph.). Pinacothèque, ou collection de tables pour multiplier et diviser. *Berlin*, 1798, in-8. *cart.*

907. Histoire des recherches sur la quadrature du cercle (par Montucla). *Paris*, 1754, in-12, *bas.* — Caus- sans (de), La quadrature du cercle démontrée. *Paris*, 1755, in-4. *br.*

908. Hugenii (Chr.) opuscula posthuma. *Amst.*, 1728. 2 vol. in-4. *br.*

909. Hugenii (Chr.) Opera reliqua. *Amstelodami*, 1728, 3 vol. in-4. *fig. br.*

910. Institutions astronomiques ou leçons élémentaires d'astronomie. *Paris*, 1746, in-4. *fig. bas.*

911. Lemoine d'Essoies (E. M. J.), Principes d'arithmétique, de géométrie, de trigonométrie et d'algèbre. *Paris*, 1793, in-8. *fig. br.* — Décoré (G. Ol.), Arithmetica universalis Newtoni contracta. *Lugd. Bat.*, 1761, pet. in-8. *fig. dem. rel.*

912. Leupold (J.), Theatrum machinarum generale. *Leipzig*, 1724. in-fol. *fig. v. br.* — Ejusdem theatrum machinarum. *Leipzig*, 1725, in-fol. *fig. v. br.*

913. Metrologies constitutionelle et primitive comparées entre elles et avec la métrologie d'ordonnances (par Lesparat). *Paris*, 1801, 2 tom. en 1 vol. in-4. *dem. rel.*

914. Murdoch, Nouvelles tables loxodromiques, trad. de l'angl. *Paris*, 1742, in-8. *fig. br.*

915. Newtoni (Is.) Opuscula mathematica, philosophica et philologica, ed. J. Castillioneo. *Lausannæ*, 1744, 3 vol. in-4. *br.*

916. Observations météorologiques faites à Macon en 1781. 12 feuilles dans un portefeuille. in-8.

917. Pingré, Mémoire sur le choix et l'état des lieux où le passage de Vénus du 3 juin 1769 pourra être observé. *Paris*, 1767, in-4. *br.* — Mayer (Chr), De transitu Veneris ante discum solis D. 23 maii 1769. *Petropoli*, 1769, in-4. *br.* — Euler (J. A.), Meditationes de motu vertiginis planetarum ac præcipue Veneris. *Petropoli*, 1760, in-4. *br.*

918. Purbachius (G.), Theoricæ novæ planetarum septem errantium syderum necnon octavi orbis seu firmamenti, diligentia Orontii Finei emendatæ. *Parisiis*, 1525, in-4. *parch.*

919. Robillard, Application de la géométrie et des calculs différentiel et intégral à la résolution de plusieurs problêmes. *Paris*, 1753, in-4. *bas.* — Varignon, Elémens de mathématiques. *Paris*, 1731, in-4. *fig. v.*

920. Saunderson, Elémens d'algèbre, trad. de l'angl. par de Joncourt. *Amst.*, 1756, 2 vol. in-4. *br.*

921. Sauveur, Géométrie pratique et élémentaire, revue et augm. par Le Blond. *Paris*, 1753, in-4. *fig. v.* — Le même, Application des sons harmoniques à la composition des jeux d'orgue. in-4. *fig. br.*

922. Sully (H.), Suite de la description abrégée d'une horloge d'une nouvelle invention pour la juste mesure du tems sur mer. *Bordeaux*, 1726, in-4. *br.*

923. Traité des proportions. — Elémens de géométrie. in-4. *fig. parch.*
> Manuscrit.

924. Vega (G.), Thesaurus logarithmorum completus. *Lipsiæ,* 1794, in-fol. *br.*

925. Venturi (J. B.), Recherches sur le principe de la communication latérale du mouvement dans les fluides. *Paris,* 1797, in-8. *fig. br.*

926. Weidleri (J. Fr.), Historia astronomiæ, sive de ortu et progressu astronomiæ. *Vitembergæ,* 1741, in-4. *br.*

927. Zach (de), Correspondance mensuelle. 1800, 1803, 1804. *Gotha,* in-8. *cart. et en cah.* — Le même, Ephémerides. 1798, 1799, 1803, 1804. *Weimar,* in-8. *cart. et en cah.* (en allem.)

Marine. — Art militaire. — Génie, etc.

928. **Artillerie**, Bigot de Morogues, Essai de l'application des forces centrales aux effets de la poudre à canon. *Paris,* 1737, in-8. *br.* Instruction sur la manœuvre et le tir du canon de bataille. *Dôle,* 1792, in-8. *fig.* — Réponse à la brochure intitulée, l'Ordre profond et l'ordre mince, considérés par rapport aux effets de l'artillerie. *Paris,* 1776, in-8. *br.* — Traité sur les artifices les plus en usage dans l'artillerie, tant pour la défense des places que pour le service de campagne. *Lille,* in-8. *br.* — Vallière (de), Mémoire touchant la supériorité des pièces d'artillerie longues et solides sur les pièces courtes et légères. 1775, in-8. *br.*

929. La bataille d'Austerlitz, par un militaire témoin de la journée du 2 décembre 1805 (le major Stutterheim). *Paris,* 1806, in-12.—Déclaration et manifeste de la cour de Vienne. 1809. — Relation de l'expédition de Syrie, de la bataille d'Aboukir, etc. *Paris.* — Mimaut (J. Fr.), Notice sur les isles de Malte et du Goze. *Paris,* an VI, in-8. *cart.*

930. La bataille d'Austerlitz, par un témoin de la journée du 2 décembre 1805 (le major Stutterheim), avec des remarques par un autre militaire (le maréchal Soult). *Paris,* 1806, in-8. *br.*

931. Bataille de Preussich-Eylau, gagnée par la grande armée commandée par Napoléon, le 8 février 1807. *Paris,* 1807, in-fol. *fig. br.*

932. (Bawr F. G. de), Cartes pour les campagnes du duc de Brunswick. *Lahaye, Gosse,* in-fol.

933. Berthier, Relation des campagnes du général Bonaparte en Égypte et en Syrie. *Paris,* an VIII, in-8. *demi rel.*

934. Berthier (Alex.), Relation de la bataille de Marengo. *Paris,* 1805, in-8. *fig. pap. vel. cart.*

935. Bilistein (C. L. de), Essai de navigation lorraine. *Amst.,* 1764, in-12. *parch. v.* — Considérations sur la constitution de la marine militaire de France. *Londres,* 1756, in-12. *v.* — École de l'administration maritime, ou le matelot politique. *La Haye,* in-8. *v. f.*

936. Bonamici (Castr.), Commentariorum de bello Italico lib. VII. *Lugd. Bat.,* 1750, 2 vol. in-4. *cart. n. rog.* — Ejusdem de rebus ad velitras gestis anno 1744 commentarius. *Lugd. Bat.,* 1749, in-4. *cart. n. rog.*

937 Campagne sur le Mein et la Rednitz de l'armée gallo-batave aux ordres du général Augereau (par Andréossy). *Paris,* 1802, in-8. *fig. br.*

938. Campagne du général Bonaparte en Italie pendant les années IV et V. *Paris,* 1797, in-8. *fig. br.* — Examen de la campagne de Buonaparte en Italie dans les années 1796 et 1797, publié par Peltier. *Paris,* 1814, in-8. *br.*

939. Campagne du duc de Brunswick contre les Français en 1792, trad. de l'allem. *Paris,* an III, in-8. *br.*

940. Campagnes des maréchaux Maillebois, Broglie et Belle-Isle, 10 vol. in-12. *v. fil.* — Villars, Marsin et Tallard, 7 vol. in-12. — Coigny, 8 vol. in-12. — Noailles, 2 vol. in-12. les 27 vol. in-12. *v. fil.*

941. Carlet de la Rozière, Campagne du maréchal de Villars et de Maximilien Emmanuel de Bavière en Allemagne en 1703. *Paris,* in-8. *dem. rel.* — Cartes et plans pour l'histoire du maréchal de Saxe. in-12. 1 vol. in-4. *br.*

942. Collection des ordonnances militaires (en mai et juin 1788). in-fol. *cart.* — Decrets et circulaires concernant les bataillons de pionniers, du 23 février au 29 août 1811. in-fol. *cart.* (*imprimés et manuscrits.*)

943. Collection des ordres du jour de l'armée d'Allemagne. *Schönbrunn,* 1809, in-fol. *br.* — Extrait du règlement provisoire pour le service des troupes en campagne. *Schönbrunn,* 1809, in-8. *br.*

644. Correspondance de deux généraux sur divers sujets (par le général Chasseloup), publiée par T. (Theveneau). *Paris*, 1801 , in-8. *br.*

945. Comelly de Stuckenfeld, Mémoires militaires sur la dernière guerre entre la France et l'Autriche. *Paris*, 1805, in-8. *br.*

946. Dedon, Précis des campagnes de l'armée de Rhin et Moselle pendant l'an IV et l'an V. *Paris*, in-8. *fig. dem. rel.*

947. Desjardins, Campagnes des Français en Italie. *Paris*, an VI, 6 vol. in-8. *br.*

648. Description du siège et de la prise de Corfou, par Fevre. in-8. *br.*

949. Dictionnaire historique des sièges et batailles mémorables. *Paris*, 1771, 3 vol. in-8. *v.*

950. Dode de la Brunerie, Précis des opérations militaires contre Cadix, dans la campagne de 1823. *Paris*, 1824, in-4. *fig. br.*

951. Frangipani (Ant.), Istruzione dell'arte e disciplina militare. *Assisi*, 1786, 3 tom. en 2 vol. in-4. *br.*

952. **Frederic**, La confédération. *Hall*, 1789, in-8 *br.* — Le même, L'Arte della guerra, in ottava rima italiana tratta da Sanseverino. *Parigi*, 1761, in-8. *br.* — Le même, Histoire de mon temps. in-8. *br.* — Laureau, Éloge de Frédéric II. *Paris*, 1787, in-8. *br.*

753. Gendarmerie : Campagne de 1746. in-8. *mar. r. dent. d. s. tr.*

Manuscrit.

954. Gourgaud, Campagne de dix-huit cent quinze. *Paris*, 1828, in-8. *fig. br.* — Sarrazin, Examen critique d'une relation de la bataille de Waterloo par Scott. *Paris*, 1815, in-8. *br.*

955. Guibert, OEvres militaires. *Paris*, 1803, 5 vol. in-8. *br.*

956. Hayne, Topographie militaire. *Dessau*, 1782, in-8. *fig. bas.* (En allemand).

957. Henin, Journal des opérations militaires du siége de Peschiera. An IX, in-8. *fig. br.*

958. Histoire de la guerre de Hongrie pendant les campagnes de 1716, 1717 et 1718. *Vienne*, 1788, pet. in-8. *br.* — Histoire de la dernière guerre de Bohême. *Francfort*, 1745, 3 tom. en 2 vol. in-12. *fig. v.*

959. G. K. (Keralio), Réflexions militaires sur différents

objets de la guerre. *Francfort*, 1762 , pet. in-8. *fig. v.*
— Lettere militari. *Venezia*, 1759, in-8. *cart.*

960. Joly de Maizeroy, Traité sur l'art des siéges et les
machines des anciens *Paris*, 1778, in-8. *fig. br.*

961. Joly de St-Valier, Histoire raisonnée des opérations
militaires et politiques de la dernière guerre. *Liège*,
1783, in-8. *br.*

962. Journal historique du siége de la ville et de la cita-
delle de Turin en 1706. *Amst.*, 1708, in-12. *fig. v br.*

963. Lallemand, Traité des opérations secondaires de la
guerre. *Paris*, 1825, 2 vol. in-8. *br.*

964 Lecointe, La science des postes militaires. *Paris*,
1759, pet. in-8. *fig. dem. rel.* — Blondel, Art de jetter
les bombes. *Amst*, 1690, pet. in 8. *v. br.*

965. Le nau de la Jaisse, Plans des principales places de
guerre et villes maritimes de France. *Paris*, 1736, pet.
in-8. *fig. v. br.* — Le même, Sixième abrégé de la carte
du militaire de France. *Paris*, 1740, pet. in-8. *br.*

966. Le Roy, La marine des anciens expliquée, etc. *Paris*,
1788, 3 vol. in 8. *fig. v.* (*Cet exemplaire préparé pour
faire une seconde édition contient des corrections autographes*).— Francklin, Lettre à Dav. Le Roy. *Paris*,
1788, in-8. *br.* — Dav. Le Roy, Lettres à Francklin,
sur la marine *Paris*, 1790, in-8. *br.*—Dav. Le Roy,
Nouvelle voilure proposée pour les vaisseaux de toutes
grandeurs. *Paris*, an VII, in-8. *br.*

967. Lettre d'un officier de l'armée de M. de Broglie,
contenant la relation de ce qui s'est passé à Prague,
depuis le 6 juillet jusqu'à la levée du siége. in-8.
non rel.

968. Malthus, Pratique de la guerre. *Paris*, 1681, pet.
in-8. *fig. v. f.*

969 Manuel militaire ou nouvelle tactique française.
Paris, 1793, pet. in-8. *dem. rel.*

970. Marbot, De la nécessité d'augmenter les forces militaires de France. *Paris*, 1825, in-8. *br.* — Wimpf-
fen (de), Refonte de l'économie de l'armée françoise.
Paris, 1787, in-8. *br.*

971. Marès, Quelques idées sur l'art et les devoirs de
l'ingénieur. *Cologne*, 1797, in-8. *fig. br.*

972. Massuet (P.), Histoire de la guerre présente. *Amst.*, 1735,
in-12. *fig. v. f.* — Collection historique ou mémoires pour servir à

l'histoire de la guerre terminée par la paix d'Aix-la-Chapelle, en 1748, *Paris*, 1758, in-12. *fig. dem. rel.* — Histoire de la campagne de 1757 par l'armée combinée de la France et de l'Empire contre celle du roi de Prusse. *Francfort*, 1758, pet. in-8. *br.*

973. Matériaux pour servir à l'histoire de la bataille d'Austerlitz, recueillis par un militaire. 1806, in-8. *fig. br.*

974. Mémorial topographique et militaire, rédigé au dépôt de la guerre. *Paris*, an X, au XIII n°ˢ 1 à 6. in-8. *pap. vél. fig. cart.*

975. Muller (G. Ch.), Traité pratique de nivellement, etc., avec l'instruction pour la levée des coupes des montagnes et des marais, et la description d'un nouveau niveau, etc. *Gottingue*, 1799, in-8. *fig. br.*
   En allemand.

976. Ordonnances et règlements concernant les troupes, infanterie et cavalerie, 1788 et 1791. in-4. (44 pièces.)

977. Programes des cours révolutionnaires sur l'art militaire, l'administration militaire, la santé des troupes, etc., imprimés par ordre du comité de salut public. *Paris*, an III. in-4. *br.* — Procédé de la fabrication des armes blanches, publiés par ordre du comité de salut public. *Paris*, an II, in-4. *br.*

978. Petit (Jos.), Maringo ou campagne d'Italie par l'armée de réserve, commandée par le général Bonaparte. *Paris*, an IX. in-8. *br.* — Foudras, Campagne de Bonaparte en Italie en l'an VIII. an VIII, in-8. *br.*

979. Pièces diverses relatives aux opérations militaires et politiques du général Bonaparte. *Paris, Didot l'aîné*, an VIII, in-8. *pap. vel. cart.*

980. Pirch (de), Mémoire raisonné sur les parties les plus essentielles de la tactique. in-4. *fig. color. dem. rel. (manuscrit.)*

981. Popellinière (de la), L'amiral de France et par occasion de celuy des autres nations tant vieiles que nouvelles. *Paris*, 1584, in-4. *parch.*

982. Précis des opérations de l'armée du Danube sous les ordres du général Jourdan. *Paris*, an VIII, in-8. *dem. rel.*

983. Précis historique du blocus de Landau, par un témoin oculaire (le général Serviez). *Gertruydemberg*, 1802, in-8. *mar. r. d. s. tr.*
   (Une note manuscrite l'attribue au général Moreau.)

984. Preval, Projet de réglement militaire pour les armées françaises, tant en campagne que sur le pied de paix. *Paris*, 1812, in-8. *dem. rel. dos de m.*

985. Principes généraux de l'art militaire, extraits de Montecuculi, Turenne, Feuquières, Puysegur et le chevalier Folard. in-4. *v. (manuscrit.)*

986. Prudhomme, Nouveau traité des mines et des contre-mines. *Paris*, 1770, in-8. *fig. br.* — Traité de la défense des places par les contre-mines. *Paris*, 1768, in-8. *br.* — Nouveau sistème sur la manière de défendre les places par le moyen des contremines (par d'Azin, publié par de Marue). *Paris*, 1731, in-12. *fig. v.*

987. Quincy (de), L'art de la guerre. *La Haye*, 1727, 2 vol. in-12. *v. br.*

988. Rapport sur l'instruction du général Schauenburg, concernant les exercices et manœuvres de l'infanterie (par Meunier). *Paris*, an VII, in-8. *fig. br.*

989. Santacruz (de), Réflexions militaires et politiques, trad. de l'espagn. *Paris*, 1744, 11 vol. in-12. *v.*

990. Scheele (de), Mémoires d'artillerie, contenant l'artillerie nouvelle. *Paris*, an III, in-4. *br.*

991. Sigrais (de), Considérations sur l'esprit militaire des Germains. *Paris*, 1781, in-12. *dem. rel.* — Le même, Considérations sur l'esprit militaire des Gaulois. *Paris*, 1774, in-12. *v.*

992. Stewechii (God.) Commentarius ad Flavii Vegetii libros de re militari. *Vesaliæ*, 1670, in-8. *v. br.*

993. Surirey de S. Remy, Mémoires d'artillerie. *Paris*, 1745, 3 vol. in-4. *fig. v. f.*

994. Suzanne (P. H.), Le nouveau manœuvrier. *Paris*, 1809, in-8. *br.*

995. Tielke, Atlas des mémoires sur l'art militaire et la guerre de 1766 à 1763. in-fol. *dem. rel.* — Tielke (J.G.), ingénieur de campagne. *Dresde*, 1779, in-12. *fig. parch. (en allem.)*

996. Turpin de Crissé, Commentaires sur les mémoires de Montecuculi. *Paris*, 1769, 3 vol. in-4. *fig. br.*

997. Unterberger, Traité de la fortification des villes. *Vienne*, 1807, in-8. *fig. br. (en allem.)*.

998. Vauban, Traité de l'attaque et de la défense des places. *Paris*, 1742, 2 vol. in-8. *fig. bas.* (avec des corrections manuscrites).

999. Vauban, Attaque des places. *Paris*, in-8. *fig.* —

Vauban, Défense des places. *Paris*, 1769, in-8. *fig.* (Le dernier volume est chargé de corrections manuscrites).

1000. Vauban (de), OEuvres. *Amsterdam*, 1771, in-4. *br.* (tomes 1 et 3).

1001. Vegetius (H. S. J.), Frontinus de re militari ; Ælianus, de instruēdis aciebus ; Modesti libellus de vocabulis rei militaris. *Parisiis*, 1575, in-8. *cart.*

1002. Véritable esprit militaire ou l'art de rendre les guerres moins funestes. *Liége*, 1774, 2 vol. in-8. *br.* — Boussanelle (de), Le bon militaire. *Paris*, 1770, in-8. *v.*

1003. Victoires et conquêtes des Français de 1792 à 1815. *Paris*, 1820, in-8. *fig.* tom. 22 et 23. *br.*

1004. Voelderndorff (de), Observations sur l'ouvrage du Cte Ph. de Ségur, intitulé : Histoire de Napoléon et de la Grande Armée pendant l'année 1812. *Munic*, 1826, in-8. *br.*

1005. Wilson (Rob. Th.), Histoire de l'Expédition de l'armée britannique en Égypte, trad. de l'angl. *Londres*, 1803, 2 vol. in-8. *fig. cart.*

1006. Zanthier (Fr. E.), Essai sur les marches des armées, les camps, les batailles et les plans d'opérations, expliqué par l'histoire de la guerre précédente. *Dresde*, 1778, in-8. *fig. br.* (*en allemand*).

Arts et Métiers. — Beaux-Arts. — Exercices gymnastiques. — Jeux.

1007. **Airs** à 4 de différens auteurs. *Paris*, 1613.— Guedron, Livres (3 et 4) d'airs de cour à 4 et 5 parties. *Paris*, 1618. — Ant. Boesset, Livres (2 à 5, 8) d'airs de cour à 4 et 5 parties. *Paris*, 1623-1632. — Chancy, Airs de cour à 4 parties. *Paris*, 1635. — Richard (Fr.), Airs de cour à 4 parties. *Paris*, 1637. — Moulinié, Livres (3 à 5) d'airs de cour à 4 parties. *Paris*, 1635-1639. — Macé, Airs à 4 parties. *Paris*, 1634. — Chastelet, Les Sileniennes (livres 1 et 2) à 2, 3 et 4 parties, *Paris*, 1632. — Les libertez d'And. de Rosiers (livres 1 et 2). *Paris*, 1634-1638 (*Dessus, haute-contre, basse contre, taille.*). 4 vol. in-8. *obl. parch.*

1008. Annales des arts et manufactures. in-8. — Nos 26, 27, 28, 29, 30, 31, 32, 33, 34, 35, 36, 48, 57, 58, 59, 60, tome 56, tables, 1re collection.

1009. Antiquæ musicæ auctores septem. **gr.** et lat. **M.**

Meibomius restituit ac notis explicavit. *Amst. Elzev.*,
1652. in-4. *v. br. le tom.* 1.

1010. Barbault, Les plus beaux monumens de Rome ancienne. *Rome*, 1761, in-fol. *fig. cart.*

1011. Bellori (G. P.), Descrizione delle imagini dipinte
da Rafaelle d'Urbino nel palazzo Vaticano. *Roma*, 1695,
in-fol. *v. br.*

1012. Blondel, Architecture françoise ou recueil des
plans, etc., des églises, maisons royales, etc. *Paris*,
1752, 4 vol. in-fol *fig. gr. pap. Jésus, cart.*

1013. Boesset (Ant.), Livres (1 à 9) des airs de cour à 4
et 5 parties (*Dessus, haute-contre basse-contre*,
taille.). *Paris*, 1617-1642, 4 vol. in-8. *obl. v. br. d. s.
tr.*

1014. Bosc d'Antic, OEuvres. *Paris*, 1780, 2 vol. in-12. *v.*

1015. Le brigandage de la musique italienne. 1777. —
Essai sur les révolutions de la musique en France. —
Observations sur la littérature. *Paris*, 1774, in-8. *v.*

1016. Capaccio (G. C.), Delle imprese trattato. *Napoli*,
1592, in-4. *fig. en bois. v.*

1017. Chaptal, Observat. sur quelques avantages qu'on
peut retirer des terres ocreuses. *Paris*, 1787, in-4. *br.*
— Guettard, Histoire de la découverte faite en France
de matières semblables à celles dont la porcelaine de
Chine est composée. *Paris*, 1765, in-4. *br.*

1018. Charmeton (G.), Ornemens de plusieurs sortes. —
Plusieurs sortes d'ornemens et masques. — Plusieurs
sortes de masques. — Diverses corniches choisies sur
l'antique avec leurs profils, gravées par Audran et Robert. 1676, in-4. en cahiers.

1019. Cochin, Discours prononcé à l'académie de Rouen en 1777,
in-12. *br.* — Dissertation sur l'effet de la lumière dans les ombres.
in-12. *br.* — Lettre à un jeune peintre. in-12 *br.* — Lettres sur l'o-
péra. in-12. *br.* — Observations sur l'*Essai sur l'architecture théatrale*,
par Patte, in-12. *br.* — Projet pour une salle de spectacle. *Paris*, 1765.
in-12. *fig. br.* — Recueil de quelques pièces concernant les arts.
Paris, 1757, in-12. *v.*

1020. Comité de salut public, Programmes des cours sur la fabrication des salpêtres, des poudres et des canons. in-4. — Programme
des cours des écoles normales. an III. — Instruction sur la combus-
tion des végétaux, la fabrication du salin, etc. an III. in-4. — Instruction pour l'exploitation du salpêtre. in-8. — Extraction de l'huile de
faine. in-4. — Rogniat, Nouveaux moyens méchaniques par la force
des vents. an II, in-4. — Avis sur la fabrication de l'acier. in-4, etc.

—Description de divers procédés pour extraire la soude du sel marin, imprimée par ordre du Comité de salut public. *Paris*, an III, in-4. *fig. br.* —Instruction sur l'art de séparer le cuivre du métal des cloches, publiée par ordre du Comité de salut public et supplément. *Paris*, an II, in-4 *fig. br.*

1021. Cy commence le livre de la moralité des nobles hommes et des gens du peuple sur le jeu des eschez, par Jehan Devignay, in-4. *parch.*

 Manuscrit sur vélin.

1022. Description d'une nouvelle presse exécutée pour le service du roi et publié par ordre du gouvernement. *Paris, Imp. R.* 1783, in-4. *fig. pap. vel. cart.*

1023. Desgodets, Les édifices de Rome, mesurés et dessinés très exactement sur les lieux. *Paris*, 1779, gr. in-fol. *fig. cart.*

1124. Dubos, Réflexions sur la poésie et la peinture. *Paris*, 1755, 3 vol. in-4. *v.*

1025. Encyclopédie méthodique: Manufactures, arts et métiers, par Roland de la Platière. *Paris*, 1785, 3 tom. en 4 vol. in-4. *cart.*

1026. Encyclopédie méthodique: Arts académiques, équitation, escrime, danse et art de nager. *Paris*, 1786, in-4. *cart.*

1027. Épreuve des caractères de la fonderie de Is. et J. Enschede. *Haarlem*, 1748, in-8. *br.* — Épreuve des caractères de la fonderie de J. Enschede. 1768, in-8. *br.* — Épreuve des caractères de la fonderie de la veuve Herissant. *Paris*, 1772, in-8. *br.* — Épreuves des caractères de la fonderie de Ch. Mozet. *Nantes*, 1754, in-8. *br.*

1028. Fertel, Science pratique de l'imprimerie. *St.-Omer*, 1741, in-4. *fig. v.*

1029. Figures pour les Aventures de Télémaque, par Bernard Picart, Folkema et Phil. a Gunst. in-4

1030. Figures pour le Decameron de Boccace. in-8.

1031. Figures pour les Métamorphoses d'Ovide, par Lemire et Basan. in-4.

1032. Figures pour l'histoire de France de Velly. in-4.

1033. Fournier (S. P.), Modèles de caractères d'imprimerie. *Paris*, 1742, in-12. *obl. v.*

1034. Frezier, Traité des feux d'artifice pour le spectacle. *Paris*, 1747, in-4. *fig. br.*

1035. Gando (Nic.), Épreuve des caractères de sa fonderie. *Paris*, 1745, in-4. *v. f. d. s. tr.*

1036. Garsault, Le nouveau parfait maréchal. *Paris*

1797, in-4. *fig. br.* — Le même, Traité des voitures. *Paris*, 1756, in-4. *fig. br.*

1037. Guedron (P.), Airs de cour, à 4 et 5 parties. *Paris*, 1618, livres 3 et 4. — Boesset (Ant.), Airs de cour à 4 et 5 parties. *Paris*, 1620, livres 2, 3, 4, 5, 8, 9. in-8. *obl. v.*

1038. Heré, Recueil des plans, élévations et coupes des châteaux, etc., que le roi de Pologne occupe en Lorraine. *Paris*, 2 vol. gr. in-fol. *fig. v. fil.*

1039. Indice de caratteri con l'inventori et nomi di essi esistenti nella stampa vaticana et camerale. *Roma*, 1628, in-8. *parch.*

1040. Kalkbrenner (C.), Histoire de la musique. *Paris*, 1802, 2 tom. en 1 vol. in-8. *fig. br.*

1041. Lacombe, Dictionnaire portatif des beaux arts. *Paris*, 1769, in-8. *br.* — Petity (de), Bibliothèque des artistes et des amateurs. *Paris*, 1766, in-4. tom. 1. *cart.*

1042. Lépicié, Catalogue raisonné des tableaux du roi. *Paris*, 1752, in-4. *gr. pap. mar. r. d. s. tr.*

1043. Librairie, Article extrait du Dictionnaire des arts et métiers : l'art de l'imprimerie. *fig.* in-12. *dem. rel.* —Desmarets, second Mémoire sur la papeterie. 1778, in-4. *br.*

1044. Livres (1 à 21) de chansons à 4 et 5 parties par Andr. Leroy Arcadet, Orlande de Lassus et autres. *Paris*, 1573-1577. — Recueil des recueils (1 et 2) à 4 parties, de plusieurs autheurs. *Paris*, 1573.— Chansons de P. de Ronsard et autres mises en musique par N. de la Grotte. *Paris*, 1575. — Odes d'Anacreon mises en musique par Ric. Renvoysy. *Paris*, 1573 (*Contra— tenor. Bassus*). 2 vol. in-8. *obl. parch.*

1045. Luce (L.), Essai d'une nouvelle typographie. *Paris*, 1771, in-4. *fig. cart.*

1046. Masaccio, Le Pitture esistenti nella Basilica di S. Clemente, colle teste lucidate da C. Labruzzi e publicate da G. Dall'armi. *Roma*, 1809, in-fol. liv. 1 à 5.

1047. Newcastle, Méthode de dresser les chevaux. *Londres*, 1737, in-fol. *fig. cart.*

1048. Ozanne (N.), Recueil de combats et d'expéditions maritimes. *Paris* 1797, in-fol. *pap vél. fig. liv.* 1, 2, 3, 5.

1049. Palladio (And.), Fabbriche e i disegni raccolti ed

illustrati da O. Bertotti Scamozzi. *Vicenza*, 1781,
in-fol. tom. 3 *en feuilles*.

1050. Palladio (And.), Bâtimens et dessins recueillis et il-
lustrés par O. Bertotti Scamozzi. *Vicence*, 1786, 4 vol.
in-fol. *cart.*

1051. Palladio (A.), Architecture, livre 4, seconde partie
publiée par Leoni. *Londres*, in-fol. *dem. rel.* (Ital.
angl. et franc.).

1052. Palladio, Architecture. *Paris*, 1764, in-8. *fig. br.*
— Scamozzi (Vinc.), OEuvres d'architecture. *Paris*,
1764, in-8. *fig. br.*

1053. Piranesi (G. B.), Vedute di Roma. *Roma*, in-fol.
obl. br.

1054. Pluvinel (Ant. de), L'instruction du roy en l'exercice de monter à cheval, avec figures, par Crispian
de Pas. *Amsterdam*, 1666, in-fol. *cart. non rogné.*

1055. Ponce, Arabesques antiques des bains de Livie et
de la ville Adrienne, avec les plafonds de la ville Madame, peints d'après les dessins de Raphaël. *Paris*,
1789, in-fol. *fig. br.*

1056. Quatremère (Ant.), Extrait du rapport sur les mesures
propres à transformer l'église dite de Sainte Geneviève en Panthéon
français. *Paris*, 1792, in-8. *br.* — Rapport sur les travaux entrepris,
continués ou achevés au Panthéon français. *Paris*, 1793, in-8. *br.*—
Discours prononcé au tribunal criminel en l'an IV. in-8. *br.*

1057. Rafaele, Loggie nel Vaticano, da Camporesi, Vol-
pato ed altri. *Roma*, 1772, in-fol. *fig. cart.*

1058. Rameau, Treatise of musick translated in english. *London*, 1752, in-4. *cart.*

1059. Recueil contenant : Description des procédés pour extraire la
soude du sel marin. *Paris*, an III, *fig.* — Cours revolut. de la fabrication du salpêtre et de la poudre, an II. — Darcet, Lelievre et Pelletier, Rapport sur la fabrication des savons. in-4. — Fourcroy, Recherches sur le métal des cloches. — Keir (J.), Experiments and
observat. on the dissolution of metals in acids and their precipitations.
— Fabrication des canons de fer coulé. — Avis aux ouvriers en fer sur
la fabrication de l'acier. in-4. *fig. cart.*

1060. Remond de Ste.-Albine, Mémoire sur le laminage
du plomb. *Paris*, 1746, in-12. *fig. br.*— Etienne (d'),
Mémoire sur la découverte d'un ciment impénétrable
à l'eau. *Paris*, 1782, in-4. *br.*

1061. Répertoire des artistes ou recueil de compostions
d'architecture et d'ornemens antiques et modernes,

par Marot, Le Pautre, Callot, etc. *Paris*, 1765, 2 vol.
in-fol. *fig. cart.*

1062. Reynolds (Jos.), Discours prononcés à l'acad. e
peinture de Londres, trad. de l'angl. *Paris*, 1787, 2 vol.
in-8. *br.* —Hemsterhuis, Lettre sur la sculpture. *Amsterdam*, 1769, in-4. *br.*

1063. Ripa (Ces.), Iconologie ou la science des emblèmes, devises, etc. *Amst.*, 1698, 2 vol. petit in-8. *fig.
bas.*

1064. Rive (l'abbé), Prospectus d'un ouvrage proposé
par souscription (Essai sur l'art de vérifier l'âge des
mignatures). in-12. *br.*

1065. Schlutter, De la fonte des mines, des fonderies,
etc., trad. par Hellot. *Paris*, 1750, 2 vol. in-4. *fig. v.
non unif.*

1066. Silvestre (A. F.), Essai sur les moyens de perfectionner les arts économiques en France. *Paris*, an IX.
— Le même, notice sur la vie et les ouvrages de quelques hommes célèbres. *Paris*, in 8. *dem. rel.*

BELLES-LETTRES.

GRAMMAIRE. — ORATEURS. — POÈTES. — PHILOLOGIE.
POYGRAPHES, ETC.

Langues orientales.

1067. Michaelis (J. D.), Grammatica chaldaica. *Gottingæ*,
1771, in-8. *br.*

1068. Volney (C. F.), Simplification des langues orientales. *Paris*, an III, in-8. *br.*

Langue grecque.

1069. Ammonius, de adfinium vocabulorum differentia,
cum L. C. Valckenarii notis atque animadversionibus.
Erlangæ, 1787, in-8. *br.*

1070. Apollodore, Bibliothèque, trad. par E. Clavier. *Paris*, 1805, 2 vol. in-8. *br.*

1071. Apulée, Les métamorphoses de l'ane d'or, trad. en franç. *Paris*, 1707, 2 vol. in-12. *v. br.* — Stewechii (God.) in L. Apuleii opera quæstiones et conjecturæ. *Antverpiæ*, 1588, in-8. *parch.*

1072. Apulée, Les métamorphoses ou l'ane d'or, avec le démon de Socrate, trad. en franç. *Francfort*, 1769, 2 vol. in-8. *br.*—Apulejo, Dell'asino d'oro traslato da Agn. Firenzuola. *Parigi*, 1781, in-8. *v.*

1073. Aristæneti epistolæ, gr. et lat. *Parisiis*, 1596, in-8. *parch. d. s. tr.*

1074. Aristotele, Poetica vulgarizzata et sposta, per L. Castelvetro. *Vienna d'Austria*, 1570, in-4. *v.*

    Titre doublé.

1075. Barlæi (L.) In Hesiodi theogoniam commentarius. *Lugd. Bat.*, 1658, in-8. *v. br.*

1076. Casauboni (H.) De satyrica græcorum poesi et romanorum satyra. *Parisiis*, 1605. —Cyclops Euripidis latinitate donata a Q. Sept. Flor. Christiano. in-8. *parch.*

1077. Clenardi (N.) Institutiones ac meditationes in græcam linguam. 1580, in-4. *v.* —Labbe (Ph.), Græca prosodia. *Parisiis*, 1753, in-8. *v. br,*

1078. Dissertationes selectæ de poetis græcis et latinis, ed. J. Berkelio. *Lugd. in Bat.*, 1707. — Amaranthe. *Paris*, 1715, in-12. *v. br.*

1079. Esope, Fables, trad. par de Bellegarde. *Utrecht*, 1752, 2 vol. in-8. *fig. br.* — Lucien, de la traduction de N. Perrot d'Ablancourt. *Amst.*, *Wolfgang*, 1683, 2 vol. pet. in-8. *v. br.*

1080. Heliodori Æthiopicorum libri X, ed. J. Bourdelotio, gr. et lat. *Lutetiæ Paris.*, 1619, in-8. *v.*

1081. Homeri Ilias, gr. et lat., cum annot. Sam. Clarkii. *Londini*, 1729, in-4. *v.* tom. 1er.

1082. Homere, Iliade, trad. en vers françois par Dobremès. *Paris*, 1783, 3 vol. in-8. *fig. br.*

1083. Hoogeveen (H.), Doctrina particularum græcarum, ed. Chr. God. Schütz. *Dessaviæ*, 1792, in-8. *cart.*

1084. Libanii Sophistæ opera, ed. F. Morello. *Lutetiæ*, 1606-1627, 2 vol. in-fol. *non rel.*

1085. Phalaris, Lettres, trad. par Benaben. *Angers*, 1803,

in-8. *br.* — Discours sur les anciens. *Paris,* 1687, in-12. *v.*

1086. Plutarque, Les vies des hommes illustres, Grecs et Romains , translatées de grec en françois par J. Amyot. *Paris, Vascosan,* 1567, 6 vol. in-8. *mar. r. fil. d. s. tr.* — Plutarque, Œuvres morales, translatées de grec en françois. *Paris, Vascosan,* 1574, 2 tom. en 7 vol. in-8. *mar. r. fil. d. s. tr.*

1087. Prisciani grammatici libri omnes. *Basileæ,* 1554, in-8. *mout.*

1088. Reiske (J. J.), Animadversiones ad græcos auctores. *Lipsiæ,* 1757, 3 vol. in-8. *v.*

1089. Stephani (H.) Dialogus de bene instituendis græcæ linguæ studiis. 1587, in-4. *parch.*

1090. Stephani (Henr.) Thesaurus linguæ græcæ. in-fol. tom. 1, 3, 4.

    Les titres manquent.

1091. Valesii (H.) Notæ et animadversiones in Harpocrationem. *Lugd. Bat.* 1682, in-4. *v. br.*

1092. Xenophontis opera, ed. Ed. Wells. *Oxonii,* 1703, 5 tom. en 7 part. in-8. *br. et v. br.*

    Il manque : *Imperatorum Persicorum series chronologica* 2 feuillets. *Index,* 45 pages.

Langue latine.

1093. Alciati (Andr.) Emblemata cum comment., per Cl. Minoem. *Antverpiæ,* 1581, in-8. *fig. en bois. parch.*

1094. Archithrenius, summa diligentia recognitus. *in œdibus Ascensianis,* 1517. — Nuptiala præcepta sive conjugalia. *Aurelia,* 1513, in-8. *non rel.*

1095. Arresta Amorum, cum B. Curtii Symphoriani explanatione. *Lugduni,* 1538, in-4. *v. br.*

    (*Taché.*)

1096. Ausonius (D. M.), Opera. *Mannhemii,* 1782, in-12, *br.* — Lucanus (M. A.), Pharsalia. *Mannhemii,* 1779, in-12. *br.*

1097. Beza (Théod.), De Francicæ linguæ recta pronuntiatione. *Genevæ,* 1584, pet. in-8. *parch.* — Taubmannus (Fr.) Dissertatio de lingua latina. *Witebergæ,* 1602, pet. in-8. *br.*

1098. Boecleri (J. H.) Dissertationes academicæ. *Argentorati*, 1705, 1751, 3 vol. in-4. *v. f.*

1099. Bonifacii (B.) Rhodigini opera ludicra. *Bruxellæ*, 1656. in-4. *v. br.*

1100. Buchanani (G.) Poemata. 1609, 2 part. en 1 vol. pet. in-8. *v. f. fil.* — Hérissant (L. A. P.), Typographia, carmen. *Parisiis*, 1764, in-4. *br.*

1101. Camerarii (J.), Fungeri (J.) et aliorum de eruditione comparanda in humanioribus, vita, etc., auctorum tractatus, ed Th. Crenio. *Lugd. Bat.*, 1699, in-4, *v.* —Camerarii (J.) Fabulæ Æsopicæ. *Lipsiæ*, 1570, in-8. *parch.*

1102. Carmina illustrium poetarum italorum. *Florentiæ*, 1719, 8 vol. in-8. *br.*

1103. Canteri (G.) Novæ lectiones. *Antverpiæ*, 1571, in-8. *vel.* — Carrionis (L.) Antiquarum lectionum commentarii. *Antverpiæ*, 1576.—Gulielmi (J.) Verisimilia. *Antverpiæ*, 1582. — Ursini (F.) in omnia opera Ciceronis notæ. *Antverpiæ*, 1581, in-8. *vel.*

1104. Caussinus (Nic.), Symboliea Ægyptiorum sapientia. *Parisiis*, 1634.—Ejusdem Polyhistor symbolicus. *Parisiis*, 1634, in-8. *v. f.* — Camerarius (J), Symbolorum et emblematum ex re herbaria desumtorum centuria una. 1590, in-4. *fig. v.*

1105. Cicero, de proprietatibus terminorum. in-4. *gothique. Sans date, non rel.* — Ciceronis Oratoriæ partitiones. *Parisiis*, 1584. — Tabulæ in Ciceronis partitiones oratorias. *Parisiis*, 1573. — Continuatio in partitiones a Frontone Ducæo. 1584, *manuscrit*, in-4. *v.*

1106. Ciceron, Lettres, trad. par Prevost et Mongault, revues par Goujon. *Paris*, 1801, 12 vol. in-8. *br.*

1107. Cleophilus (Oct.), De coetu poetarum. *Mediolani*, 1419 (sic), in-4. *br. (mouillé).*

1108. Cleophilus (Oct.), Libellus de cœtu poetarum ab Ascencio mendis plusculis tersus. *Ex Ædibus Ascensianis*, 1503, in-8. *non rel.*

1109. Conringii (H.) Epistolæ. *Helmes adii*, 1666, in-4. *v. f.*

1110. Crinitus (P.), De honesta disciplina, de poetis latinis, et poemata. *Lugduni*, 1543, in-8. *v. fil. lavé, reglé.* — Verepæi (Sim.) De epistolis latine conscribendis libri V. *Antverpiæ*, 1588, in-8. *dem. rel.*

1111. Desbillons (Fr. Jos.), Fabulæ Æsopiæ. *Wirzburg,* 1789, 2 vol. in-12. *br.* — Phedre, Fables, avec une trad. interlinéaire. *Amst.,* 1769, in-8. *br.*

1112. Epistolæ regum , Principium rerumpublicarum ac sapientium virorum. *Argentinæ,* 1593. — Bonciarii (Ant.) Epistolæ. *Marpurgi Cattorum,* 1604.—Francisci Xaverii epistolæ, ab H. Tursellino in lat. conversæ. *Moguntiæ,* 1600, in-8. *parch.* (*mouillé*). — Schurzfleischii (C. Sam.) Epistolæ arcanæ, cura H. L. Schurzfleischio. *Halæ, Magdeburgicæ,* 1711, in-8. *vel*

1113. Erasmi (Des.) Adagia. *Parisiis,* 1572, in-fol. *v. f. rel. fatig.*

1114. Eremita (Dan.), Panegyrici cum præfatione J. G. Grævii, ed. J. A. Emmrich. *Hilperhusæ,* 1786, in-8. *br.* — Plinio , Panegyrico a Trajano nuovamente trovato e trad. da V. Alfieri. *Parigi,* 1787, in-8. *v.*

1115. Ernesti (Jo. Chr.) De incommodo ex literatis ephemeridibus capiendo. *Vitembergæ ,* 1716, in-4. *br.* — Stipper (J. Dan.), De variis modis litteras colendi apud veteres romanos. *Lipsiæ,* 1716, in-4. *br.*

1116. Ficini (Marsili) Opera. *Basileæ, ex offic. Henric Petrina,* in-fol. *v. br.*

1117. Ferdinandi episcop. Monasteriensis et Paderbornensis poemata. *Parisiis,* 1684, in-fol. *v. br.*

1118. Fabri (Tan.) Epistolæ. *Salmurii,* 1674, 2 tom. en 1 vol. in-4. *v. f.*

1119. Florilegium Epigrammatum Martialis; Jos. Scaliger vertit græce. *Lutetiæ, Rob. Steph.,* 1607, in-8. *parch.*

1120. Fragmenta poetarum veterum latinorum , quorum opera non extant à Rob. Stephano congesta. *Henr. Steph.,* 1564, in-8. *parch.*

1121. Gauerbrei (J.) De foeminarum eruditione. *Lipsiæ,* 1676. — Smalcius (J.), De foeminarum eruditione. *Lipsiæ ,* 1676, in-4. *br.* — Walchius (Chr. G. Fr.), De eruditione laicorum medii ævi. *Ienæ,* 1750, in-4. *br.*

1122. Germonii (Anast.) , Pomeridianæ sessiones. *Augustæ Taurinorum,* 1590, in-4. *parch.* (Avec la signature de J. Ballesdens.) — Cresollii (L.) Vacationes autumnales sive de perfecta oratoris actione et pronunciatione. *Lugd. Paris.,* 1620, in-4. *mout. fleurdelysé.* (*aux armes.*)

1123. Grischow (A.), Introductio in philologiam gene-

ralem, accedit protheoria J. Fr. Buddei. *Ienæ*, 1715 ,
in-12. *cart.* — Magii (H.) Variæ lectiones seu miscellanea.*Venetiis*, 1564, in-8. *vel.*

1124. Gudii (M.) et Cl. Sarravii epistolæ, curante
P. Burmanno. *Ultrajecti* , 1697 , in-4. *v. f.*

1125. Heinsii (Nic.) Adversaria et ejusdem notæ ad
Catullum et Propertium , curante P. Burmanno. *Har-*
lingæ , 1742 , in-4. *v.*

1126. Horatii (Q.) Carmina. *Parisiis*, 1528.— Ejusdem epistolæ,
satyræ, ars poetica. *Parisiis*, 1528. — Catonis disticha, cum scholiis Erasmicis et Bad. , etc. 1526. petit in-8. *v. br.* — Horatii Flacci
poemata, scholiis illustrata. *Lugd.*, 1535, in-8. *v.*

1127. Q. Horatii Flac. Poemata omnia. *Antverpiæ*,
1541. — J. Juvenalis satyræ. *Antverpiæ*, 1541. — A.
Persii satiræ. *Antverpiæ*, 1541, petit in-8. *dem. rel.*

1128. Q. Horatii Flaccii poemata cum scholiis Henr.
Stephani. 1588, *cart.* .

Avec envoi de Sam. Bochart à son petit fils.

1129. Q. Horatii Flacci carmina cum notis Jos. de Jou-
vancy. *Parisiis*, 1696-1697, 3 vol. in-12. *v. br.* —
Q. Horatii Flacci opera, recensuit T. Faber. *Salmu-*
rii, 1671, in-12. *v.*

1130. Horatii Flacci (Q.) poemata, ed. Al. Cuningamius.
Hagæ comitum, 1721, in-8. *v.* — Q. Horatius Flac-
cus, illustratus à J. Bond. *Amstel.*, 1712, petit
in-12. *v.*

1131. Horatii (Q.) Flacci opera omnia, ed. Baden, *Hau-*
niæ, 1795, in-8. *br.*

1132. Q. Horatii Flacci carmina. *Parisiis*, 1808, in-18.
p. p. vel. bas.— Q. Horatii Flacci opera, curante J. P.
Millero. *Berolini*, 1761, in-12. *bas.*

1133. Q. Horatii Flacci opera, ed. C. Fea. *Romæ*, 1811,
2 vol. in-12. *bas.*

1134. Horatii (Q.) Flacci opera omnia poetica. *Halæ*,
1816, in-8. *br.*

1135. Q. Horatii Flacci opera, cum annotationibus J. H.
Jaeck. *Vinariæ*, 1821, in-12. *br.*

1136. Chabotii (P. G.) Expositio in universum Q. Horatii
Flacci poema. *Parisiis*, 1582, pet. in-8. *cart.* — Klot-
zii (Chr. Ad.) Vindiciæ Q. Horatii Flacii.*Bremæ*, 1764,
in-8. *br.*

1137. Horace, Œuvres en lat. et en franç., par de M

rolles. *Paris,* 1660, 2 vol. in-8. *v.* — Horace, Essai d'une nouv. trad. en vers françois. *Amst.,* 1727, pet. in-8. *v.*

1138. Horace, OEuvres, traduction littérale. *Paris,* 1787, 2 vol. in-8. *br.*

1139. Horace, OEuvres, trad. en franç. par Dacier et Sanadon. *Amst.,* 1735, 8 vol. in-12. *bas.*

1140. Horace, Poesies, trad. par Batteux. *Lyon,* 1802, 2 vol. pet. in-12. *bas.* — Traduction des odes et de l'art poetique en vers. *Paris,* 1812, in-12. *br.* — OEuvres lyriques, trad. en vers, par P. Fr. Lavau. *Versailles,* 1810, in-12. *br.* — Traduction des odes, par E. A. de Wailly. *Paris,* 1817, in-18. *pap. vél. cart.*

1141. Hospitalii (Mic.) Epistolæ. *Lutetiæ,* 1585, in-fol. *parch.*

1142. Illustrium et clarorum virorum epistolæ selectiores. *Lugd. Bat.,* 1617, in-8. *v.*

1143. Juvenci (C.), C. Sedulii Aratoris sacra poesis. *Genevæ,* 1538. — Psalterium universum carmine elegiaco redditum per H. Eobanum hessum. *Parisiis,* 1548. — Juvenci Historia evangelica versu heroico descripta. *Parisiis,* 1545. — Poemata Fr. Hænii. *Antverp.,* 1578, pet. in-12. *cart.*

1144. Juvenalis (D. J.) et Auli Persii sætyræ, cum notis. *Cantabrigiæ, Sandby,* 1763, in-8. *fig. br.*

1145. Kulpis (J. G. de) Dissertationes academicæ, cum præfatione Schilteri. *Argentorati,* 1705, in-4. *v. f.*

1146. Lebeau (C.), Opera latina. *Parisiis,* 1782, 3 vol. in-8. *v.* — Lebeau (C.), Carmina. *Parisiis,* 1782, in-8. *br.*

1147. Lectii (Jac.) Orationes. *Genevæ,* 1615. — Ejusdem poemata varia. 1609, in-8. *parch.*

1148. Lectissima carmina latina (H. Mauri, Rob. Lowth, Spir. Flechierii et P. Maki), ed. J. A. Weissenbach. *Basileæ,* 1782, in-8. *br.*

1149. Leukfeld (J. Chr.), De præmiis veterum sophistarum, rhetorum atque oratorum. *Jenæ,* 1719, in-4. *br.* — Fritzschius (M. S.), De præcipuis iisdemque antiquioribus literarum statoribus ac mæcenatibus. *Vitembergæ,* 1736, in-4. *br.*

1150. Lucani (M. Ann.) Pharsalia, cum notis Lamberti Hortensii. *Basileæ,* 1578, in-fol. *v. br.*

1151. Lucrezio (T.), Della natura delle cose, trad. da Al. Marchetti. *Londra,* 1717, in-8. *v. f. fil. d. s. tr.*

1152. Lycosthenis (C.) Apophtegmata ex græcæ latinæ
que linguæ scriptoribus collecta. *Lugduni*, 1614, in-8.
parch. — Lycosthenis (C.) Similium loci communes,
cum Th. Zuingari similitudinum methodo. *Basileœ*,
1575, in-8. *v.*

1153. Manilii (M.) Astronomicon, ex recensione et cum
notis R. Bentleii. *Londini*, 1739, in-4. *fig. br.*

1154. Mantuani (B.) Opera secunda pars. *Lugd.*, 1530,
in-8. *cart.* — Mantuani (B.) Opera ultima pars. *Lugd.*
1516, 2 tom. en 1 vol. in-8. *br.* (*mouillé*).

1155. Manutii (Paulli) in M. Tullii Ciceronis orationum
liber tertium. *Venetiis, apud Aldum*, 1579, in-fol.
parch. — Manutii (P.) in M. T. Ciceronis orationes
commentarius. *Coloniœ Agripp.*, 1579, in-8. *vel.*

1156. Marciani, Poema de situ orbis, gr. lat. *Lutetiœ*, 1606. —
Morelli (Fed.) Alexander Severus, tragœdia. 1600. — J. M. Toscani
Peplus Italiæ. *Lutetiœ*, 1578. — Sussanei (H.) Ludorum libri. *Parisiis*, 1538, (avec la signature de Baluze). — D. Erasmi Comment. in
nucem Ovidii et in duos hymnos Prudentii. *Parisiis*, 1539. — Alcimi
Opuscula. *Lipsiæ*, 1604. — Al. Bodii Epistolæ, heroides et hymni.
Antverpiœ, 1592, in-8. *cart.*

1157. Martialis (M. V.) Epigrammata. *Mannhemii*, 1782,
2 vol. in-12. *br.* — Juvenalis (D. J.) Satyræ, ex recens.
H. Chr. Henninii. *Mannhemii*, 1781, in-12. *br.*

1158. Menagii (Æg.) Miscellanea. *Parisiis*, 1652, in-4.
v. br.

1159. Monet (Philib.), Invantaire des deus langues françoise et latine. *Lyon*, 1636, in-fol. *v.*

1160. Moratæ (O. F.) Opera. *Basileœ*, 1570, in-8. *parch.*
— Sepulvedæ (J. G.), Opera. *Parisiis*, 1541, in-8.
parch.

1161. Morhofii (D. G.) Dissertationes academicæ et epis-
tolicæ, ed. J. B. Maio. *Hamburgi*, 1699, in-4. *vel.*

1162. Morus (Th.), Lucubrationes. *Basileœ*, 1563,
in-8. *v.* — Nannius (P.), Miscellanea. *Lugduni*, 1548,
pet. in-8. *v. br.*

1163. Mureti(M. A.) etJohannis. Secundi Juvenilia. *Lugd.*
Bat. (*Barbou*), 1756, in-12. *br.*

1164. Meursii (J.) Exercitationes criticæ. *Lugd. Bat.*,
Elzev., 1599, 2 part. en 1 vol. in-8. *parch.* — Tollii
(Jac.) Fortuita. *Amst.*, 1687, in-8. *v.*

1165. Noctes mormantinæ sive J. Bachelti opuscula.
Parisiis, 1651, in-4. *v.*

1166. Oratoriæ artis epitoma vel quæ brevibus ad consummatum spectant oratorem et in super et perquam facilis memoriæ artis modus Jacobi Publicii lucubratione in lucem editus. *Venetiis*, 1485, *fig. en bois.*—J. de Sacrobusto sphericum opusculum G. Purbachii etc. 1485—Aviani compotus. *gothique*, in-4. *v.*

1167. Ovide, OEuvres, trad. en franç. par J. Ch. Poncelin. *Paris*, an VII, 7 vol. in-8. *br.*

1168. Ovidio, le metamorfosi ridotte da G. Andrea dall'Anguillara, con annotationi di G. Horologgi. *Venetia*, 1588, in-4. *fig. en bois. v.*

1169. Petiti (Sam.), Miscellanea. *Parisiis*, 1630.—Ejusdem Eclogæ chronologicæ. *Parisiis*, 1632. — Ejusdem Variæ lectiones. *Paris*, 1632, in-4. *mout.* — Ejusdem Observationes. *Parisiis*, 1642, in-4. *v. f.*
Ex. de d'Ansse de Villoison.

1170. Phitelfi (Fr), Orationes cum quibusdam aliis episdem operibus. (*Mediolani* circa 1481) in-4. *goth. parch.*

1171. Pithoei (P.), Adversaria subseciva *Parisiis*, 1565, in-8. *parch.*—Ejusdem Opera sacra juridica, historica, miscellanea. *Paris.*, 1609, in-4. *v.*

1172. Pogii facetiarum liber. *Jehan Petit*, 1509, in-8. *non rel.*

1173. Plaute, Comédies, trad. par Gueudeville. *Leide*, 1719, 8 vol in-12. *v. br.*

1174. Plaute, OEuvres en lat. et en franç.. trad. par L. P. de Limiers. *Amsterdam*, 1719, 10 vol. in-12. *v. br.*

1175. Rami (P.), Brutinæ quæstiones. *Parisiis*, 1549. — Ejusdem Rhetoricæ distinctiones. *Parisiis*, 1549. — Talæi (Aud.), Dialecticæ prælectiones in Porphyrium. *Parisiis*, 1547.— Macrini (Sal.), Epitome vitæ D. N. Jesu Christi. *Parisiis*, 1549. — Ciceronis Epistolæ selectæ. *Parisiis*, 1549. — Nicandri colophonii alexipharmaca gr. J, Gorrœo interprete. *Parisiis*, 1549, in-8. *parch. piq. de vers.*
Ex. de d'Ansse de Villoison.

1176. Reinesius (Th.), Epistolæ. *Ienæ*, 1670, in-4. *dem. rel.*

1177. Rollenhagius (G.), Nucleus emblematum selectissimorum. *Coloniæ e museo cœlatorio crisp. Passœi.* in-4. *v.* (2 *feuillets déchirés.*) — Reusnerus (Nic.), Symbolorum imperatoriorum classis prima. *Francof.*, 1588, in-8. *parch.*

1178. Sammarthani (Scevolæ), poemata. *Lutetiæ*, 1629, in-4. *parch.*

1179. Sarbievii (M. C.), Lyrica Epodon et epigrammata. *Autverp.*, 1632. in-4. *v. f.*

1180. Scioppii (C.) Suspectæ lectiones. *Amst.*, 1664. — Priapeia, cum commentariis G. Schoppii, J. Scaligeri et notis Fr. Lindenbruch. *Patavii*, 1664, in-8. *vel.*

1181. Seizii (Jos.), Clavis anterioris Æneidos Itinera Æneæ notis et tabulis reserans. *Halæ Suevorum*, 1657, in-4. *parch.*

1182. Selecti normaniæ flores. 1789. (Avec un supplément manuscrit). in-8. *br.*

1183. Sénèque, OEuvres, trad. par de Lagrange. *Tours*, an III, 8 vol. in-8. *br.*.

1184. Statii (P. P.) opera, ex recensione Gronovii. *Mannhemii*, 1782, 2 vol. in-12. *br.* — Claudiani quæ extant. *Amst.*, 1688, in-18. *br.*

1185. Stephani (Henr.) Epistolia, dialogi breves, oratiunculæ, poematia. 1577, in-8. *non rel.*

1186. Sylloge epistolarum varii argumenti. *Norimbergæ*, 1760, 6 vol. in-8. *v.*

1187. Symmachi Epistolæ, ed. G. Scioppio. *Moguntiaci*, 1608, in-4. *v. f.*

1188. Terentii (P.) Comediæ, cum comment. St. Riccii. *Lipsiæ*, 1575, 3 vol. petit in-8. *v. br.*

1189. Terentii Afri (P.) Comædiæ, cum commentariis. *Londini*, 1751, 2 vol. in-8. *fig. br.*

1190. Terentii (P.) Comediæ sex. *Mannhemii*, 1788, 2 vol. in-12. *br.* — Terence, Comédies, trad. par Le Monnier. *Dresde*, 1767, 2 vol. in-12. *br.*

1191. Vanierii (Jos.) Prædium rusticum. *Wirzbourg*, 1788, 2 vol. in-12. *br.*

1192. Vavassor (Fr.), de Ludicra dictione. *Lut. Paris.*, 1658, in-4. *v. br.*

1193. Vidæ (M. H.) Poemata omnia, curantibus J. Ant. et C. Vulpiis. *Patavii*, 1731, 2 vol. in-4. *br.*

1194. Virgilii Bucolica, Georgica et Æneis. *Londini Sandby*, 1750, 2 vol. in-8. *fig. br.*

1195. Virgilii (P.) Maronis sybilla capitolina, cum interpretatione et notis. *Oxonii*, 1726, in-8. *br.* — Virgile, traduction de l'Eneide par de Segrais. *Lyon*, 1736, 2 vol. in-8. *dem. rel.*

1196. Vorstius (J.), de latinitate selecta et vulgo fere neglecta. *Berolini* , 1718 , in-8. *dem. rel.* — De latinitate falso suspecta. *Lipsiæ* , 1722 , in-8. *dem. rel.*

1197. Vossius (G. J.), de logices et rhetoricæ natura et constitutione. *Hagæ comitis* , 1658 , in-4. *v. br.* — Spera (P. A.), De nobilitate professorum grammaticæ et humanitatis utriusque linguæ. *Neapoli*, 1641, in-4. *v.*

1198. Vulpius (J. A.) , De satiræ latinæ natura et ratione, ejusque scriptoribus qui supersunt Horatio , Persio , Juvenale. *Patavii*, 1744, in-8. *v.*

1199. Wasius (Chr.), Senarius sive de legibus et licentia veterum poetarum. *Oxonii*, 1687, in-4. *v. f.*

1200. Withofius (J. Hild.), Specimen emendationum ad Guntheri Ligurinum. *Duisburgi ad Rh.*, 1755, in-4. *v.*

Langue française.

1201. L'abbé à sa toilette. *Londres*, 1717, in-18. *v. fil. d. s. tr.*

1202. Almanach des cocus ou amusemens pour le beau sexe, pour l'année MDCCXLII. *Constantinople* , 1742, in-12. *br.*

1203. Almanach des Grâces. 1789, 1791. *Paris*, in-18. *br.* — Étrennes de Polymnie, 1787, 1788, 1789, in-18. *br.*

1204. Almanach des Muses. 1765 à 1779, 1788. An VII. Petit in-12. *dem. rel.* et *br.*

1205. Almanach du diable pour 1737. *Aux enfers*, in-12. *v. br.*

1206. L'amour chez les philosophes. *La Haye*, 1748, 2 vol. *fig.* — Periers (Bon. des), Contes. *Amst.*, 1735, tom. 1. pet. in-12. *cart.*

1207. Amusemens du beau sexe. *Amst.* 1773, 8 vol. pet. in-12. *v.*

1208. Anecdotes. in-8. *Manuscrit.*

1209. Anecdotes dramatiques. *Paris* , 1775, 3 vol. in-8. *v.*

1210. Anecdotes ou histoire secrette de la maison otto-mane. *Amst.*, 1722 , 4 tom. en 2 vol. in-12. *v. br.* —

(99)

Neraïr et Melhoë (par de Blanes), 60. 2 tom. en 1 vol.
in-12. *v.* — Atalzaide, 1745, in-12. *v.*

1211. Annales poétiques ou Almanach des Muses, depuis
l'origine de la poésie françoise. *Paris*, 1778-1788, 40
vol. pet. in-12. *dem. rel.* et *br.*
(Le tome 36 manque).

1212. Anseaume, Théâtre. *Paris*, 1766, 3 vol. in-8. *v.*

1213. Apologie des anciens historiens et des troubadours
ou poètes provençaux. *Avignon*, 1704. — Remarques
sur l'histoire, la poésie françoise. 1706. — Traicté de la
solitude. *Paris*, 1631.—Les Satyres de Courval. *Rouen*,
1627, in-12. *v. br.*

1214. Auger (Ath.), OEuvres posthumes. *Paris*, 1802,
in-8. *br.* tom. 1, 2, 4 à 8, 10.

1215. Autreau, OEuvres. *Paris*, 1749, 4 vol. in-12. *v.*

1216. Aventures d'Abdalla. *Paris*, 1773, 2 vol. in-12. *fig.*
v. — Amours d'Alzidor et de Charisée. *Amst.*, 1751,
2 part. en 1 vol. in-12. *v. f.*

1217. Balzac (de), OEuvres diverses. *Paris*, 1646, in-4 *v.*
br.

1218. Banier, La Mythologie et les Fables expliquées par
l'histoire. *Paris*, 1738, 8 vol. in-12. *v.*

1219. Barclay, L'Argenis, trad. par Josse. *Chartres*, 1732,
3 vol. in-12. *v. br.*

1220. Bartas (G. de Saluste du), Première sepmaine ou
Création du monde. *Rouen*, 1616, in-12. *parch.* —
Bartas (G. de Saluste du), La seconde sepmaine et sui-
vantes. *Paris*, 1603, 3 vol. in-12. *v. f.* — Bartas (G. de
Saluste du), OEuvres poétiques. 1608. pet. in-12.
parch.

1221. Baudouin (J.), Recueil d'emblêmes avec des discours moraux, philosophiques et politiques. *Paris*,
1638, in-8. *fig. v.*

1222. Bellay (Joac. de), OEuvres françoises. *Lyon*, 1575,
in-8. *parch. d. s. tr.* (quelques feuillets mouillés).

1223. Belleforest (Fr.), Histoires tragiques. *Lyon*, 1583-
1616. tomes 4, 5, 6. in-18. *parch.*

1224. Berger (le), extravagant (par Ch. Sorel). *Rouen*,
1646. 2 part. en 1 vol. in-8. *parch.* — Berger (le) fidelle. *Paris*, 1637, in-8. *v. f.*

1225. Bibliothèque des enfans ou les premiers élémens
des lettres. *Paris*, 1733 (tom. 1, 3, 4.). in-4. *v.*

1226. Bibliothèque des petits maîtres ou mémoires pour servir à l'histoire du bon ton et de l'extrêmement bonne compagnie. 1742, in-12. *br.* — Chronique burlesque ou recueil d'histoires divertissantes et d'aventures comiques. *Londres*, 1742, pet. in-12. *br.*

1227. Bibliothèques françoises de La Croix du Maine et Du Verdier, nouv. édit., revue par Rigoley de Juvigny, *Paris*, 1772, in-4. *br.* tom. 1 et 2.

1228. Bibliothèque poétique. *Paris*, 1745, 4 vol. in-4. *v.*

1229. Boissy (de), OEuvres. *Amst.*, 1768, 8 vol. in-12. *bas.*

1230. Boucher, Roman des oyseaux. *Paris*, 1661, in-8. *parch.* —Boucher (P.). Le bouquet sacré. *Rouen*, 1656. — Tasso, Lettere familiari. *Venetia*, 1588, 2 vol. in-8. *cart.*

1231. Bouillon (de), OEuvres. *Paris*, 1663.—De Lorme (T.), La muse nouvelle. *Lyon*, 1665.—Pièces diverses. *Paris*, 1672, 2 part. in-12. *cart.*

1232. Bouvelles (Ch. de), Proverbes et dicts sententieux, avec l'interpretatiō d'iceux. *Paris*, 1557, in-12. *non rel. ni rogné.*

1233. Brumoy, Recueil de divers ouvrages en prose et en vers. *Paris*, 1741, 4 vol. in-8. *v.*

1234. Bullet, Mémoires sur la langue celtique. *Besançon*, 1754, in-fol. *v.* tome 1er.

1235. Campistron, OEuvres. *Paris*, 1750, 3 vol. in-12. *dem. rel. non rogné.*

1236. Camus (J. P.), Ev. de Belley, les évènemens singuliers. *Paris*, 1660, in-8. *v.*

1237. Camusiana ou pièces fugitives lat. et fr., tant en prose qu'en vers par M. Ant. Lecamus. in-4. *v.* Manuscrit.

1238. (Carmontel), Proverbes dramatiques. *Neufchatel*, 1783, 6 vol. in-8. *br.*

1239. Cassandre, *Paris*, 1731, 10 vol. in-12. *v.*

1240. Caylus (de), OEuvres badines complettes. *Paris*, 1787, in-8. *fig. non rel.* tom. 2, 3, 4, 5, 6, 7, 8, 9, 11, 12. — Caylus (de), De l'ancienne chevalerie et des anciens romans. *Paris*, 1813, in-8. *br.*

1241. Chamfort, OEuvres complettes. *Paris*, 1812, 2 vol. in-8. *br.*

1242. Chefs-d'œuvre dramatiques, ou Recueil des meilleures pièces du Théâtre françois, avec des remarques par Marmontel. *Paris*, 1773, 2 vol. in-4. *br.*

1243. Choix de poésies légères. *Nyon*, 1783, in-12. *br.*
— Contes nouveaux et nouvelles nouvelles en vers. *Anvers*, 1753, in-8.

1244. Clément, Lettres (9) à Voltaire. *Lahaye*, 1773-1776, 4 vol. in-8. *v.* — Le même, de la tragédie. *Amst.*, 1784, 2 vol. in-8. *v.* — Le même, Satyres. *Paris*, 1786, in-8. *v.*

1245. Colardeau, OEuvres. *Paris*, 1779, 2 vol. in-8. *v. fil.*

1246. Collection d'héroides et pièces fugitives, par Dorat, Colardeau et autres. *Francfort*, 1771, 10 vol. in-12. *br.*

1247. Collection de poètes imprimée par Coustelier, La légende de P. Faifeu. *Paris*, 1723. — OEuvres de Jean Marot. 1723. — Poésies de Martial d'Auvergne. 1724, 2 vol. — Poésies. de G. Coquillart. 1723. — Poésies de G. Crétin. 1723. — OEuvres de Fr. Villon. 1723. — Farce de Pathelin. 1723, 8 vol. pet. in-8. rel. en 7. *v.*

1248. Contes moraux et nouvelles idylles de D.. et Sal. Gessner, *avec fig. dessinées et gravées par Sal. Gessner. Zurich*, 1773, in-4. *br.*

1249. Coquillart (G.), Poésies. *Paris*, 1723. — Sanlecque, Poésies. in-12. *vel. vert.*

1250. Corneille (T.), OEuvres. *Paris*, 1758, 9 vol. pet. in-12. *v.* — Corneille (P. et Th.), Chefs-d'œuvre, avec des notes de Voltaire. *Paris*, 1771, 3 vol. in-12. *v.*

1251. Crébillon, Le Triumvirat. *Paris*, 1755, in-12. *mar. r. fil. d. s. tr.* — Debora, tragédie chrétienne. *Paris*, 1706, in-12. *v. br.* — Barbier (Mlle), Théâtre. *Paris*, 1745, in-12. *v.*

1252. Cretin (Guil.), Poésies. *Paris, Coustellier*, 1723, in-12. *v.*

1253. Cubières (de), Les états généraux de l'Europe, poème. *Paris*, an II. — Mittié, la prise de Toulon, en un acte. *Marseille*, an II. — Fabre d'Olivet, le quatorze juillet 1789, en un acte. *Paris*. — Charles II en certain lieu, en 5 actes. 1789. — Le clergé dévoilé ou les États-généraux de 1303, tragédie. *Paris*, in-8. *dem. rel.* — Cour (la) plénière, héroï-tragi-comédie. in-8. *br.* — L'émigré en 1794, drame. *Paris*, 1820, in-8 *br.*

1254. **Delaudun (P.)**, La Franciade. *Paris*, 1604, pet. in-12. *non rel.* — Ode sur les conquestes du roy. *Paris*, 1673. — Ode françoise de Senecé, mise en latin par Boutard. — Ars jocandi. *Parisiis*, 1698, et autres pièces. in-8. *v. br.* — Barthelémy et Mery, Napoléon en Égypte. *Paris*, 1828, in-8. *br.*

1255. **Délices (les) du cloitre, ou la none éclairée.** *Paris*, 1737, in-12. *br.*

1256. **Delille (Jac.), L'homme des champs.** in-8. *fig. br.* — Les trois règnes de la nature. *Paris*, 1808, 2 vol. in-8. *fig. br.*

1257. **(Deslandes), Réflexions sur les grands hommes qui sont morts en plaisantant.** *Amst.*, 1712, in-12, *v. br.*

1258. **Le Désespoir amoureux.** *Amst.*, 1715. — Riccoboni, l'Italien marié à Paris, comédie. *Paris*, 1717. — Le miroir de patience, ou la misère des clercs de procureurs.—Lettre des PP. capucins au p. Le Tellier, à *Monomotapa*, 1716, in-12. *parch.*

1259. **Destouches (Nericault), OEuvres dramatiques.** *Paris*, 1758, 10 vol. pet. in-12. *v.*

1260. **Deux dialogues du nouveau langage françois italianizé, et autrement desguizé.** — Dobert (Ant.), Récréations litérales et mystérieuses. *Lyon*, 1650, in-12. *cart.*

1261. **Dorat.** Coup d'œil sur la littérature. *Paris*, 1780, 2 vol. in-8. *v.* — Lettre de Barnevelt. Lettre de Zeila. Lettre de Philomèle, etc. in-8. *v.* — Mélanges de poésie. *Paris*, 1776, in-8. *br.* — Merlin bel esprit, comédie. *Paris*, 1780, in-8. *br.* — Mes nouveaux torts. *Paris*, 1775, in-8 *v.* — Pierre le Grand, tragédie. *Paris*, 1779, in-8. *br.* — Zoramis, tragédie. *Paris*, 1780, in-8. *br.*

1262. **Dorat, Recueil de diverses pièces.** 3 vol. in-8. *v. d. s. tr.*

1263. **Ecrit sur l'ancienne langue Gauloise.**—Traitté de la noblesse. — Ecrit sur le droit canon. in-4. *v. br.* Manuscrit.

1264. **Elite de bons mots, pensées, etc., tant en prose qu'en vers.** *Amst.*, 1747, 2 vol. in-12. *br.*

1265. **Emportements (les) amoureux de la religieuse étrangère.** *La Haye*, 1707, in-12. *v. br.*

1266. **Encyclopédie littéraire, par C.** *Paris*, 1772, 3 vol. in-8. *v.*

1267. **Entretiens de M. de Voiture et de M. Costard.** *Paris*, 1655, in-4. *v. br.* — Costar, Apologie à M. Ménage. *Paris*, 1657, in-4. *v.*

1268. **Étourdie (l'), ou Histoire de Betsy Tatless.** *Paris*,

1754, 2 vol. in-12. *v.* — L'École de l'amitié. *Amst.*,
1757, 2 part. en 1 vol. in-12. *v.*

1269. Les Étrennes de l'Institut national. *Paris.* An VII.
in-12. *br.*

1270. Fables orientales et Poésies diverses, par B. *Aux
Deux-Ponts*, 1772, 3 part. en 1 vol. in-8. *v.* — Bibliothèque des génies et des fées. *Paris*, 1765, 2 vol.
in-12. *v.*

1271. Fagan, Théâtre et autres œuvres. *Paris*, 1760, 4
vol. in-12. *v. fil.*

1272. Femme docteur (la), ou la Théologie tombée en
quenouille, comédie (par Bougeant). — Le Saint déni-
ché ou la banqueroute des marchands de miracles
(par le même). — Apologie de Cartouche ou le scélérat
justifié par la grâce du P. Quesnel (par le P. Patouillet).
in-12. *v.*

1273. Fénélon, Aventures de Télémaque. *Paris, de l'Imprimerie de Monsieur*, 1785, 2 vol. gr. in-4. *fig. pap.
vél. br.*

1274. Fleury, Traité du choix et de la méthode des études. *Paris*,
1687, in-12. *v.* — Gibert, Rhétorique ou les règles de l'éloquence.
Paris, 1749, in-12. *v.* — André (le P.), Essai sur le beau. *Amst.*,
1767, in-8. *br.* — Réflexions sur l'usage présent de la langue françoise.
Amst., 1715, pet. in-12. *br.*

1275. Lafontaine (J. de), Fables. *Lausanne*, 1692, 4 vol.
in-8. *fig. cart.*

1276. Lafontaine (J. de), Fables avec fig. de Fessard,
texte gravé. *Paris*, 1765-1775, 6 vol. in-8. en livrai-
son.

1277. Freret, Œuvres complètes. *Paris*, 1796, 20 vol.
in-18. *br.*

1278. Genlis (Mme de), Adèle et Théodore. *Paris*, 1782, 3 vol.
in-8. *v.* — Annales de la vertu. *Paris*, 1781, 2 vol. in-8. *v.* — Théâtre à l'usage des jeunes personnes. 1779-1780, 4 vol. in-8. *v.* —
Théâtre de société. *Paris*, 1781, 2 vol. in-8. *v.* — Veillées du château. *Paris*, 1784, 3 vol. in-8. *v.* — Arabesques mythologiques. *Paris*, 1810, in-12. *fig. bas.* — Arabesques mythologiques. *Paris*, 1811,
in-8. *fig. color.* tom. 2.

1279. Gessner, Idylles et poèmes champêtres, trad. par
Huber. *Lyon*, 1662. — Histoire amoureuse de Pierre
le Long et de Blanche Bazu. 1765, in-12. *v.*

1280. Gherardi, Théâtre italien. *Paris*, 1700, 6 tom.
en 12 vol. pet. in-12. *v.* — Nouveau théâtre italien.
Paris, 1733, 9 vol. in-12. *v.*

1281. Gordon de Percel, De l'usage des romans. *Amst*, 1734, 2 vol. in-12. *v*.

1282. Gautruche, Nouvelle histoire poétique. *Paris*, 1738, in-12. *v. fil.* — Chompré, Dictionnaire abrégé de la fable. *Paris*, 1811, in-18. *br*.

1283. Grandval, Essai sur le bon goust en musique. *Paris*, 1732. — Le nouveau Tarquin, comédie. — Éloge de quelque chose, dédié à quelqu'un. *Paris*, 1730. — Le complaisant, comédie. *Paris*, 1733, in-12. *v*. — Grandmaison, La petite guerre. *Francfort*, 1758. — L'Ascanius moderne, trad. de l'angl. *Édimbourg*, 1762, 2 part. — Les bonnets ou Talemik et Zinera (par Mahiol). *Paris*, 1765, in-12. *v*.

1284. Guyot de Merville, Œuvres de théâtre. *Paris*, 1766, 3 vol. in-12. *v*.

1285. Hauteroche (de), Œuvres de théâtre. *Paris*, 1742, 3 vol. in-12. *v*.

1286. Histoire de Celimaure et de Félismene. *Paris*, 1675, 2 vol, in-8. *v*.

1287. Histoire de la vie de ***, écrite par lui-même, suivie de la vie d'Effendi-Mehemet, trad. du persan. in-4. *v*.

   Manuscrit.

1288. Histoire de L. Anniaba, roi d'Essenée. *Paris*, 1740. — Decrues (J. B.), Entretiens de Théandre et d'Isménie. *Paris*, 1687. — Les sangsues ou les mallotiers dans le bourbier. *Paris*, 1716, in-12. *cart*.

1289. Histoire de mademoiselle de Salens, par Mme (de Lintot). *La Haye*, 1740, 2 vol. in-12. *v. f.* — Mémoires en forme de lettres (par Mme de St-Aubin). *Paris*, 1765, 2 vol. in-12. *mout. v. fil.* — Année galante ou les intrigues secrètes du marquis de L. *Paris*, 1785, in-12. *br*.

1290. Histoire de Tiran le Blanc, trad. de l'espagn. *Londres*, 2 vol. in-8. *v*.

1291. Histoire des rats. *Ratopolis*, 1737. — Lettre à M** sur son histoire des rats, avec la réponse de l'auteur. *Ratopolis*, 1737. — Limiers, Histoire de l'académie de Boulogne. *Amst.*, 1733. — Castrensis (A.R.), Philomelia. *Florentiæ*, 1628. — Goujet, De l'état des sciences en France depuis la mort de Charlemagne jusqu'à celle du roi Robert. *Paris*, 1737, in-8. *cart*.

1292. Histoire et plaisante cronicque du petit Jehan de Saintré, de la jeune dame des Belles Cousines, sans autre nom nommer. *Paris*, 1724, 3 vol. pet. in-12. *v. br*.

1293. Hotmans, Opuscules françoises. *Paris*, 1616, in-8. *v. br.* — Levaillant de la Bassardries d. l. c. d. J.

L'Accord de la grâce et de la liberté, poème. *Tournay*, 1740, in-4. *v.*

1294. Illyrine ou l'Écueil de l'inexpérience, par G. de Morency. *Paris*. An VII. 3 vol. in-8. *dem. rel.*

1295. Joujou (le) des demoiselles, augmenté de plusieurs contes de M. V. *Londres*, 1782, in-8. *br.*

1296. Journal amoureux d'Espagne. *A la Sphere*, 1675, in-12. *vél.*

1297. Jugement et censure de la doctrine curieuse de Fr. Garasse. *Paris*, 1623, in-8. *v.*

1298. Lagrange Chancelle (de), Les Philippiques. in-4. *cart.*
    Manuscrit.

1299. Lamothe Levayer, De la Vertu des Payens. *Paris*, 1647, in-4. *v.*

1300. Lauraguais (L. B.), Lettres contenant des jugemens sur l'abbé de Voisenon, Une Conversation de Champfort sur Sieyes, etc. *Paris*, 1802, in-8. *dem. rel. dos de m. r.*

1301. Le Camus de Mézières, Mes Délassemens ou Recueil de différentes petites pièces jouées et chantées en société. *Paris*, 1771, in-4. *v.*
    Manuscrit.

1302. Legrand (M. A.), OEuvres. *Paris*, 1770, 4 vol. in-12. *v.*

1303. Lenglet Dufresnoy, L'Histoire justifiée contre les romans. *Amst.*, 1735, in-12. *br.* — Entretiens sur divers sujets d'histoire et de religion. *Londres*, 1770, in-12. *br.*

1304. Le Rebours, Observations sur les manuscrits de Dumarsais. *Paris*, 1760. — Platon, Le premier Alcibiade, trad. par Lefèvre. *Amst.*, 1766. — Lettre sur la nécessité de faire entrer un cours de morale dans l'éducation publique. *Paris*, 1762. — Le Cosmopolite (par Rebelleau). 1760. — De Premontval, La Monogamie. *La Haye*, 1751. — Les Sensibles regrets des jésuites (Chanson). 1737, in-12. *v. fil.*

1305. Lettres sur les ouvrages et le caractère de J.-J. Rousseau (par Madame de Staël). 1789. — Réponse aux Lettres sur le caractère et les ouvrages de J-J. Rousseau (par de Champcenets). 1789. — Réponse à l'ouvrage de Madame de S. sur Rousseau (par de Rivarol), etc., in 8. *br.*

1306. Lettres athéniennes. *Londres (Paris)*, 1771, 4 tom. en 2 vol. in-8. *v.*

1307. Linguet, Annales politiques, civiles et littéraires du dix-huitième siècle. *Lausanne*, 1788, 9 vol. in-8. *br.*

1308. Lorret, La Muse historique, livres III à VII, X à XIV. 1652 à 1658, 3 vol. in-fol. *cart.* et *parch.*

1309. Loterie (la) d'Amour ou la métamorphose de Philis en amour. *Paris*, 1661, in-12. *parch.* — La Lecture ambulante ou les amusemens de campagne. Juin à décembre 1702. *Paris*, in-12. *v.* — Morale (la) des sens ou l'homme du siècle. *Londres*, 1781, in-12. *br.*

1310. Luneau de Boisgermain, Commentaires sur les OEuvres de Racine. *Paris*, 1768, 3 vol. in-12. *v.* — Olivet (d'), Remarques de grammaire sur Racine. *Paris*, 1738, in-12. *v.* — Le Franc, Lettre à L. Racine sur le théâtre en général et les tragédies de J. Racine en particulier. *Paris*, 1755. — Examen des Poésies sacrées de Lefranc. *Paris*, 1755, pet. in-12. *v.*

1311. Mably, Collection des œuvres complettes. *Paris*, 1794, 15 vol. in-8. *br.*

1312. Maintenoniana, par B. de B. *Amst.*, 1773, in-8. *br.*

1313. Manière (de la) d'apprendre les langues. *Paris*, 1768, in-8. *br.* — Manuel lexique. *Paris*, 1750, 2 vol. in-8. *v.*

1314. Marivaux (de) : Comédies. *Paris*, 1732, 2 vol. in-12. *v.* — Vie de Marianne. *Paris*, 1781, 3 vol. in-12. *v.* — Esprit de Marivaux. *Paris*, 1769, in-8. *v.*

1315. Marmontel : Bélisaire. *Paris*, 1767, *pap. de Holl.* — Pièces relatives à Bélisaire, 5 cah. *Amst.*, 1767, in-8. *v. fil. d. s. tr.* — Les Incas. *Berne*, 1777, 2 vol. in-8. *fig. br.* — Mémoires. *Paris*, 1804, 4 vol. in-8. *cart.*

1316. Marot (Cl.), OEuvres. *La Haye*, 1702, 2 vol. in-12. *v. br.*

1317. Martial d'Auvergne, Poesies. *Paris, Coustelier*, 1724, 2 vol. in-12. *v. br.*

1318. Mémoires de l'académie des colporteurs. 1748, pet. in-8. *fig. v.* — Mémoires de l'académie de ces dames et de ces messieurs. *Paris*, 1776, 2 tom. en 1 vol. in-12. *bas.*

1319. Mémoires pour servir à l'histoire de la calotte. 1752, 6 part. en 3 vol. in-12. *v. fil.* — Mémoires pour servir à l'histoire de la calotte. *Basle*, 1725, 2 part. en 1 vol. in-8. *v. f.* (Les noms sont remplis.)

1320. Mercier : Mon bonnet de nuit. *Neuchatel*, 1784, 2 vol. in-8. *br.* — De la littérature et des littérateurs.

Yverdon, 1778, in-8. *br.* — Du théâtre ou nouvel essai sur l'art dramatique. *Amst.*, 1773, in-8. *br.*

1321. Mercure galant. 1693 , in-12. *v.* — Mercure (le) réprouvé. *Cologne, A la sphère*, 1678, in-12. *parch.*

1322. Messie (P.), Les diverses leçons, mises en franç. par Ch. Gruget. *Paris*, 1554, in-8. *parch. d. s. tr. lavé reglé.* — Messie (P.), Trois dialogues touchant la nature du soleil, de la terre, etc. *Paris*, 1566, in-8. *non rel.*

1323. Mille et un jours, contes persans, trad. par Petis de la Croix. *Paris*, 1710-1712, 5 vol. in-12. *v. f.*

1324. Mizirida, princesse de Firando (par Du Hautchamp). *Paris*, 1738, 6 vol. in-12. *v.*

1325. Molière, OEuvres. *Amst.*, 1735, 4 vol. in-12. *fig. br.*

1326. **Montreulx (Nic. de)**, Jésus Christ en l'autel et en la croix, *Paris*, 1607. — Théophile, Recueil de toutes les pièces faites depuis sa prise jusqu'à présent. *Paris*, 1625. — Vertron (de), Le nouveau panthéon, ou rapport des divinitez du paganisme, des héros de l'antiquité aux vertus et actions de Louis le Grand. *Paris*, 1686, etc. in-12. *cart.*

1327. **Morand (de)**, Théatre et œuvres diverses. *Paris*, 1751, 3 vol in-12. *v.*

1328. Morestel (P.), Les secrets de la nature, ou la pierre de touche des poètes. *Rouen*, 1607, pet. in-12. *parch.* — Les femmes de mérite (par Yon). 1759, in-8. *br.*

1329. Moulinet (N. de), La vraye histoire comique de Francion. *Paris*, 1641, in-8, *parch.*

1330. Naufrage des îles flottantes. *Messine*, 1753, 2 vol. pet. in-8. *v.* — Vicissitudes de la fortune (par de Surgy). *Paris*, 1769, 2 vol. in-12. *v.* — Voyage de Languedoc et de Provence, fait en 1740 par Le F. (Le Franc de Pompignan). M. (Mirabeau). *Amst.*, 1746, pet. in-8. *cart.*

1331. Nivernois (Mancini de), OEuvres. 1796 , 8 vol. in-8. *br.*

1332. Oraisons funèbre d'Anne d'Autriche (5), de Philippe IV, de Henriette Marie, reine de la Grande-Bretagne (2), de la duchesse d'Orléans , de Louis XIV, de Turenne , etc. 5 vol. in-4, *v. br.*

1333. Perret (du), La cour d'amour, ou les bergers galans. *Paris*, 1667, 2 vol. in-8. *v.*

1334. Piron (Alex.), OEuvres. *Paris*, 1775, 3 vol. in-12. *fig. v.*

1335. Poésies du roy de Navarre avec des notes et un glossaire françois. *Paris*, 1742, 2 vol. in-8. *cart. non rognés.*

1336. Pompignan (de), OEuvres. *Paris*, 1784, in-8. tom. 1, 2, 3, 4, 6. *br.*

1337. Pradon, OEuvres. *Paris*, 1744, 2 vol. in-12. *v.* — Poinsinet de Sivry, Théatre. *Paris*, 1771, 2 vol. in-12. *dem. rel.*

1338. Principes pour la lecture des orateurs. *Paris*, 1753, 3 vol. pet in-8. *dem. rel.*

1339. Quinault, Théatre. *Paris*, 1715, 5 vol. in-12. *fig. v. br.*

1340. Recherche de l'origine et des antiquités des Egyptiens. — Lettre au sujet d'un ancien manuscrit de papier d'Egypte. — Bougeant, Dissertation sur la récitation ou le chant des anciennes tragédies des Grecs et des Romains. — Tournemine, Remarques sur Lucrèce. — Découverte du tombeau de Properce. — Doutes proposés sur l'âge du Dante. — Correction de deux passages, l'un du comment. sur le premier livre des rois attribué à S. Grégoire et l'autre de S. Prosper. — Lemire, Lettre sur l'invention du Zodiaque. — Réfutation de l'opinion de Pluche, touchant l'inclinaison de l'axe de la terre au temps du déluge. in-4. *v. fil. d. s. tr.*

Manuscrit.

1341. Recueil contenant : Discours sur le progrès des *lettres* en France, par Rigoley de Juvigny. *Paris*, 1772. — Fresnais de Beaumont, La noblesse cultivatrice. *Paris*, 1778. — Pansmousser (Mirabeau), Le partage de la Pologne, trad. de l'angl. *Londres.* — Réflexions sur les avantages de la liberté d'écrire et d'imprimer sur les matières de l'administration. *Paris*, 1775. — Bilan de l'Angleterre, depuis 1600, jusqu'a la fin de 1761. in-8. *v.*

1342. Recueil contenant : D'Olivet, Remarques sur Racine. *Paris*, 1738. — Buffier, Traité d'éloquence. *Paris*, 1728. — Buffier, Traité de poésie. 1728. — Essais sur l'histoire des belles-lettres, des sciences et des arts (le titre manque). in-12. *cart.*

1343. Recueil contenant 12 pièces, dont : Voyage de Clevilie. *La Haye.* — Les amours de Rhodante et Dosicles. 1746 — Beaupied, Abrégé des vies de S. Spire et S. Leu. *Paris*, 1735, *fig.* — Eloge de la méchante femme. in-12. *cart.*

1344. Recueil contenant 41 oraisons funèbres, dont celles du duc d'Alençon, par Berson. 1584. — De Paul de Foix, par Muret. 1584. — Philippe II, par Boucher. — Le duc de Mercœur, par François de Sales. 1602. — Louys, card. de Guyse. 1621, etc. in-12. *cart.*

1345. Recueil contenant 12 pièces, dont : La berlue. *Londres*, 1759. — Le grand chemin de l'hôpital. *Lyon*, 1638. — Relation de Philbiku. *Cologne*, 1760. — La Tentation de S. Antoine. *Londres*,

1754. — Requête des mousquetaires noirs, au pape. 1765, in-12. *v.*

1346. **Recueil de diverses pièces et chansons sur les affai-res du temps.** in-4. *v. f. fil. d. s. tr.*

>Manuscrit.

1347. **Recueil** de 6 pièces, dont la magnifique doxologie du festu, par Seb. Roulliard. *Paris*, 1610. — La réflexion de la lune sur les hommes, par Mademoiselle de B. *Paris,* 1654. — Le Barbon. *Paris,* 1673, etc. pet. in-8. *cart..*

1348. **Recueil de pièces sur différents sujets (littérature , sciences , histoire.). 31 vol. in-8.** *dem. rel.*

1349. **Recueil des 13 pièces,** dont Satyre sur les abbesses. — La Maltôte des cuisinières. *Paris,* 1711. — l'État de servitude ou la misère des domestiques. *Paris,* 1711, in-12. *v. br.*

1350. **Recueil de (9) pièces,** dont : Les Culottes de S. Griffon. 1803, in-8. *br.* — Recueil de poisies en langage vulgaire de Grenoble. in-8. *br.* — Satyre contre les astronomes. 1803, in-8. *br.,* etc.

1351. **Recueil de pièces dont : Réflexions sur l'abbé Sujer, par d'Espagnac, 1780. — Notes critiques sur le Génie du christianisme. 1803.—Le Consistoire, poème. an VII.— Les miracles, conte (par Chenier). 1802. — Le concile OEcumenique , poème. an XI. — Querelle de Saint-Roch et de Saint-Thomas, etc. in-8.** *bas.*

1352. **Recueil de pièces sur différents sujets. 6 vol. in-4.** *v. parch.*

1353. **Recueil de poésies. in-4.** *v. br.*

>Manuscrit.

1354. **Recueil général des Questions traittées ès conférences du bureau d'adresse ès années 1633 , 34 , 35 , jusques à présent sur toutes sortes de matières, par les plus beaux esprits de ce temps.** *Paris,* 1654, 4 vol in-4. *v. br.*

1355. **Récréations (mes) dramatiques.** *Genève,* 1779, 4 vol. in-8. *v.*

1356. **Retif de la Bretonne,** L'Andrographe. 1777, 2 vol. in-8. *br.* — L'année des dames nationales. 1791-1794 , 12 vol. in-12. *br.* — Les contemporaines. 1781, 18 vol. in-12. *br.* — Les contemporaines par gradation. 1784-1785 , 8 vol. in-12. *br.* — Les contemporaines. *Paris,* an VII, 8 vol. in-12. *br.* — La découverte australe. 1781 , 4 vol. in-12. *v.* — La dernière aventure d'un homme de quarante-cinq ans. *Paris,* 1783, 2 vol. in-12. *br.* — Explication pour les figures du Paysan perverti. in-12. *br.* — L'École des pères. 1776, 2 vol. in-8. *bas.* — La femme infidelle. 1788, 4 part. en 2 vol. in-12. *dem. rel.* — Le fin matois. 1776, 3 vol. in-12. *br.* — Les françaises. 1786, 4 vol. in-12. *br.* — Idées singulières, (contenant le Pornographe, le Mimographe , les Gynographes, l'Andrographe, le Thesmographe.) 7 vol. in-8. *v. br. et br.* — Les jolies femmes du commun. 1782 ,

12 vol. in-12. *v.* — Lettres d'une fille à son père. 1772 , 5 vol. in-12.
v. — Le Ménage parisien. 1773, 2 vol. in-12. *br.* —Le Pornographe.
1769, in-8. *v.* —La prévention nationale. 1784, 4 vol. in-12. *bas. fil.*
— Le quadragenaire. 1777 , 2 tom, en un vol. in-12. *v. fil. d. s. tr.*
— La semaine nocturne (nuits 181 à 188). *Paris*, 1790, in-12. *br.*
Les soupers de Vaucluse. 1789, 3 vol. in-12. *br.* — Théâtre , 6 vol.
in-12. *br.* en tout 102 vol. in-8 et in-12.

1357. **Rigaud (Dav.)** , OEuvres poétiques. *Lyon*, 1553. — Poisson, OEuvres. *Paris*, 1679. — Piccardt, Poésies françoises. *Paris*, 1663. — Ledignan, la muse héroïque. *Paris*, 1659. — Lair , le bienvenu en faveur de la paix. *Paris*, 1660, in-12. *cart.*

1358. **Rollin (Ch.)**, OEuvres complettes. *Paris, Ledoux et Tenré*, 1817, 12 vol. in-8. *br. et atlas cart.*

1359. **Rosset (F. de)**, Histoires tragiques de nostre temps. *Lyon*, 1622, in-8. *parch.*

1360. **Rousseau (J. J.)**, Collection complette des œuvres. *Neuchatel*, 1775, 29 vol. in-8. *bas.*

1361. **Rousseau (J. J.)**, Collection complette des œuvres. *Genève*, 1782, 30 vol. in-8. *cart. et br.*

1362. **Satyre** sur les cerceaux, paniers, criardes et manteaux-volans des femmes et sur leurs autres ajustemens. *Paris*, 1727, in-12. *non rel.*

1363. **Santeuilliana** ou les bons mots de M. de Santeuil. *La Haye*, 1708, in-8. *v.*

1364. **Saint-Evremont** , Mémoires de la vie du comte de ***. *Amst.*, 1698, 2 tom. en 1 vol. in-12. *vel.* — Manley (Madame), L'atlantis, trad. de l'angl. *La Haye*, 1713, 2 part. en 1 vol. in-8. *vel.*

1365. **Saint-Foix (de)** OEuvres complettes. *Paris* , 1778, 6 vol. in-8. *br.*

1366. **(Saint-Jory)**, OEuvres mêlées. *Amst.*, 1725, 2 vol. in-12. *v.*

1367. **Sante (de la)**, Rhétorique. 1741, in-4. *v.*
      Manuscrit.

1368. **Scarron**, Nouvelles tragi-comiques. *Paris*, 1656, in-8. *v. br.*

1369. **Scudery (G. de)**, Les femmes illustres ou harangues héroïques. *Paris*, 1644, in-4. *v. br.*

1370. **Scudery (de)**, Les femmes illustres ou harangues héroïques. *Paris*, 1661 , 2 vol. — Manzini (J. B.), Harangues ou discours académiques. *Rouen*, 1662, pet. in-12. *cart.*

1371. Scudery, Artamène ou le grand Cyrus. *Paris,* 1658, 10 tom. en 20 vol. in-8. *v. d. s. tr.*
>Il manque les tom. 16, 17.

1372. Sidney (Ph.), L'arcadie de la comtese de Pembrok trad. de l'angl. *Paris,* 1624. — Boisrobert (de), Amours d'Anaxande et d'Orasie. *Paris,* 1629, in-8. *cart.* — Sidney (Ph.), L'arcadie de la comtesse de Pembrok mise en nostre langue, par J. Baudoin. *Paris,* 1625, in-8, tom. 3. *cart.*

1373. Le théâtre ouvert au public. *Paris,* 1750, 2 part. — Les critiques critiquez ou véritez sur les caractères à la mode. *Paris,* 1725. — De Tristan, la folie du Sage, tragi-comédie. *Paris,* 1649. — L'affichard, la folette ou le rhume. *Paris,* 1733, etc., pet. in-8. *cart.*

1374. Théâtre françois ou recueil des meilleurs pièces de théâtre. *Paris,* 1737, 12 vol. in-12. *v.*

1375. Théâtre : Lettres et observations sur le siége de Calais. *Paris,* 1765, in-8. *br.* — Recueil de comédies nouvelles. *Paris,* 1787, in-8. *br.* — Rapport sur l'opéra, par J. J. Le Roux. *Paris,* 1791, in-8. *br.* — Critique des acteurs et actrices des différens théâtres de Paris. *Paris,* 1797, in-8. *br.* — La révolution de Portugal, par Marguerittes. 1775, in-8. *br.* — Les causes de la décadence du théâtre et les moyens de le faire refleurir. *Paris,* 1807, in-8. *br.*

1376. Thiebault (Dieud.), Grammaire philosophique. *Paris,* 1802, 2 vol. in-8 *dem. rel. dos de m. v.* — Lettre sur la possibilité de faire de la grammaire un art-science. *Paris,* 1806, in-8. *br.*

1377. Thomassin (L.), Méthode d'étudier et d'enseigner chrestiennement les poètes. *Paris,* 1692, 3 vol. in-8. *v.*

1378. Tourreil (de), OEuvres. *Paris,* 1721, 2 vol. in-4. *v.* — Sacy (de), OEuvres. *Paris,* 1722, in-4. *v.*

1379. Vadé, OEuvres. *Paris,* 1758, 4 vol. in-8. *v.fil.*

1380. Vænius (Ot.), Le spectacle de la vie humaine, ou leçons de sagesse, en franç., holl., lat. et allem., avec des explications, par J. Leclerc. *La Haye* 1755, in-4, *fig. v.*

1381. Villate (Benj. de la), Madrigals avecques leurs moralitez à divers personnages de ce siècle, ensemble les annotations de R. Lecorcenet. 1634, pet. in-12. *non rel.*

1382. Villette (de), OEuvres. *Londres,* 1784, in-12. — Tavenot, Poésies diverses. *Paris,* 1782, in-12. *v.*

1383. Villon (Fr.), OEuvres. *Paris,* 1733. — De La Grange, OEuvres meslées. *La Haye,* 1724, in-8. *v. br.*
>Ex. de Gouye de Longuemare.

1384. **Voltaire**, Henriade. 1756, in-8. *br.* — Collection d'anciens Evangiles. *Londres*, 1769, in-8. *br.* — Eloge et pensées de Pascal. *Paris*, 1778, in-8. *br.* — Lettres cheraskeesiennes. 1769, in 8. *v.* — Pensées, remarques et observations. *Paris*, 1802, in-8. *cart.* — La philosophie de l'histoire. *Amst.*, 1765, in-8. *br.* — Table des œuvres de Voltaire. *Genève*, 1774, in-8. *br.*

1385. **Voltaire (ouvrages pour et contre).** Apologie de Voltaire. *Londres*, 1786, in-8. *br.* — Linguet, Examen des ouvrages de Voltaire. *Bruxelles*, 1788, in-8. *v.* — Mém. et anecd. pour servir à l'histoire de M. de Voltaire. *Amst.*, 1779, in-8. *v.* — M. de Voltaire peint par lui-même. *Lausanne*, 1768, pet. in-12. *br.* — Tableau philosophique de l'esprit de Voltaire. *Genève*, 1771, in-8. *v.* — Vie de Voltaire. *Genève*, 1786, in.8. — Vie de Voltaire (par Condorcet). *Kehl* (tome 70), 1789, in-8. *dem. rel.* — Voltariana ou Éloges amphigouriques de Voltaire. 1748, in-8. *v.*

1386. **Voyage du Parnasse.** *Rotterdam*, 1716, in-12. *cart.*

1387. **Voyages imaginaires, visions et romans cabalistiques.** *Paris*, 1787, in-8. *fig. cart.* tomes 1 à 30.

1388. **Yeux (les), le nez et les tetons.** *Amst.*, 1760, in-8. *v.*

1389. **Yver (Jac.), Le printemps d'Yver.** *Lyon*, 1600, in-18. *parch.*

Langues Allemande. — Anglaise. — Espagnole. — — Italienne. — Portugaise.

1390. **Aleman (M.)**, Vida y hechos de Guzman de Alfarache. *Amberes*, 1736, 2 vol. in-8. *bas.*

1391. **L'Arcadia in Brenta di G. G. Vacaliero (J. B. Vaglierino).** *Bologna*, 1673.

1392. **Aretin (P.)**, Entretiens trad. en franç. 2 vol. in-4. *v. fil. d. s. tr.*
   Manuscrit.

1393. **Ariosto (L)**, Orlando furioso. *Orléans*, 1785, 5 vol. in-8. *v.*

1394. **Avost (Hier. d')**, Essais sur les sonnets de Pétrarque. *Paris*, 1584, in-8. *non rel.*

1395. **Bandello, Novelle (la quarta parte).** *Lione*, 1573, in-8. *v. f.*
   Rare.

1396. **Bandel.** 1 et 11 thome des histoires tragiques, contenans xxxvi livres par P. Boisteau et Fr. de Belleforest. *Paris*, 1568, in-8. *vel. d. s. tr.*

1397. Bembi (P.), Epistolæ. *Lugduni*, 1538, in-8. *v.*

1398. Bentivoglio, Opere. *Parigi*, 1650, in-fol. *v. br.*

1399. Bertoldo con Bertoldino e Cacasenno. *Bologna*, 1741, 3 vol in 12. *v. fil*

1400. Boccaccio (G.), La Fiammetta. *Firenze*, 1826, in-12. *br.* — Bocace, Contes et Nouvelles, trad. en françois. *La Haye (Paris)*, 1733, 2 vol. in-12. *v. br.*

1401. Boccaccio (Gio.), libro delle donne illustri tradotto da Gius. Betussi. *Vinegia*, 1558, in-8. *parch.*

1402. Boccaccio (Gio), Nimphale Dameto. *Fiorenza, Giunta*, 1521. (Imparf. des treize premiers feuillets.) — El medesimo, Fiametta. *Firenze, Giunta*, 1517. — El medesimo, Laberinto d'amore. *Firenze*, 1516, petit in-8. *v. br.*

1403. Boccace (J.), le Philocope, traduit d'italien en français, par Adr. Sevin. *Paris*, 1555, petit in-8. *parch.*

1404. Bocace. Contes et Nouvelles, trad. en franç. avec fig. de Romain de Hooge. *Cologne*, 1702, 2 vol. pet. in-8. *v.*

1405. Boccalini (Tr.), Ragguagli di Parnasso. *Venetia*, 1629, in-8. *parch.* — Boccalini (Tr.) Pietra di paragone. 1675, in-12. *fig. v. br.*

1406. Boccalini (Tr.), Pierre de Touche, trad. en franç. *Paris*, 1626, pet. in-8. *v.* — Buccalin, les cent premières nouvelles et advis du Parnasse, trad. d'italien par Th. de Fougasses. *Paris*, 1615, in-8. *parch.* (*Titre dechiré.*)

1407. Camillo (G.), Tutte l'opere. *Vinegia*, 1580, pet. in-12. *v. f.*

1408. Cartari (Vinc.) Le Imagini de i dei de gli antichi. *Lione*, 1581, in-8. *fig. en bois, parch.*

1409. Cartari (Vic.), Le vere et nove imagini degli dei delli antichi. *Padova*, 1615, in-4. *fig .en bois v. br.*

1410. Casaregi (Gio. Bart.) Poesie. *Nizza*, 1782, petit in-8. *bas.*

1411. Castaldi (C.) Poesie volgari e latine. *Parigi*, 1757, in-8. *v. f. fil d. s. t.*

1412. Caviceo (Gia.), il peregrino. *Vinegia*, 1547, in-8. *parch.*

1413. Chiabrera (Gab.), Amedeida. *Genova*, 1620, in-4. *v.*

1414. Cimiterio (il) , Epitafij giocosi di G. F. Loredano e di. P. Michiele. 1645. — Sponde (L. de), les Cimetieres sacrez. *Bourdeaux*, 1598. — Pomey, Libitina seu de funeribus. *Ludg.*, 1649, in-12. *cart.*

1415. Colonna (Eg.), Esposizione sopra la canzone d'amore de G. Cavalcanti. *Siena*, 1602. — Aromatario (Gios.), Risposte alle considerationi di Al. Tassoni sopra le rime del Petrarca. *Padova*, 1611, in-8. *parch.*

1416. Colloques ou Dialogues avec un dictionnaire en huit langues. *Anvers*, 1630, in-8. *obl. parch.*

1417. Covarruvias (J. de Horozco y), Emblemas morales. *Caragoça*, 1604, in-4. *fig. en bois. parch.*

1418. Croce (Giu. Ces. della) , le sottilissime astuzie di Bertoldo. *Milano*, petit in-8. *br.* — Croci (G. C.), Histoire de Bertholde, trad. de l'italien. *La Haye*, 1750, in-8. *br.*

1419. Dante Alighieri , la divina commedia. *Livorno*, 1778, 2 vol. in-12, *cart.* — Dante, l'Enfer, trad. par Moutonnet de Clairfons. *Paris*, 1776, in-8. *v.*

1420. Denina, Discours sur les vicissitudes de la littérature, trad. de l'italien. *Berlin*, 1786, in-8. tome 1 *br.* — Bense - Dupuis (P.), l'Apollon ou l'oracle de la poésie italienne et espagnole. *Paris*, 1644, 2 part. en un vol. in-8. *v.*

1421. Dolce (L.), Dialogo del modo di accrescere et conservar la memoria. *Venetia* , 1586 , in-8. *fig. en bois. v.*

1422. Doppia (la) impiccata. *Orbitello*, 1667, in-12. *vel.*

1423. Dotti, Satire. *Ginevra*, 1757, 2 vol. in-12. *v.*

1424. Fabretti, Abrégé de la Crusca ou dictionnaire portatif de la langue Italienne. *Lyon*, 1769, in-8. *v.* — Oudin (Ant.), Recherches italiennes et françoises ou dictionnaire. *Paris*, 1655, in-4. *v. br.*

1425. Fénélon, Aventures de Télémaque (en allemand et en italien). *Basle*, 1772, 2 tom. en 1 vol. in-8. *v.*

1426. Ferreira (Ant.), Poemas lusitanos. *Lisboa*, 1771, 2 vol. in-8. *cart.*

1427. Fielding, Ophelie, trad. de l'angl. par B. *Amst.*, 1763, in-12. *v.* — Vie de David Simple. *Amst.*, 1749, 2 vol. in-12. *v. fil.*

1428. Filicaja (V.), Opere. *Venezia*, 1755, 2 tom. en 1 vol. in-12. *parch.*

1429. Fineti (Giov.), Discorsi et corsi di penna. *Venetia,* 1621. — Barbaro (Dan.), Della eloquenza. *Venetia,* 1557, in-4. — Ruscelli (Gir.), Tre discorsi. *Venetia,* 1553, in-4. *v.*

1430. Freire (Fr. Jos.), Arte poetica. *Lisboa,* 1759, 2 vol. in-8. *cart.*

1431. Frugoni (C. Inn.), Opere poetiche. *Parma,* 1779, 9 vol. in-8. *v.*

1432. Ganganelli, Lettere originali. *Parigi,* 1777, 2 vol. in-12. *v.* — Ganganelli, Lettres. *Paris,* 1776, 2 vol. in-12. *bas.*

1433. Garimberto (H.), et altri autori concetti. *Venetia,* 1579, in-8. *parch.*

1434. Gellert, OEuvres. *Vienne,* 1773, 10 vol. in-8. *br.* (*En allemand*).

1435. Gelli (G. B.), Lettura sopra lo inferno di Dante. *Firenze,* 1554, in-8. *parch.*

1436. Godard (L.), L'ombra di Pope, poemetto. in-4. *v.*

1437. Goldoni (C.) Commedie. *Firenze,* 1753, 10 vol. in-8. *v. f. fil. d. s. tr.* — Il medesimo, nuovo teatro comico. *Torino,* 1758, 6 vol. in-8. *v. f. fil. d. s. tr.*

1438. Grubissichius (Cl.), In originem et historiam alphabeti slavonici glagolitici vulgo hieronymiani. *Venetiis,* 1766, in-8. *br.*

1439. Guarini, Il pastor fido. *Glasguae,* 1763, in-8. *fig. v.*

1440. Guarini (G. B.), Il pastor fido. *Venezia,* 1768, in-8. *fig. cart.*

1441. Introduction à la lecture des auteurs allemands. *Paris,* 1763, in-12. *bas.* — Rabener, Mélanges amusans, récréatifs et satyriques de littérature allemande, trad. en franç. *Paris,* 1776, 2 vol. in-12. *v.*

1442. Johnson (Sam.), Dictionnary of the english language abstracted from the folio edition. *Dublin,* 1768, in-8. *bas.*

1443. Lasca (A. Fr. Grazzini detto il), la seconda cena. *Stambul,* 122, in-8. *dem. rel.*

1444. Lehninger (G. A.), Dizzionario Italiano-Tedesco. *Lipsia,* 1763, in-8. *v.* — Voigt (L.), Gramatica tedesca. *Milano,* 1729, in-8. *v.*

1445. Léon, Hebreu, philosophie d'amour, trad. d'ital. en franç. par Du Parc. *Lyon,* 1551, in-8. *v.*

1446. Lettere volgari di diversi nobilissimi huomini et eccellentisimi ingegni, scritte in diverse matiere. *Vinegia, Aldi filii*, 1548-1549, 2 part. en 1 vol. in-8. *parch.*

1447. Liliputian library or Gulliver's museum. *Berlin*, 1782, 10 tom. en 4 vol. in-12. *br.*

1448. De literis et lingua Getarum, sive Gothorum, item de notis lombardicis, ed. B. Vulcanio. *Lugd., Bat.*, 1597, in-12, *br.*

1449. Luneau de Boigermain, Cours de langue anglaise. *Paris*, 1784, 3 vol. in-4 et 2 vol. in-8. *en cahiers.*

> Il manque : Milton, livres 7 et 8 (les livres 5 et 6 sont doubles). — Télémaque, livres 1 à 8 (les livres 13, 16 à 21 sont doubles).

1450. Machiavel, OEuvres (trad. par Guiraudet). *Paris*, 1793, 8 vol. in-8. *cart.*

1451. Malespini (C.), Ducento novelle. *Venetia*, 1609, in-4. *parch.*

1452. Malvezzi (V.): Il Virgilio. *Bologna*, 1639. — Il Tarquinio superbo. *Bologna*, 1639. — Davide perseguitato. *Bológna*, 1639, pet. in-12. *parch.*

1453. Milton, Le paradis perdu, trad. de l'angl. *La Haye*, 1730, 3 vol. in-12. *v.* — Sickelmore (Rich.), Raymond. *London*, 1801, 2 vol. in-12. *cart.*

1454. Murtola (Gasp.), Rime. *Venetia*, 1603, pet. in-12. *v. f. fil.*

1455. Osservationi della lingua Volgare di diversi huomini illustri cioe Bembo, Gabriello, etc. *Venetia*, 1562, in-8. *parch.*

1456. Oudin (Ant.), Trèsor des deux langues espagnolle et françoise. *Paris*, 1645, 2 vol. in-4. *v.*

1457. Paruta (P.), Discorsi politici. *Venetia*, 1629, in-4. *vel.*

1458. Ramsay (And.), New cyropedia or the travels of Cyrus. *London*, 1770, 2 vol. in-12 *bas.* — Castle of Otranto. *Berlin*, 1794, in-8. *br..*

1459. Rao (Ces.), Argute e facete lettere. *Pavia*, 1584, in-8. *parch.*

1460. Ricciardetto di Nic. Carteromaco (Nic. Fortiguerra). *Parigi*, 1767, 3 vol. in-12. *cart.*

1461. Richardson, Clarisse Harlowe, trad. par Letourneur. *Genève*, 1785, 10 vol. in-8. *fig. br.*

1462. Rezzonico, Discorsi academici. *Parma*, 1772, *fig.*
— Versi sciolti e rimati di Dorillo Dafueio. in-8. *v. f.*

1463. Rime piacevoli del Berni, Copetta, Francesi,
Bronzino, etc., libro secundo. *Vicenza*, 1609, in-12.
dem. rel.

1464. Sachetti (Fr.), Novelle. *Firenze*, 1724, 2 vol.
in-8. *vel.*

1465. Sansovino (Fr.), Il secretario. *Venetia*, 1584,
in-8. *parch.* — Nardi (Is.), Il segretario principiante
ed istruito. *Roma*, 1742, in-8. *parch.*

1466. Santos (Fr.), Dia y noche de Madrid. *Madrid*,
1663, in-8. *v. br.*

1467. Shakespeare's dramatic works (n° 1, Much ado
about nothing, Richard III) revised by G. Steevens.
London, 1791, in-fol. *pap. vél. cart.*

1468. Specimens of the early english poets. *London*,
1790, in 8. *br.*

1469. Sterne, Sentimental Journey through France
and Italy. 1793, 2 tom. en 1 vol. in-12. *br.* — Thom-
son's (J.), The seasons. *London*, 1783, pet. in-12.
br. — Young (Edw.), The complaint or night-thou-
ghts. *London*, 1783, 2 vol. pet. in-12. *v.*

1470. Tassoni (Al.), La secchia rapita. *Parigi*, 1766,
2 vol. in-8. *fig. v.*

1471. Théâtre anglois. *Londres* (*Paris*), 1746, 8 vol. in 12.
mar. r. fil. non unif. — Choix des petites pièces du théâtre anglois,
trad. des originaux (par Patu). *Paris*, 1756, 2 tom. en 1 vol. in-12.
v.— Nouveau théâtre anglois. *Londres* (*Paris*), 1767, 2 vol. in-12. *v.*
— Nouveau théâtre anglois (par Riccobini). *Paris*, 1769, 2 vol.
in-12. *v.*

1472. Trissino (G. G.), L'Italia liberata da' Goti. *Parigi*, 1729, 3 vol. in-8. *v. fil.*

1473. Villaviciosa (Jos. de), la mosquea. *Madrid*, 1777,
in-8. *br.*

1474. Zeno (Apostolo), Poesie drammatiche. *Venezia*,
1744, 10 vol. in-8. *v.*

HISTOIRE.

Géographie. — Voyages.

1475. **Anville (d')**, Géographie ancienne abrégée. *Paris,* 1769, in-fol. *br.*

1476. **Anville (d')**, Nouvel atlas de la Chine, de la Tartarie chinoise et du Thibet. *La Haye*, 1737, in-fol. *fig. cart.*

1477. **Après de Mannevillette**, Neptune oriental. in-fol. *vel. vert.* — Pilote de Terre-Neuve. *Paris,* 1784, in-fol. *fig. cart.*

1478. **Atlas russien**, par l'acad. des sciences de St.-Pétersbourg. *Petropoli,* 1745, in-fol. *cart.*

1479. **Blaeu (J.)**, Theatrum urbium Belgicæ regiæ et Belgicæ fœderatæ. *Amst.,* 1649, 2 vol. in-fol. *fig. vel.*

1480. **Blancani (Jos.)**, Sphæra mundi seu cosmographia demonstrativa. *Mutinæ,* 1635, in-fol. *v. br.*

1481. **Braunii** urbes præcipuæ totius mundi. in-fol. *fig. color. vel.* tom. 1, 3, 5.

1482. **Brietii (Ph.)** Parallela geographiæ veteris et novæ. *Parisiis,* 1648-1649, 3 vol. in-4. *v.*

1483. **Brooks (Fr.)**, Navigation faite en Barbarie, trad. de l'angl. *Utrecht,* 1737, pet. in-8. *br.*

1484. **Buache**, Géographie élémentaire moderne et ancienne. *Paris,* 1772, 2 vol. in-12. *v.* — Duval (P.), Le monde ou la géographie universelle. *Paris,* 1670, 2 vol. in-12. *fig. v. br.*

1485. **Busching**, Géographie universelle, trad. de l'allem. *Strasbourg,* 1768, 8 vol. in-8. *v.*

1486. **Carte d'Allemagne.** 1806, 2 feuilles collées sur toile, dans un étui.

1487. **Carte de Hongrie.** *Vienne,* 1806, 2 feuilles collées sur toile, dans un étui.

1488. Carte du Tyrol. 21 feuilles collées sur toile et dans des étuis.

1489. Carte des provinces des Pays-Bas, dressée sur les mémoires de Eh. Friex. *Paris*, 1744, 15 feuilles.

1490. Cary, Réduction de la carte d'Angleterre et d'Écosse. collée sur toile dans un étui.

1491. Cassini de Thury, Description géométrique de la France. *Paris*, 1783, in-4. *cart.* — Denis, Le conducteur français. *Paris*, 1776, 8 tom. en 5 vol. in-8. *cart.*

1492. Chappe d'Auteroche, Atlas du voyage de Sibérie. in-fol. *cart.*

1493. Commentaria in C. J. Solini Polyhistora et L. Florum, ad tabulam Cebetis a J. Camerte, et in Pomponium Melam de orbis situ a J. Vadiano. *Basileæ*, 1557, in-fol. *rel. fatiguée.*

1494. Cook, Voyage (premier) autour du monde, par Byron, Wallis Carteret et Cook, trad. de l'angl. *Amst.*, 1774. 4 vol. in-4. *fig. cart.*

1495. Cook (J.), Voyage (second) dans l'hémisphère austral et autour du monde, trad. de l'angl. *Paris*, 1778, 6 vol. in-8. *v. non uniforme.* — Cook, Troisième voyage, trad. de l'angl. *Paris*, 1785, 4 vol. in-8. *br.*

1496. De Bry. Grands et petits voyages: Brevis narratio Floridæ auct. J. Le Moyne. *Francof.* 1691 (2a pars Americæ). — Americæ, 3a pars. 1692. — Navigatio in Brasiliam. — Americæ pars. 4a — Americæ, pars, 5a — Americæ pars, 6a. in-fol. *v. br.*

1497. Empire du Mogol, divisé en 21 cartes tirées de différents écrivains du pays, pour donner une idée de cette vaste monarchie. *A Faisabab*, 1779, in-fol. *obl. couvert en soie.*

1498. Ferrarii (Ph.) Lexicon geographicum ed. M. A. Baudrand. *Parisiis*, 1670, in-fol. *v. br.*

1499. Garipuy, Carte du canal de Languedoc. *en feuilles.*

1500. Gilly, Carte de la Prusse. 1802-1803. 4 *feuilles collées sur toile, dans un étui.*

1501. Grasset S. Sauveur, Tableaux des Grecs et des Romains. *Paris*, 1785, in-fol. *fig. col.* Liv. 1 et 2. — Le même, tableaux cosmographiques. *Paris*, 1787, in-4. *fig. color.* 1re livr.

1502. Grenet, Géographie ancienne et moderne. *Paris*,

1788, 2 vol. in-12. *v.* — Expilly, Description des isles britanniques. *Paris*, 1759, in-12. *fig. v.*

1503. Hesselin (R. de), Nouvelle topographie de la France. 1784, 17 *feuilles.*

1504. Holstenii (L.), Annotationes in geographiam sacram Car. à S. Paulo, Italiam antiquam Cluverii, etc. *Romœ*, 1665, in-8. *v. br.*

1505. Hubner (J.), Géographie universelle. *Basle*, 1761, 6 vol. pet. in-8. *v.*

1506. Humboldt (Alex. de), Essai politique sur le royaume de la Nouvelle-Espagne. *Paris*, 1808, 1re et 2e liv. in-4. et atlas in-fol.

1507. Jansson (J.), Grand atlas, tome 5, contenant la Description du monde maritime. *Amsterdam*, 1650, in-fol. *fig. col. vél.*

1508. Kleeman, Voyage de Vienne à Belgrade et à Kilianova, en 1768, 1769 et 1770. *Neuchâtel*, 1780, in-8. *br.*

1509. Labbe (Ph.), In Pharum galliæ antiquæ disquisitiones geographicæ. *Lut. Paris.*, 1647, in-12. *v.*

1510. De Laborde, Carte pour le voyage de Saugnier au Sénégal. Un portefeuille in-8.

1511. Lalande, Atlas du voyage d'Italie. in-4. *br.*

1512. La Roque (de), Voyage de Syrié et du Mont-Liban. *Amst*, 1723, 2 vol. in-12. *br.*

1513. Le Vaillant (F.), Second voyage dans l'intérieur de l'Afrique. 1803, 3 vol. in-8. *fig. br.*

1514. Map of the Peninsula of India from the 19 degree north latitudé to cape Comorin. *London*, 1800, 2 *feuilles col.*

1515. Mercurius, Mundus alter et idem sive terra australis nupèrrima lustrata. *Francof*, in-8. *parch.*

1516. Meyer, Atlas de Suisse. 14 *feuilles collées sur toile dans un étui.*

1517. Monnet, Atlas et description minéralogiques de la France. *Paris*, 1780, 1re partie in-fol. *cart.*

1518. Montaigne (Mic.), Journal du Voyage en Italie, avec notes, par de Querlon. *Paris*, 1774, 3 vol. in-12. *br.*

1519. Nearque, Voyages des bouches de l'Indus jusqu'à l'Euphrate, trad. de l'angl. de W. Vincent, par J. B. L. J. Billecocq. *Paris*, An VIII, in-4. *br.*

1520. Pallas, Atlas du Voyage dans les provinces de la
Russie. in-4. *cart.*

1521. Peron (F.), Voyage de découvertes aux terres aus-
trales, partie historique, tome 2. *Paris,* 1816, in-4 et
atlas. *cart.*

1522. Plan de Candie. in-fol. *fig. cart.*

1523. Rizzi Zannoni, Carte de Pologne. 1772. en feuilles.

1524. Rizzi Zannoni, Carte du royaume de Naples. 1769,
4 feuilles collées sur toile dans un étui.

1525. Rosaccio (Gios.), Universale discrittione del teatro
del cielo et della terra. *Venetia,* 1620, in-8. *fig. en
bois. parch.*

1526. S. Non, Voyage de Naples et de Sicile. *Paris,* 1782,
in-fol. *fig.* tome 1, 2 *part. dem. rel.*

1527. Swinburne (H.), Voyage dans les Deux-Siciles, de
1777 à 1780, trad. de l'angl. *Paris,* 1785, 2 vol. in-8.
br.

1528. Thevet (And.), La Cosmographie universelle. *Paris,*
1575, 2 vol. in-fol. *gr. pap. lavé, réglé. v. d. s. tr.*

1529. Tofino (Vinc.), Cartes des ports d'Espagne. *Paris,*
An VIII, in-fol. 15 *feuilles.*

1530. Voyage de La Pérouse autour du monde, publié et
rédigé par L. A. Milet Mureau. *Paris,* 1797, 4 vol.
in-4. *br.*

Chronologie. — Histoire universelle.

1531. Antiquité des tems rétablie et défendue contre les
Juifs et les nouveaux chronologistes. *Amst.,* 1687,
in-12. *v.*

1532. Art de vérifier les dates. *Paris,* 1783, in-fol. *cart.*
les livrais. 3 et 4.

1533. Bodini (J.), Methodus ad facilem historiarum
cognitionem. *Parisiis,* 1572. — Indagine (J.), Intro-
ductiones in chyromantiam, physionomiam, etc. *Lugduni,* 1556, *fig. en bois.* — Aldi Manutii epitome or-
thographiæ. *Venetiis,* 1575, in 8. *parch.*

1534. Botero (Giov.), Relationi universali. *Brescia*
(circa 1598), in-4. *fig. v. br.*

16

1535. Clericus (J.), Compendium historiæ universalis ab initio mundi ad tempora Caroli magni. *Lipsiæ*, 1707, pet. in-8. *v. f. fil.* — Compendium historiæ civilis ab orbe condito usque ad finem seculi XVII. *Wratislaviæ*, 1709, in-8. *v. f. fil.*

1536. Cronica cronicarum abbrégé et mis par figures descentes et rondeaulx (depuis la création du monde jusques à 1532). *nouvellement imprimé à Paris par François Regnault.* in-4, goth. *v. br.*

1537. Défense de la chronologie contre le système de Newton, par Freret.—Chronologie de l'histoire sainte, par Desvignolles. in-4.

Manuscrit.

1538. De l'Isle (Cl.), Abrégé de l'histoire universelle. *Paris*, 1731, 7 vol. in-12. *v. br.*

1539. Glen (Jean de), Des habits, mœurs, cérémonies, façons de faire anciennes et modernes du monde. *Liège*, 1601, in-8. *fig. en bois. cart.*

Le feuillet 9e manque.

1540. Griffet (H.), Traité des différentes sortes de preuves qui servent à établir la vérité de l'histoire. *Rouen*, 1775, in-12. *bas.* — Droict de Gaillard (P.), Méthode qu'on doit tenir en la lecture de l'histoire. *Paris*, 1604, in-12. *dem. rel.*

1541. Junius (Hadr.), De anno et mensibus. Item Calendarius. *Basileæ*, 1553, in-8. *v.*

1542. Lenglet Dufresnoy, Méthode pour étudier l'histoire. *Paris*, 1772, 15 vol. in-12. *v.*

1543. Lenglet Dufresnoy. Principes de l'histoire. *Paris*, 1752, 6 vol. in-12. *v. f. fil.*

1544. Lydiat (Th.), Tractatus de variis annorum formis usurpatis a gentibus quarum illustria fuerunt regna et res gestæ. *Londini*, 1605, pet. in-8. *bas.* — Explication de l'utilité des anciens chiffres romains et gothiques nécessaire pour entendre et scavoir les dactes des histoires et épitaphes, etc. *Paris*, 1652, in-12. *parch.*

1545. Naucleri (J.) Chronica ab initio mundi usque ad annum Christi nati MCCCCC. *Coloniæ*, 1579, in-fol. *v. br.*

1546. Oldenburger (Ph. And.), Thesaurus rerum publicarum totius orbis. *Genevæ*, 1675, 4 vol. in-8. *v. br.*

1547. Ouvrage sur la chronologie. in-4. (*manuscrit.*)

1548. **Petau**, Abrégé chronologique de l'histoire universelle. *Pa-ris*, 1683, 2 vol. in-12. *v. br.* — Mélanges historiques, recueillis et commentez par M***. *Amsterd.*, 1718, in-8. *v. f.* — Physique de l'histoire. *Paris*, 1765, in-12. *v.*

1549. **Popelinière (de la)**, L'histoire des histoires avec l'idée de l'histoire accomplie. *Paris*, 1599, in-8. *parch.*

1550. **Pontanus (J. Is.)**, Discussiones historicæ. *Harder-vici Gelrorum*, 1637, in-12. *v. fil.*

1551. Recueil d'estampes et de cartes pour l'histoire des hommes. in-4. *obl.*

1552. **Riccioli (Jo. B.)** Chronologia reformata et ad cer-tas conclusiones redacta. *Bononiæ*, 1669, 3 tom. en 1 vol. in-fol. *v.*

1553. **Schraderi (M. Chr.)** Tabulæ chronologicæ auctæ ab J. C. Harenbergio. *Brunsvici*, 1765, in-8. *cart.*

1554. **Solini (C. Jul.)**, Polyhistor. *Parisiis*, 1533, pet. in-8. *dem. rel.*

1555. **Vallemont (P. L. L. de)**, Elémens de l'histoire. *Amst.*, 1701, 3 vol. pet. in-8. *v. f.*

Histoire ecclésiastique.

1556. Abrégé de l'histoire ecclésiastique. *Utrecht*, 1749, in-12. *v. f.* tome 2 à 13.

1557. Abrégé de l'histoire sacrée et profane, en franç. et en lat. *Bruxelles*, 1787, in-8. *br.* — Colome (le P.), Notice de l'Ecriture sainte. *Paris*, 1773, in-8. *br.*

1558. Acta ecclesiæ mediolanensis. in-fol. tom. 2. *vel.*

1559. Acta sanctorum ordinis sancti Benedicti, in sæ-culorum classes distributa à D'Achery ,edd. Mabillon et Ruinart. Sec. 1, 3, 4, 6. *Parisiis*, 1668, 7 vol. in-fol.

1560. Acta Sanctorum collecta et digesta à J. Bollando et aliis. *Antverpiæ*, 1643 et seq. in-fol. *v. et br.*
Janvier, 2 vol.; Février, 3 vol.; Mars, 3 vol.; Avril, 3 vol.; Mai, tom. 1, 2, 3, 5, 7. Propyleum. Juin, tom. 6; Août, tom. 2; Septembre, tom. 5.

1561. **Aguirre (Jos. Saenz de)**, Notitia conciliorum Hispaniæ atque novi orbis epistolarum, decretalium et aliorum monumento-

rum sacræ antiquitatis. *Salmanticæ*, 1686, in-8. *v. br.* — Cabassu-
tius (J.), Notitia conciliorum S. ecclesiæ. *Lugd.*, 1670, in-8. *v.* —
Carauza (B.), Summa omnium conciliorum et Pontificum. *Parisiis*,
1677. in-8. *v.*

1562. Alcoran (L') des cordeliers tant en latin qu'en
françois. 1570, 2 part. en 1 vol. in-8. *mar. r. d. s. tr.*

1563. Alexander (Nat.), Selecta historiæ ecclesiasticæ
capita. *Parisiis*, 1679, 26 vol. in-8. *v.*

    Le tome 18 manque.

1564. Anecdotes ecclésiastiques. *Amst.*, 1772, 2 vol.
in-8. *bas.* — Giannone, Anecdotes ecclésiastiques.
Amst., 1738, in-8. *v.*

1565. Angeli (Christ.), Status et ritus ecclesiæ græcæ,
latine conversi a G. Fhelavio. *Francof,* 1655, in-12. *v.*
— Cyprii (Ph.), Chronicon ecclesiæ græcæ, ed. H. Hi-
lario. *Lips.*, 1687, in-12. *vel*.

1566. Aquavivæ (Cl.) Soc. J. instructio pro superioribus. *Romæ*,
1615 — Ejusdem Industriæ pro superioribus. *Romæ*, 1615. — Instruc-
tiones ad Provinciales et superiores societatis. *Romæ*, 1616, in-8.
parch. — Constitutiones societatis Jesu. *Romæ* , 1606, in-8. *parch.*

1567. Baronius, Annales ecclesiastici, continuatio, auctore Raynaldo. *Römæ*, 1693, 1679, in-fol. tom. 20,
21. part. 1 et 2 *vel et br.*

1568. Baronius, Annales ecclesiastici, continuatio, autore O. Raynaldo. *Lucæ*, 1747, in-fol. *br.* tom. 1,
2, 3.

1569. Basnage (S.), De rebus sacris et ecclesiasticis
exercitationes historico - criticæ. *Ultrajecti*, 1692,
in-4. *v. br.*

1570. Basnage, Histoire des Juifs, depuis J. C., jusqu'à
présent. *La Haye*, 1716, 15 vol. in-12. *v.*

1571. Berruyer (Jos.), Histoire du peuple de Dieu (1re
partie). *Paris*, 1728, 7 vol. in-4. *v.* — Supplément à
la première édition. *Paris*, 1734, in-4. *v.*

1572. Berruyer (S. J.), Histoire du peuple de Dieu, 1re
partie. *Paris*, 1738, 10 vol. in-12. *v. br.* — Le même,
seconde partie. *La Haye*, 1753, 8 vol. in-12. *v.*

1573. Bibliotheca Patrum Cisterciensium , labore et
studio B. Tissier. *Bonofonte*, 1660, 8 tom. en 3 vol.
in-fol. *v. br.*

1574. Blondellus (D.), De formulæ regnante christo in
veterum monumentis usu. *Amstel.*, 1646, in-4. *v. br.*

1575. Bourgeois du Chastenet, Nouvelle histoire du concile de Constance. *Paris*, 1718, in-4. *v.*

1576. Bucelini (Gab.), Menologium Benedictinum. *Veldkirchii*, 1655, in-fol. *v. br.*

1577. Cæsarius Heisterbachensis, Illustrium miraculorum et historiarum memorabilium lib XII. *Antverpiæ*, 1605, in-8. *parch.*

1578. Campi (P. M.), Dell'historia ecclesiastica de Piacenza. *Piacenza*, 1651, 2 vol. in-fol. *v. br.*

1579. Carré de Montgeron, La vérité des miracles operés par l'intercession de M. de Paris et autres appellans démontrée. *Cologne*, 1747, in-4. *br.* le tome 2.

1580. Choisy (de), Histoire de l'église. *Paris*, 1703-1719, 9 vol. in-4. *v.*

1581. Chronica S. Monasterii Casinensis, auct. Leone card. continuatore Petro Diacono, ed Ang. de Nuce. *Lut. Paris.*, 1668, in-fol. *v. br.*

1582. Chronologia historica legalis ordinis fratrum minorum S. P. Francisci. tom. 1er. *Neapoli*, 1650, in-fol. *v. br.*

1583. Cippi hebraici sive hebræorum, etc., monumenta, latinitate donata notisque illustrata a J. H. Hottinguero. *Heidelbergæ*, 1662, in-8. *parch.* — Relandi (Had.) Antiquitates sacræ veterum hebræorum, ed. G. J. L. Vogel. *Halæ*, 1769, in-8. *v.*

1584. Cluny : Capitulum generale S. ordinis cluniacensis ann. 1678, (et 10 autres pièces concernant la réunion des religieux de St. Vanne à l'ordre de Cluny). *Paris.*, 1679, in-4. *v.*

1585. Collectio institutionem Academicæ liturgicæ pontificiæ exhubens, atque lucubrationes anni 1758, redacta per D. Bernardum ab Annuntiatione. | *Collimbricæ.* 1760, in-4. *br.* (tome 1).

1586. Concilia Germaniæ, a Cl. Jo. Fr. Schannat et Jos. Hartzheim, ed. H. Scholl. *Coloniæ, Aug. Agripp.*, 1765, in-fol. tom. 6, 7, 8. *mar. r. fil.*
Aux armes.

1587. Concilia antiqua Galliæ, opera et stud. J. Sirmondi cum supplem. L. Odespun et P. Delalande. *Lutet. Parisiis*, 1629-1646, in-fol. *v. br.* tom. 1, 3, 4, 5.

1588. Coppin (J.), Le bouclier de l'Europe en la guerre sainte. *Lyon*, 1688, in-4. *fig. v. br.*

1589. Carraro (Aug.), Relation de la cour de Rome. *Leide,* 1663, pet. in-12. *v. br.* — Nodot, Relation de la cour de Rome. *Paris,* 1701, 2 vol. in-12. *v. br.*

1590. Creccecius (Jo.), Collectanea ex historiis de origine et fundatione omnium fere monasticorum ordine. *Francof.,* 1614, in-4. *v. br.*

1591. Description de l'abbaye de la Trape. *Paris,* 1689, in-12. *fig. v.*

1592. Duchesne (J. B.), Histoire du baianisme ou de l'hérésie de Mic. Baius. *Douay,* 1731, in-4. *v. br.*

1593. Dupuis, Origine de tous les cultes, avec une notice par P. R. Auguis. *Paris,* 1822, in-8. *br.* tom. 1 à 6.

1594. Essai sur la secte des Illuminés (par Luchet). *Paris,* 1789. — De l'autorité de Rabelais dans la révolution persente et dans la constitution civile du clergé. *Paris,* 1791, in-8. *dem. rel.* — Secret (le) des francs-maçons. 1744, in-12. *br.*

1595. Etats des Jugements ecclésiastiques depuis le commencement de l'église jusqu'en 1668, in-4 (*dans un carton*).
    Manuscrit.

1596. Eusèbe, Socrate, Sozomène, Théodoret et Evagre, Histoire de l'Eglise, trad. par le prés. Cousin. *A la Sphère,* 1686, 6 vol. in-12. *v.*

1597. Fleury, Histoire ecclésiastique et tables. *Paris,* 1720, 40 vol. in-12. *v. non unif. et br.*

1598. Fleury: Justification des discours et de l'histoire ecclésiastique de Fleury. 1736, 2 vol. in-12. *v.* — Mœurs des chrétiens. *Paris,* 1712, in-12. *v.* — Mœurs des Israélites et des chrétiens. *Paris,* 1746, in-12. *v.*

1599. Formey, Abrégé de l'histoire ecclésiastique. *Amst.,* 1763, 2 vol. in-12. *vel.* — Jovet, Histoire des religions de tous les royaumes du monde. *Paris,* 1724, 2 vol in-12. *bas.*

1600. Gallonius (Ant.), De SS. martyrum cruciatibus. *Paris.,* 1660, in-4. *fig. v.*

1601. (Gerberon), Histoire générale du Jansénisme. *Amst.,* 1700, 3 vol. in-8. *v.* — Histoire de l'émigration des religieuses supprimées dans les Pays-Bas. *Bruxelles,* 1784, in-12. *br.*

1602. Gracian (G.), Summario de las excellencias del glorioso S. Joseph. *Brux.,* 1609. — Zelo de la propagacion de la fee. 1609. — Tratado de la redemption de

captivos. 1609. — Vita et doctrina S. Theresæ , per
Joannem a S. Hyeronymo. *Brux.*, 1610, in-4.

1603. Haeften, disquisitiones monasticæ quibus S. P.
Benedicti regulæ et religis. rituum antiquitates diluci-
dantur. *Antu.*, 1644, 2 vol. in-fol. *v. f.*

1604. Hegesippus, de Bello Judaico et urbis hierosolymi-
tanæ excidio. *Coloniæ*, 1575, in-8. *parch.* — Josippus,
de belloJudaico, hebr. lat. ed. Seb. Lepusculo. *Basileæ*,
1559, in-8. *parch.*

1605. Helyot, Histoire des ordres monastiques. *Paris*,
1721, in-4. tomes 1 à 6. *fig. v. br.*

1606. Henriquez (Chr.), Fasciculus sanctorum ordinis
Cisterciensis. *Bruxellæ.* 1624, in-fol. *v. br.*

1607. Henriquez (Chr.), Menologium Cisterciense. *Antverpiæ*, 1630, in-fol. *v. br. rel. fat.*

1608. Hermant, Histoire des hérésies. *Rouen*, 1712,
3 vol. in-12. *v.* — Histoire critique des pratiques su-
perstitieuses. *Paris*, 1702, in-12. *v. br.*

1609. Histoire des juifs, depuis J. C., jusqu'à présent
(par Dupin). *Paris*, 1710, 7 vol. in-12. *v. f.*

1610. Histoire des voyages des papes, depuis 409 jusqu'en 1782. *Vienne*, 1782, in-8. *br.* —Lannes (J. de),
Histoire du pontifical du pape Inocent II. *Paris*, 1741,
in-12. *v.*

1611. Histoire du grand martyr de S. Mammès. *Paris*,
1650, in-8. *parch.*

1612. Histoire du peuple Hébreu, tirée de l'Ecriture
Sainte. *Liége*, 1742, 3 vol. in-8. *v.*

1613. Histoire du socinianisme. *Paris*, 1725, in-4. *v.*

1614. Histoire, ou antiquitez de l'état monastique et
religieux (par le P. Delle). *Paris*, 1698, 4 vol. in-12. *v.*

1615. Histoires de piété et de morale. in-12. *v. br.*—
Recueil d'histoires édifiantes. *Paris, Rigaud,* 1706,
in-12. *v. br.*

1616. Historia cultus sinensium. *Coloniæ*, 1700, in-12.
v. —Mémoires (9) pour Rome, sur l'état de la religion
chrétienne à la Chine. 1709-1710, in-12. *v. br.*

1617. Historia monothelitarum atque Honorii contro-
versia. *Parisiis*, 1678, in-8. *v.*

1618. Jésuites. Histoire des différens entre les missionnaires jésuites
et ceux des ordres de S. Dominique et de S. François. *Nancy*, 1735,
in-12. *v.* —Jugement porté sur les jésuites, ou portrait des jésuites

fait d'après nature. *Lisbonne*, 1761, in-12. *v.* — Mémoire pour servir à l'histoire des RR. PP. Jésuites. 1757, in-12, *v.* — Mercure Jésuitique. *Genève*, 1631, 2 vol in-8. *mar. r.* — Les mystères les plus secrets des jésuites contenus en diverses pièces originales. *Cologne*, 1727, in-12. *v. f.* — Monarchie des Solipses. trad. du lat. de M. Incholer. *Amst.*, 1721, in-12. *v. br.* — Problème historique, qui des jésuites ou de Luther et Calvin, ont le plus nui à l'Eglise chrétienne. *Avignon*, 1757, 2 vol. in-12 *v.* — Procès de la succession d'Ambr. Guys. *Brest*, in-12. *v.*

1619. Recueil de pièces (51) comptes rendus contre les jésuites. 1762-1764. 2 vol. in-4 *cart.*

1620. Joseph (Flavius), Histoire des Juifs, trad. par Arnauld d'Andilly. *Bruxelles*, 1701 et suiv. in 8. *br.* tom. 1, 2, 3, 5.

1621. Flavius Joseph, Histoire des Juifs, trad. par Arnaud d'Andilly. *Paris*, 1706, in-12. *v.* tom. 1, 3, 4, 5.

1622. Lacroze (M. Veyssière), Histoire du christianisme d'Ethiopie et d'Arménie. *La Haye*, 1739, in-8. *v.*

1623. Lafitau (P. F.), Réfutation des anecdotes ou mémoires secrets sur la constitution unigenitus. *Aix*, 1734, 2 vol. in-8. *v.*

1624. Lantusca (Ang. à), Theatrum regularium. *Romœ*, 1717, in-8. *v.*

1625. Lecointe (Car.), Annales ecclesiastici Francorum. *Parisiis*, 1665, in-fol. tom. 1, 2, 3. *mar. r. dent. d. s. tr. (aux armes)*. tom. 7. *v. br.*

1626. Lenfant (J.), Histoire du concile de Pise. *Amst.*, 1724, 2 vol. in-4. *gr. pap. br.*

1627. Lenfant (J.), Histoire du concile de Constance. *Amst.*, 1727, 2 vol. in-4. *gr. pap. br.*

1628. Lenfant (J.), Histoire de la guerre des Hussites et du concile de Basle. *Utrecht*, 1731, 2 vol. in-4. *gr. pap. br.* — Beausobre, Supp. à la guerre de Hussites. 1745, in-4. *br.*

1629. Le Sueur (J.), Histoire de l'église et de l'empire jusqu'à la fin du Xe siècle. *Amsterdam*, 1730, 8 vol. in-4. *br.*

1630. Lettres édifiantes et curieuses écrites des missions étrangères. *Paris*, 1703 et suivantes, 30 vol. in-12. *v. non uniformes. (Le tome 28 manque).* — Nouveaux mémoires des missions de la C. d. J. dans le Levant. *Paris*, 1723, in-12. Les tom. 3, 5, 6.

1631. Liber usuum Cisterciensis ordinis. *Parisiis*, 1628,

in-8. *parch.* — Ancien (l') gouvernement de l'ordre de
Cisteaux. *Paris,* 1674, in-12. *v. br.*

1632. Lubieniecii (St.) Historia reformationis polonicæ.
Freistadii, 1685, pet. in-8. *v.*

1633. Mabillon (J.), Annales ordinis St. Benedicti. *Lutetiæ Parisiorum,* 1703, 6 vol. in-fol. *br.*

1634. Magnum OEcumenicum Constantiense concilium,
opera et labore Hermanni von der Hardt. *Francofurti,*
1700, 6 tom. en 3 vol. in-fol. *v. br.*

1635. Maimbourg , Histoire de l'arianisme. *Paris,* 1682, 3 vol.
in-12. *v.* — Histoire de l'hérésie des Iconoclastes. *Paris,* 1679, 2 vol.
in-12. *v.* — Histoire du grand Schisme d'Occident. *Paris,* 1681, 2
vol. in-12. *v.* — Histoire du pontificat de S. Léon le grand. *Paris,*
1687, 2 vol. in-12. *v.* — Traité historique de l'établissement et des
prérogatives de l'église de Rome et de ses évêques. *Paris,* 1685, in-12.
v. — Trois traitez de controverse. *Paris,* 1682, in-12. *v.*

1636. Marbais (Nic. de), Supplication et requête sur les
causes d'assembler un concile général. *Leyde, Elzev.,*
1613, in-12. *v.* — Eclaircissement de plusieurs difficultés touchant les conciles généraux. *Amst.,* 1734,
in-12. *v.*

1637. Mémoire des querelles d'entre les papes et les roys
de France. 14 feuillets pet. in-fol.
Manuscrit.

1638. Metanoeologie sur le sujet de l'archicongrégation
des pénitens de l'Annonciation de N. D. et de toutes
telles autres dévotieuses assemblées, en l'église sainte.
Paris, 1584, in-4. *parch.*

1639. Miræus (Aub.), Notitia episcopatuum orbis christiani. *Antverpiæ,* 1613, in-8. *v.*

1640. Nicephori Callistii historia ecclesiastica, gr. lat.,
ed. Fron. Ducæo. *Paris.,* 1630, 2 vol. in-fol.

1641. Nicefore, Histoire ecclésiastique, trad. du lat. en
franç. *Paris,* 1587, in-8. *parch.*

1642. Petrus Diaconus, de viris illustribus Casinensibus
opusculum, studio et opera J. B. Mari. *Lut. Paris.,*
1666, in-8. *parch.*

1643. Pièces relatives à la canonisation de S. François
de Sales. in-4.

1644. Platina, delle vite de pontefici, trad. di lat. *Venetia,*
1578, in-8. *parch.*

1645. Port Royal , Nécrologe des plus célèbres défenseurs et con-
fesseurs de la vérité du dix-septième siècle. 1761, 3 vol. in-12. *v.* —

Nécrologie des appelans et opposans à la bulle Unigenitus. 1755, in-12. *v.* — Recueil de pièces pour servir à l'histoire de Port Royal ou supplément aux mém. de Fontaine, Lancelot, et Dufossé. *Utrecht*, 1740, in-8. *v. f.* — Mémoires pour servir à l'hist. de Port Royal, par Dufossé, *Utrecht*, 1739, in-12. *v.* — Relations sur la vie de la mère Angelique de Sainte Magdelaine Arnauld. 1737. — Mémoires pour servir à la vie de la mère Marie Angelique de Sainte Magdelaine Arnauld. 1737. — Relations sur la vie de la mère Marie des Anges. 1737, in-12. *v. d. s. tr.* — Justification des religieuses de Port Royal, contre d'anciennes et de nouvelles calomnies. 1697, in-12. *v.* — Troisième gémissement d'une ame vivement touchée de la destruction du S. monastère de P. R. des Champs. 1713. — Examen apologétique des sentimens du P. Quesnel, dans ses réflexions sur le N. T. 1712, in-12. *v.*

1646. Prideaux, Histoire des Juifs et des peuples voisins. *Amst.*, 1728, 6 vol. in-12. *v.*

1647. Raynaudi (Th.) Apopompæus. *Cracoviæ*, 1669, in-fol. *br.*

1648. Relation de la conduite présente de la cour de France, trad. d'ital. en franç. *Leyde*, 1665, in-12. *v. f.* — Etat du siège de Rome dès le commencement du siècle jusqu'à présent. *Cologne*, 1707, 3 tom. en 1 vol. in-12. *v.* — Aymon, Maximes politiques de Paul III, touchant ses démêlez avec Charles V, au sujet du concile de Trente. *La Haye*, 1716, in-12. *v. br.*

1649. Relations des PP. L. Froes et N. Pimenta, de la C. de J. concernant l'accroissement de la foy chrestienne au Japon ès années 1596 et 1599. *Lyon*, 1602, in-8. *parch.* — Haren (Onno Swier de), Recherches sur l'état de la religion chrétienne au Japon, relativement à la nation hollandoise. *Paris*, 1778, in-12. *br.*

1650. Ruinart, Acta primorum martyrum sincera et selecta. *Parisiis*, 1689, in-4. *v.* — Apologie de la mission de S. Maur. *Paris*, 1702, in-8. *v.*

1651. S. Philippe, Monarchie des Hébreux, trad. de l'espagn. *La Haye*, 1727, 4 vol. in-12. *v.*

1652. (Sarpi) P. Soave Polano, Historia del concilio tridentino. *Geneva*, 1629, in-4, *v. f.*

1653. Sarpi (fra Paolo), Histoire du concile de Trente, trad. par de la Mothe-Josseval. *Amst.*, 1683, in-4. *v.* — Histoire du concile de Trente, trad. par Amelot de la Houssaye. *Amst.*, 1686, in-4. *v.*

1654. Schachtius (J. H.), Animadversiones ad antiquitates Hebræas C. Ikenii. *Traj. ad Rh.*, 1810, in-8. *br.*

1655. Sigonius (C.), De republica Hebræorum. *Francofurti*, 1583, in-8. *parch.*

1656. Spelman, Consilia, decreta, leges, constitutiones

in re ecclesiarum orbis Britannici. *Londini*, 1664,
2 vol. in-fol. *v. f.*

1657. Sulpicii Severi Historia sacra, ed. J. Drusio. *Franekeræ*, 1607.
— Drusius (J.), De Hasidæis quorum mentio in libris Machabæorum.
Franekeræ, 1603. — Ejusdem Tetragrammaton sive de nomine Dei
proprio, quod tetragrammaton vocant. *Franekeræ*, 1604. — Ejusdem Elohim. *Franekeræ*, 1604, in-8. *vel.*

1658. Summa conciliorum, opera et stud. M. L. Bail.
Parisiis, 1659, in-fol. tom. 1.

1659. Syndicat du pape Alexandre VII, avec son voyage
en l'autre monde. 1669, in-12. *vel.* — Nipotismo (il)
di Roma. 1667, 2 part. en 1 vol. in-12. *v. br.*

1660. Tableau de l'histoire de l'église. *Paris*, 1773,
4 vol. in-12. *v.*

1661. Thiers (J. B.), Dissertation sur la S. larme de Vendôme. *Paris*, 1699.— Lettre d'un bénédictin touchant
le discernement des anciennes reliques. *Paris*, 1700.
— Thiers (J. B.), Réponse à la lettre du P. Mabillon
touchant la prétendue S. larme de Vendôme. *Cologne*,
1706. in-12. *v. br.*

1662. Tillemont, Mémoires pour servir à l'histoire ecclésiastique des six premiers siècles. *Paris*, 16 vol.
in-4. *v. br.*

1663. Traité de l'origine des cardinaux du S. siège. *Cologne*, 1665, in-12. *v. br.* — Cardinalismo (il) di santa
chiesa. *A la Sphere*, 1668, 3 vol. pet. in-12. *v. br.*

1664. Turrettini (J. Alph.) Historiæ ecclesiasticæ compendium. *Geneva*, 1736, in-8. *parch.*

1665. Vaillant (Hug.), Fasti sacri. *Parisiis*, 1674, in-12.
v. br. — La Placette (J.), Observationes historico-
ecclesiasticæ. *Amstel.*, 1695, in-8. *v. br.*

1666. Usserii (Jac.), Annales veteris et novi Testa-
menti. *Bremæ*, 1686, in-fol.

1667. Vetus romanum martyrologium, opera et studio
H. Rosweydi. *Antverpiæ, Plantin*, 1613, in-fol. *v. br.*

1668. Villers (Ch.), Esquisse de l'histoire de l'église depuis son fondateur jusqu'à la réformation. 1804, in-8.
br.

Histoire ancienne et du Bas-Empire.

1669. Bailly, Lettres sur l'origine des sciences et sur

celle des peuples de l'Asie. *Paris*, 1777, in-8. *v.* —
Bailly (J. S.), Essai sur les fables et sur leur histoire.
Paris, an VII, 2 vol. in-8. *br.*

1670. Bleterie (de la), Histoire de l'empereur Jovien.
Paris, 1748, 3 vol. in-12. *v.* — Histoire abrégée du
règne de Constance, empereur d'Orient et d'Occident.
Paris, 1756, in-12. *br.*

1671. C. J. Cæsaris quæ extant, ex emendat. Jos. Scaligeri. *Roterd.*, 1700, pet. in-12. *mar. r. d. s. tr.* —
César, Commentaires. *Amsterdam*, 1763, 2 vol. in-12.
fig. br.

1672. Cesare (C. Giul.), Commentari, con le figure di
And. Palladio. *Venetia*, 1619, in-4. *v.*

1673. Crevier, Histoire des empereurs romains. *Paris*,
1750, 6 vol. in-4. *br.*

1674. Curtius (Q.) Rufus, de rebus Alexandri magni
commentariis Chr. Cellarii et indicibus inlustrata.
Hagæ comitum, 1727, 2 vol. in-8. *fig. br.*

1675. Demetre (And.), Actes mémorables des Grecs,
trad. de l'allem. par J. Polyander. *Dordrecht*, 1602,
in-8. *v.* — Menard, Mœurs et usages des Grecs. *Lyon*,
1743, in-12. *bas.*

1676. Dickinson (Edm.), Delphi phœnicizantes. *Francof.*, 1670, in-8. *br.*

1677. Dictys Cretensis, de bello Trojano ; Dares Phry-
gius, de excidio Trojæ, lat. *Basileæ*, 1529, pet. in-8.
v. à comp.

1678. Discours et réflexions sur l'histoire et le gouvernement de l'ancienne Rome. *Paris*, 1774, 3 vol. in-12.
v. — Histoire critique du gouvernement romain. *Paris*, 1765, in-12. *v.*

1679. Fabricii (E.) Roma : Ejusdem itinera. *Basileæ*,
1559, pet. in-8. *v. br.* — Gentilis (Alb.) De armis ro-
manis, *Hanoviæ*, 1692, pet. in-12. *v. br.*

1680. Fenestella (L.), De magistratibus sacerdotiisque
romanorum. *Parisiis*, 1639, pet. in-12. *v. d. s. tr.* —
Floccus (A. D.), De potestatibus romanorum. *Antverpiæ*, 1569, pet. in-8. *parch.*

1681. Florus (L. A.), Epitome rerum romanarum.
Mannhemii, 1779, in-12. *br.*

1682. Frisius (Ub. Em.), Vetus gracia illustrata. *Lugd.
Bat., Elzev.*, 1626, 3 tom. 2 vol. in-8. *parch.*—Barthe-

lemy, Abrégé de l'Histoire grecque jusqu'à la prise d'Athènes en 404 avant J.-C. *Paris*, 1790, in-12. *bas.*

1683. Gaultier (J.), Voyages et expéditions de Pirrhus, roi d'Épire. *Londres*, 1745, in-8. *fig. mar. r. dent. d. s. tr.*

1684. Hendreich (Chr.), Carthago sive carthaginensium respublica. *Francof. ad Oderam*, 1664, in-8. *cart.*

1685. Histoire de la fondation de Rome, par R., augm. de remarques par de Beaumarchais. *Rouen*, 1740, 2 vol. in-12. *v. f.* — Histoire des révolutions arrivées dans l'empire romain, par B. *Londres (Hollande)*, 1742, 2 vol. in-12. *v. fil.*

1686. Histoire des deux guerres de Dace, faictes par Trajan, ramassée des inscriptions de la colonne qui fust érigée à Rome en sa faveur, trad. du latin. in-4. *oblong. mar. r. a comp. d. s. t.*

Manuscrit.

1687. Histoire philosophique et politique des loix de Lycurgue (par de Gourcy). *Nancy*, 1768, in-8. *br.* — Mathon de la Cour, Dissertation sur les causes et les degrés de la décadence des loix de Lycurgue. *Paris*, 1767, in-8. *br.* — Gueroult, Constitution des Spartiates, des Athéniens et des Romains. *Paris*, 1792, in-8. *br.*

1688. Justini Historiæ Philippicæ. *Amstel*, 1722, in-18. *br.* — Cæsaris quæ extant. *Amst.*, 1746. in-18. *br.*

1689. Labbe (Ph.), Notitia dignitatum imperii romani. *Parisiis*, 1650, in-12. *vél.*

1690. Le Quien (M.), Oriens christianus in quatuor patriarchatus digestus. *Parisiis, Typ. Reg.*, 1740, 3 vol. in-fol. *v. f. (aux armes).*

Le tome 2 est gâté.

1691. Livius (T.), Historiarum libri qui supersunt omnes. *Mannhemii*, 1779-1783, 12 vol. in-12. *br.*

1692. Livius (Titus), opera omnia, edd. Stroth et Dœring. *Gothæ*, 1796, 2 vol. in-8. *br.*

1693. Mambrino Roseo, Historia de' successori di Alessandro magno. *Venetia*, 1570, in-8. *v. f.*

1694. Nervæ et Trajani atq. Adriani vitæ et Dione, G. Merula interprete. Ælius Spartianus, etc. *Aldus* (1519), pet. in-8. *v. à compart. lavé, réglé.*

Ce volume ne contient que la moitié de l'ouvrage ; il finit à la page 257.

1695. Pollio (Treb.), Fl. Vopiscus, Sex. Aurelius Victor. Pomponius Lætus, J.-B. Egnatius de principibus romanorum. *Parisiis, Rob.*

Steph., 1544. — C. Suetonii XII Cæsares. *Parisiis, Rob. Steph.*, 1543. — L. Fenestella, de magistratibus sacerdotiisque romanorum, Pomponius Lætus, de magistratibus et sacerdotiis romanorum. *Parisiis,* 1547, in-8. *parch.*

1696. Postellus (G.), De magistratibus atheniensium. *Basileæ,* 1551. — Commentarii V. Lupani de magistratibus et præfecturis francorum. *Parisiis*, 1551. — Prevotius (Cl.), Commentarius de magistratibus pop. rom. *Lausannœ*, 1579, in-8. *v. br.*

1697. Richer (Adr.), Nouvel abrégé chronologique de l'Histoire des empereurs. *Paris*, 1767, 2 vol. in-8. *v. fil.*

1698. Rollin, Histoire ancienne. *Paris*, 1788, 13 tom. en 14 vol. in-12. *non couuverts.*

1699. Romanæ historiæ scriptores græci minores, opera et studio Fr. Sylburgii. *Francof.*, 1590, in-fol. tome 3. *vél.*

1700. Sallustii (C.) Conjuratio Catilinæ et bellum Jugurthinum. *Venetiis Aldus*, 1563, pet. in-8. *v.*

1701. Sallustii (C.) quæ extant. *Londini, Tonson*, 1725, in-12. *v. f. fil.*

1702. Sallustii (C. Cr.) Opera. *Glasguœ*, 1751, pet. in-8. *v.*

1703. Sallustii (C. C.) Opera. *Mannhemii*, 1779, in-12. *br.* — Salluste, Les Histoires, trad. du franç. par Béauzée. *Paris*, an III, in-12. *bas.*

1704. Schrœerus (J. Fr.), Imperium Babylonis et Nini ex monumentis antiquis. *Francof.*, 1726, in-8. *br.*

1705. Sigonius (C.), Fasti consulares ac triumphi romanorum, cum comment. in-fol. *mout. fleurdelysé. d. s. tr.*

    Le titre manque.

1706. Silius Italicus, De bello Punico, cum argumentis H. Buschii. *Parisiis*, 1531. — Virgilius collatione scriptorum græcorum illustratus. *Antverpiœ*, 1567, in-8. *cart.*

1707. Spanheim (Ez.), Orbis romanus. *Londini*, 1703, in-4. *v. br.*

1708. Suetonii (C.) quæ supersunt omnia. *Mannhemii*, 1787, 2 vol. in-12. *br.*

1709. Taciti (Corn.) Opera, ed. J. Lipsio. *Antverpiœ*, 1588, in-8. *parch. vert.*

1710. Taciti (C. Corn.) et Velleii Paterculi opera. *Parisiis*, 1608, in-fol. *v. f.*

1711. Taciti (C. Corn.) Opera, a. J. Lipsio recensita :
item C. Velleius Paterculus, cum J. Lipsii notis. *Antverpiæ, Plantin*, 1648, in-fol. *v. br.*

1712. Tacite, trad. par Dureau de la Malle. *Paris*, 1808,
6 vol. in-8. *fig. br.*

1713. Tillemont, Histoire des empereurs. *Paris*, 1720,
6 vol. in-4. *v. br.* et *br.*

1714. Tillemont (Le Nain de), Histoire des empereurs.
Bruxelles, 1707, 5 tom. en 13 vol. in-12. *v. br.*

1715. Ursatus (Sertorius), de notis romanorum commentarius. *Patavii*, 1672, in-fol. *v. br.*

1716. Vie (de la) privée des Romains. *Lausanne*, 1757,
in-12. *v.* — Traité des finances et de la fausse mon-
noie des Romains. *Paris*, 1740, in-12. *bas.*

1717. Wieringhen Borski (G. Van.) de phoenicum co-
loniis. *Traj. ad Rh.*, 1825, in-8. *br.*

Histoire moderne.

1718. Brachelius (Ad.), Historia sui temporis ab anno
1618 usque 1652. *Coloniæ.* — Thuldenus (Chr. Ad.),
Historia nostri temporis ab anno 1652 usque 1660,
continuatio Brachelii. *Coloniæ*, 1652-1663, 4 vol.
in-8. *vel.*

1719. Buffier, Introduction à l'histoire des maisons sou-
veraines. *Paris,* 1717, 2 vol. in-12. *v.* — Les souverains du monde. *Paris*, 1718, 4 vol. in-12. *v. br.*

1720. Colins (P.), Histoire des choses les plus mémora-
rables advenues en l'Europe depuis l'an onze cens XXX
jusques à nostre siècle. *Tournay*, 1643, in-4. *v. br.*

1721. Espion (l') dans les cours des princes chrétiens.
Amst., 1756, 9 vol. in-12. *v. f. fil.*

1722. Histoire universelle de ce qui s'est passé ès années 619 et 620 (par Malingre). *Paris*, 1621, in-8.
v. br.

1723. A. de Marigny, [Histoire générale du douzième
siècle. *Paris*, 1750, 5 vol. in-12. *br.*

1724. Matthiæ (Chr.), Theatrum historicum theoretico-
practicum in quo quatuor monarchiæ describuntur.
Amst., Elzev., 1656, in-4. *vel.*

1725. Maubert de Gouvest, Histoire politique du siècle depuis 1648 jusqu'en 1748. *Londres*, 1757, tom. 1. in-4. cart. (*c'est le seul publié.*)

1726. Mehegan, Tableau de l'histoire moderne. *Paris*, 1766, 3 vol. in-12. cart.

1727. Meslanges historiques ou recueil de plusieurs actes, etc., qui peuvent servir en la déduction de l'histoire de 1390 à 1580. *Troyes*, 1619, in-8. v. br.

1728. Millot, Elémens d'histoire moderne. *Paris*, 1792, 5 vol. in-12. bas.

1729. Renaudot, Révolutions des empires, royaumes, etc. *Paris*, 1769, 2 vol. in-12. bas.

1730. Surius (L.), Histoire ou commentaires de toutes choses mémorables avenues depuys LXX ans en ça; nouv. mis en franç. par J. Estourneau. *Paris*, 1571, in-4. v.

1731. Thuanus restitutus, item Fr. Guicciardini paralipomena. *Amst.*, 1663. — Titius (J. P.), J. A. Thuani voluminum historicorum recensio. *Gedani*, 1685, in-12. v. br. — Nominum virorum, mulierum, etc., quæ in J. A. Thuani historiis leguntur index. *Genevæ*, 1634, in-4. v. fil.

1732. Varack (de), Mémoires sur ce qui s'est passé en Europe de 1700 à 1748. *Amst*, 1751, 2 tom. en 1 vol. in-12. v. — Histoire politique du siècle, depuis la paix de Westphalie jusqu'à la paix d'Aix-la-Chapelle. *Londres*, 1755, 2 tom. en 1 vol. in-12. v. — Present state of Europe. *London*, 1757, in-8. v.

France.

1733. Abrégé chronologique des grands fiefs de la couronne de France. *Paris*, 1759, in-8. v. — Origine de la noblesse françoise depuis l'établissement de la monarchie. *Paris*, 1766, in-12. bas.

1734. Abrégé de l'histoire de Dunkerque jusqu'en 1717. in-4. v. br.
Manuscrit, avec 11 plans coloriés et les armes de la ville.

1735. Aimoini monachi, historiæ Francorum libri v. *Parisiis*, 1567, in-8. parch. — Gaguinus (Rob.), de Francorum gestis compendium. *Parisiis*, 1514, in-8. parch. (*imparfait du titre.*)

1736. Almanach royal, année 1770. *Paris*, 1770, in-8.
v. d. s. tr. (aux armes.) — 1774, in-8. *v. fil. d. s. tr.*
(aux armes), année rare, sans le carton de la page 553
fait pour supprimer l'article des trésoriers des grains
pour le compte du roi. — 1789, in-8. *mar. r. dent.*
d. s. tr. — Almanach national, 1793, in-8. *v. fil. d.*
s. tr.

1737. Ample discours de ce qui s'est faict et passé au
siege de Poictiers. *Paris*, 1569, in-8. *non rel.*

1738. Anibert, Mémoires sur l'ancienne république d'Arles. *Arles*, 1779, 1re part. in-12. *br.*

1739. Anquetil, Esprit de la Fronde. *Paris*, 1772, 5 vol.
in-12. *v.*

1740. Apologie royale par J. L. D. 1604, pet in-12. *v.*
— Anticoton ou réfutation de la lettre déclaratoire
du père Cotton. 1610, pet. in-8. *v. br.*

1741. Apologie pour H. de la Rochepozay, év. de Poictiers contre ceux qui disent qu'il est deffendu aux
ecclésiastiques d'avoir recours aux armes en cas de
nécessité. 1615, pet. in-8. *v.*

1742. Argens (d'), Mémoires du chev. de ***. *Paris*, 1747,
2 part. — Le tombeau des amours de Louis-le-Grand
et ses dernières galanteries. *Cologne, P. Marteau*,
1695, pet. in-12. *dem. rel.*

1743. Arrest de la cour de parlement contre Gaspard de
Colligny, mis en huict langues, franç., lat., ital., espagn., allem., flam., angl. et escoçois. *Paris*, 1569, pet.
in-8. *v.*

1744. Basville (de), Mémoires pour servir à l'Histoire du
Languedoc. *Amst.*, 1736, in-8. *br.*

1745. Beauvais-Nangis (de), Mémoires ou l'Histoire des
favoris françois, depuis Henry II, jusques à Louis XIII.
Paris, 1665, in-12. *v. br.* — Histoire du Procès du
chancelier Poyet. *Londres*, 1776, in-8. *br.*

1746. Bedé (J.), Le Droit des rois contre le card. Bellarmin et autres Jésuites. 1611. — Arrestum curiæ Parlam. Paris. adversus librum inscript. Tractatus de potestate summi Pontificis adversus G.
Barclaium auct. Bellarmino. 1611. — Epistola Innocentii III. —
Choisnyn (J.), Discours de ce qui s'est faict et passé à l'élection du roy
de Polongne. *Paris*, 1574.— Miquellos (J. H.), Aureliæ obsidio et Jo-
hannæ viraginis Lotharingæ res gestæ. *Parisiis*, 1560, in-8 *parch.*

1747. Belsunce (H. Fr. X. de), L'Antiquité de l'Eglise de

Marseille et la Succession de ses évêques. *Marseille*, 1747, in-4. *bas.*

1748. Bordeaux (de), Mémoires. *Amst.*, 1758, 4 vol. in-12. *v.*

> Exemplaire non cartonné.

1749. Bouche (H.), Défense de la foy et de la piété de Provence pour ses saints tutélaires Lazare et Maximin, Marthe et Magdalene. *Aix*, 1663, in-4. *v. br.*

> Ex. de Et. Baluze.

1750. Boulainvilliers (de), Lettres sur les anciens parlemens de France que l'on nomme Etats-Généraux. *Londres*, 1753, 3 vol. in-12. *v.* — Boulainvilliers (de), Mémoires présentez au duc d'Orléans. *La Haye*, 1727, 2 tom. en 1 vol. iu-12. *v.*

1751. Boulainvilliers (de), Réflexions sur l'Histoire de France. 2 vol. in-4. *v. f.*

> Manuscrit.

1752. Bouthillier (D.), Responce sur le prétendu privilége de la fierte de St Romain. *Paris*, 1611. — Plaidoyer et responses concernans le privilége de la fierte S. Romain. *Paris*, 1611. — Défense du privilége de la fierte Saint Romain. *Paris*, 1611, in-8. *parch.*

> Mouillé.

1753. Brienne (de), Mémoires. *Amst.*, 1720, 2 vol. in-12. *v.* — Navailles (de), Mémoires. *Amsterdam*, 1701, in-12. *vél.*

1754. Brizard (Gab.), Du Massacre de la S. Barthélemy et de l'influence des étrangers en France durant la ligue. *Paris*, an Ier, 2 part. en 1 vol. in-8. *bas.*

1755. Bruzen de la Martinière, Histoire de la vie et du règne de Louis XIV. *La Haye*, 1740, 5 vol. in-4. *v.*

1756. Bullet, Dissertation sur la mythologie françoise et sur plusieurs points curieux de l'Histoire de France. *Paris*, 1776, in-12. *br. non rogné.*

1757. Bussy Rabutin (de), Mémoires secrets. *Amst.*, 1768, 2 vol. in-12. *bas.* — Supplément aux mémoires et lettres. 2 vol. in-12 *br.*

1758. Cabinet (le) des nouvellistes, ou les nouvelles du temps mises en figures, juin à septembre 1728, *fig.* — Opuscules sur divers sujets. *Toulouse*, 1686, in-12. *cart.*

1759. Cabinet du roi Louis XI. *Paris*, 1661, in-12. *v. br.*

1760. De cæde Franc. Lotareni Guisii ducis, lugubre carmen. *Duaci*, 1563, pet. in-8. *non rel.* — Les cruautez sanguinaires exercées envers feu le card. de Guise. 1589, pet. in-8. *non rel.*

1761. Caractères de la famille royale, des ministres d'état et des principales personnes de la cour de France. *Villefranche*, 1706, in-12. *br.*

1762. Catholicon françois. — Le prophète françois. — L'esprit bienheureux du maréchal de Marillac à l'esprit malheureux du card. de Richelieu. — L'ambassadeur chimérique du card. de Richelieu, etc. in-8. *v.*

1763. Chalons, histoire de France. *Paris*, 1754, 3 vol. in-12. *v.* — Berigny (de), Abrégé de l'histoire de France en vers. *Paris*, 1679, pet. in-8. *v. br.*

1764. Chiniac de la Bastide, Discours sur la nature et les dogmes de la religion gauloise. *Paris*, 1769, in-12. *v.*

1765. Choisy (de), Histoire de Philippe de Valois et du roi Jean. *Paris*, 1688, in-4. *v.* — Mémoires pour servir à l'histoire de Louis XIV. *Utrecht*, 1727, 3 vol. in-8. *br.*

1766. Choppini (Ren.), Panegyricus Henrico III dicatus. *Lutetiæ*, 1594. — Recueil des éloges sur les actions de Henry IIII. *Paris*, 1609. — Morisotus (B.), Henricus magnus. *Lugd., Bat.*, 1624. — L'inscription faite sur les principales actions de Henry IIII. *Paris*, 1610. — La vertu du catholicon d'Espagne. 1594, pet. in-8. *v.*

1767. Chronologie novenaire (par P. V. Cayet). *Paris*, 1608, 2 vol. in-8. *m. r. à comp. d. s. tr.* — Chronologie septenaire (par le même). *Paris*, 1609, in-8. *v.*

1768. Collection des mémoires particuliers relatifs à l'histoire de France. *Paris*, 1790, in-8. tomes 64, 65 et table tome 1er. *br.*

1769. Colonia (Dom. de), Antiquitez de la ville de Lyon. *Lyon*, 1701, in-12. *fig. v. br.*

1770. Cominæi (Phil.) Historiæ à Jo. Sleidano latinitate donatæ. *Basileæ*, 1499, in-8. *parch.*

1771. Commentaires de l'éstat de la religion et république sous Henry et François II et Charles IX. 1565, in-8. *v.*

1772. Condé (de), Mémoires. *Londres*, 1740, 6 vol. in-12.*v. fil.*

1773. La cour de France turbanisée et les trahisons démasquées. *Cologne*, 1686, pet. in-12. *v. br.*—Nouveau bouclier d'état et de justice. *Amsterdam*, 1696, in-12 *non rel.*

1774. De Blois, Histoire de France (jusques et y compris Louis XIV). in-4. *v.*
> Manuscrit.

1775. Defos (Dav.), Traicté du comté de Castres, des seigneurs et comtes d'iceluy. *Tolose*, 1633, in-4. *parch.*

1776. Description contenant toutes les singularités des plus célèbres villes et places de France. *Rouen*, pet. in-8. *v. f.* — Frey (J. C.), Admiranda galliarum compendio indicata. *Parisiis*, 1628, in-8. *parch.*

1777. Description de l'isle des hermaphrodites. *Cologne*, 1724, in-8. *v. br.*

1778. Desistrieres-Murat, Histoire d'Auvergne, 1re part. *Paris*, 1782, in-12. *br.*

1779. Desormeaux, Histoire de la maison de Montmorency. *Paris*, 1764, 5 vol. in-12 *v. fil.*

1780. Dialogue d'entre le maheustre et le manant. 1594, in-8. *parch.*

1781. Dialogus quo multa exponuntur quæ lutheranis et hugonotis gallis acciderunt. *Oragniæ*, 1573, in-8. *v.*
> Lelong, ne cite pas cet ouvrage, ou du moins cette édition. V. n° 18152 (Extrait d'une note manuscrite).

1782. Discours et rapport véritable de la conférence tenue entre les députez du duc de Mayenne avec les députez des princes, etc., estants du party du roy de Navarre. *Paris*, 1593, in-8. *parch.*

1783. Discours merveilleux de la vie, actions et déportemens de Catherine de Médicis. 1649, pet. in-8. *parch.*

1784. Dissertation sur l'origine et l'ancienneté de l'abbaye de S. Bertin. *Paris*, 1737, in-12. *v.*

1785. Duchesne (And.), Antiquitez et recherches de la grandeur et majesté des roys de France. *Paris*, 1609, in-8. *vél. d. s. tr.* — Le même, Antiquitez et recherches des villes, chasteaux et places plus remarquables de toute la France. *Paris*, 1614, in-8. *v. br.*—Le même, Bibliothèque des autheurs qui ont escrit l'histoire et topographie de la France. *Paris*, 1627, in 8. *v. br.*

1786. Duchesne (Fr.), Histoire des chanceliers et gardes des sceaux de France. *Paris*, in-fol. *v. br.*

1787. Dufau, Histoire de France, 1574-1589. *Paris*, 1820, 2 vol. in-12. *fig. br.*

1788. Dulaure (J. A.), Histoire critique de la noblesse. *Paris*, 1790, in-8. *v.*

1789. Dumoustier de la Fond. Essais sur la ville de Loudun. *Poitiers*, 1778, 2 part. en 1 vol. in-8. *br.*

1790. Perron (le card. du), Ambassades et négociations recueillies par Ces. de Ligny. *Paris*, 1633, 2 vol. in-8. *v. f.* — Este (le card. Reynaud d'), Mémoires. *Cologne*, 1677, 2 vol. pet. in-12. *vél.*

1791. Du Pré (Cl.), Abrégé fidelle de la vraye origine et généalogie des françois. *Lyon*, 1601, in-8. *parch.* — Viguier (Nic.), Traicté de l'état et origine des anciens François. *Troyes*, 1582, in-fol. *non rel. mouillé.*

1792. Ebouff (G.), Rerum in Gallia gestarum, abusque promulgato pacis edicto maio 1576, succincta narratio. *Canthurii*, 1577, pet. in-8. *br.*

1793. Entretien de Colbert avec Bouin sur plusieurs affaires curieuses. *Cologne*, 1701, in-12. *v. br.* — Entretiens de l'autre monde sur ce qui se passe dans celui-ci. *Londres*, 1784, in-12. *bas.*

1794. Entretien d'Innocent XI et de Jacques II dans les Champs Elizées. *Venise*. — Journal d'Utrecht concernant les présentes négociations de la paix. n° 2, 1612. — La Perriere (G. de), Le miroir politique. *Paris*, 1567. — Le mercure Suisse. *Paris*, 1634, pet. in-8. *cart.*

1795. Espion anglois. *Londres*, 1780, 10 vol. in-12. *v. f.* — Espion dévalisé. *Londres*, 1783, in-12. *br.*

1796. Essai sur les causes qui ont contribué à détruire les deux premières races des rois de France (par Butel Dumont). *Paris*, 1776, in-8. *br.*

1797. Essai sur l'histoire générale de Picardie. *Abbeville*, 1770, 2 vol. in-12. *br.* — Histoire des evesques d'Amiens. *Abbeville*, 1770, in-12. *br.*

1798. Etat et menu général de la maison du roi. Année 1749, in-4. *v. br.*

Manuscrit.

1799. Fantin des Odoards, Nouvel abrégé chronologique

de l'histoire de France (tom. 4 et 5 du prés. Henault),
Paris, 1799, 2 vol. in-8. *br.*

1800. Fastes de Louis XV. *Villefranche (Hollande)*,
1782, 2 vol. in-12. *v.* —Mémoires de Louis XV, trad.
de l'angl. *Rott.*, 1775, in-8. *br.*

1801. Fauchet : Antiquités gauloises et françoises. *Paris*,
1699, in-8. *v. f.* — Origines des dignitez et magistrats
de France. *Paris*, 1606, in-8. *parch.* — Déclin de la
maison de Charlemagne. *Paris*, 1602, in-8.

1802. Feuquieres (de), Letres et négociations. *Paris*,
1753, 3 vol. in-12. *v.*—Villars (le duc de), Mémoires.
La Haye, 1734, 2 vol. in-12. *v.*

1803. Filleau (J.), La preuve historique des litanies de
la grande reyne de France Ste. Radegonde. *Poictiers*,
1643, in 4. *parch.*

1804. France (la) toujours ambitieuse et toujours per-
fide. *Ratisbonne*, 1689. — Histoire de la décadence
de la France, prouvée par sa conduite. *Cologne*, 1687,
in-12. *v. br.* — Traité de la politique de France, par
P. H. *Cologne*, 1669, in-12. *v. br.*

1805. Froissart (J.), le second volume des cronicques.
Paris, Galliot Dupré, 1530, in-fol. *v.*
    Gâté.

1806. Galanteries des rois de France. *Bruxelle*, 1694,
2 vol. pet. in-8. *v. br.*

1807. Gardé (Fab.), Extraict de l'histoire et cronique de
Froissart des fonctions, services, emplois, etc., des
roys et heraults d'armes. in-4. *parch.*
    Manuscrit.

1808. Gosselinus (Ant.), Historia gallorum veterum.
Cadomi, 1636, in-8. *parch.*

1809. Gouye de Longuemare, Dissertation sur la chronologie des rois mérovingiens. *Paris*, 1748, in-12.
br.

1810. Gramondus (G. B.), Historiarum Galliæ ab excessu
Henrici IV, libri XVIII. *Amst.*, 1653, in-8. *v. br.*

1811. Grand (du) et loyal devoir, fidélité et obéissance
de MM. de Paris envers le roy et couronne de France,
(par Regnier de la Planche). 1567, pet. in-12. *v. f.*

1812. Grappin, Dissertation sur l'origine de la main
morte dans les provinces qui ont composé le premier
royaume de Bourgogne. *Besançon*, 1779, in-8. *br.*

1813. Grasserus (J.), De antiquitatibus nemausensibus dissertatio. *Parisiis*, 1607, in-12. *parch.*

1814. Havre (le) ancien et moderne et ses environs. *Au Havre*, 1825, 2 vol. in-12. *fig. br.*

1815. Henault, Nouvel abrégé chronologique de l'histoire de France. *Paris*, 1746, in-8. *pap. de holl. v. fil. d. s. tr.*

1816. Histoire de Filipe-Emanuel de Lorraine, duc de Mercœur. *Cologne, P. Marteau*, 1689, in-12. *br.* — Turpin, Histoire de Louis de Gonzague, duc de Nevers. *Paris*, 1789, in-12. *v.*

1817. Histoire de Louis unziesme et des choses mémorables advenues de son règne, depuis l'an 1460 jusques à 1483, autrement dicte la chronique scandaleuse. 1611, in-8. *parch.*

1818. Histoire de S. Louis. *Paris*, 1688, 2 vol. in-4. *v.*

1819. Histoire de Tancrède de Rohan. *Liège*, 1767, in-12. *v.*

1820. Histoire des derniers troubles de France sous les règnes des rois Henry III et Henry IIII. 1599, in-8. *v. f.*

    Avec une note manuscrite.

1821. Histoire des grandes querelles entre Charles V et François Ier. *Paris*, 1777, 2 vol. in-8. *v.*

1822. Histoire du maréchal duc de Bouillon. *Amst.*, 1726, 3 vol. in-12. *v. f.* — Apologie pour S. E. le card. de Bouillon. 1706, in-12. *v.*

1823. Histoire du ministère du cardinal de Richelieu. *Paris*, 1650, in-fol. *v. br.*

1824. Histoire du règne de Louis XIII. *Paris*, 1716, 5 vol. in-12. *v. br.*

1825. Histoire du temps ou recit de ce qui s'est passé dans le parlement d'aoust 1647 à novembre 1648. 1649, in-4. *parch.* — Journal contenant tout ce qui s'est fait et passé au parlement de Paris du 13 may 1648 au 12 avril 1649. *Rouen*, 1649, in-4. *v.*

1826. Histoire du visa pour la réduction et l'extinction des papiers royaux, etc. *La Haye*, 1743, 2 vol. in-12. *v.* — Mémoires concernant l'administration des finances sous le ministère de l'abbé Terray. *Londres*, 1776, in-12. *v.* — Lettres au sujet des différends survenus entre la France et la Grande-Bretagne, touchant leurs possessions dans l'Amérique septentrionale. *Paris*, 1755, in-4. *br.*

1827. **Inauguration de Pharamond, ou exposition des loix fondamentales de la monarchie françoise.** 1772, in-12. *fig. cart.*

1828. **Itinéraire du comte de Gisors, parti de Paris le 29 mars 1757. in-4. *dem. rel.***
Manuscrit.

1829. **Joly, Mémoires.** *Rotterdam,* 1718, 2 vol. in-12. *v.*

1830. **Jourdan (Adr.), La critique de l'origine de la maison de France.** *Paris,* 1683, in-12. *v br.*

1831. **Journal de la révolution opérée dans la constitution de la monarchie françoise, par M. de Maupeou.** *Londres,* 1776, 7 vol. in-12. *br.*

1832. **Journal de Paris,** 1779, tom. 1, 1780 à 1789. 1790. tom. 1

1833. **Journal des choses mémorables advenues durant le règne de Henry III.** *Cologne,* 1720, 4 vol. in-8. *v. br.*

1834. **Journal des voyages du p. Bouvet, jés. missionnaire envoyé par l'empereur de la Chine, vers S. M. très chrétienne. in-4. *v. br.***
Manuscrit.

1835. **Justa (de) Henrici III abdicatione e Francorum regno.** *Parisiis,* 1589, in-8. *parch.*

1836. **Lannel (J. de), Recueil de plusieurs harangues, remonstrances, etc., de quelques officiers de la couronne et d'autres grands personnages.** *Paris,* 1622, in-8. *parch.*

1837. **Larcher, Mémoires concernant la province de Champagne. in-4. *v.***
Manuscrit.

1838. **Larrey, Histoire de France sous le règne de Louis XIV.** *Rotterd.,* 1738, 9 vol. in-12. *bas.*

1839. **Lassay (de), Recueil de différentes choses.** *Lausanne,* 1756, 4 vol. in-8. *v.*

1840. **Laurens (Hon. de), Panégyrique de l'édict de Henry III, sur la réunion de ses subjets à l'église catholique.** *Bourdeaux,* 1588.—Bertin, Traicté de la liberté de conscience. *Bourdeaux,* 1588, in-8. *parch.*

1841. **Laveaux (J. Ch.), Histoire des premiers peuples libres qui ont habité la France.** *Paris,* an VI, 3 vol. in-8. *pap. vél. cart.*

1842 **Labanoff de Rostoff (Alex.), Recueil de pièces his-**

toriques sur la reine Anne ou Agnes, *Paris*, 1825. in-8. *fig. br*.

1843. Lebeuf, Histoire de la banlieue ecclésiastique de Paris. *Paris*, 1754, in-12. *cart*.

1844. Lebeuf, Histoire de la ville et de tout le diocèse de Paris. *Paris*, 1754-1758, 15 vol. in-12. *v*.

  Le tome 2 manque.

1845. Lebeuf, Mémoires concernant l'histoire ecclésiastique et civile d'Auxerre. *Paris*, 1743, in-4, tom. 1. *parch*.

1846. Lebeuf, Recueil de divers écrits pour servir d'éclaircissement à l'histoire de France et de supplément à la notice des Gaules. *Paris*, 1738, 2 vol. in-12.*br*.

1847. Legende de Domp Claude de Guyse, abbé de Cluny. 1581. in-8. *v. f. fil*.

1848. Le Guay (G.), Alliances du roy avec le Turc et autres, justifiées contre les calomnies des Espagnols et de leurs partisans. *Paris*, 1526 (1626). — Serment fait par François I et alliance qu'il fit avec Soliman, lequel ses successeurs ont continué jusques à celuy d'aprésent Louis XIV. in-8 *v. br*. — Guilliet (Sc.), Le renouvellement des anciennes alliances et confédérations des maisons de France et de Savoye. *Paris*, 1619, in-4. *parch*.

1849. Lenglet Dufresnoy, Plan de l'histoire de la monarchie françoise. *Paris*, 1753, 3 vol. in-12. *v*.

1850. Lettre mistique, responce, replique. *Leiden*, 1603, pet. in-8. *v*. — Lettres sur les fonctions du Parlement, sur le droit des pairs et les loix fondamentales du royaume. *Amst.*, 1753, 2 tom. en 1 vol. in-12. *v*.

1851. Lettres sur les matières du temps. *Amst.*, 1688, in-4. *v*.

1852. Lettres sur l'histoire de France. in-4. *v. f*.

  Manuscrit.

1853 Limiers, Annales de la monarchie françoise. *Amsterdam*, 1724, 3 part. en 1 vol. in-fol. *fig. v. fil. d. s. tr*.

1854. Lobineau (G. L.), Histoire de Bretagne. *Paris*, 1707, in-fol. *fig.* tom. 1.

1855. Longuerue, recueil de pièces intéressantes, pour servir à l'histoire de France. 1769, in-12. *v*.

1856. Maillet (de), Essai chronologique sur l'histoire du Barrois. *Paris*, 1757, in-12. *v*.

1857. **Maimbourg : Histoire de la ligue.** *Paris*, 1683, 2 vol. in-12. *v. f.*

1858. **Maintenon, Lettres.** *Glascou (Paris)*, 1756, 7 tom. en 4 vol. pet. in-12 *v.* — **Mémoires de M**^me de **Maintenon**, par Labaumelle. *Hambourg, (Paris)*, 1756, 5 tom. en 3 vol. pet. in-12. *v.*

1859. **Maistre Guillaume rendu soldat par nécessité depuis le bruit de guerre.** pet. in-8, *non rel.*

1860. **Manuel, Coup d'œil sur le règne de Saint-Louis.** 1786, in-8. *br.*

1861. **Mémoires de la minorité de Louis XIV.** *Amst.*, 1723, 2 vol. pet. in-12. *v. f.* — **Mémoires et réflexions sur les principaux événemens du règne de Louis XIV**, par L. M. D. L. F. *Rott.*, 1716, pet. in-8. *parch.*

1862. **Mémoires de M. L. (Lenet.)** 1729, 2 vol. in-12. *v. br.*
Cet exemplaire renferme des corrections et additions manuscrites.

1863. **Mémoires de L. C. D. R.** *La Haye*, 1696, in-12. *v. br.* — **Aunoy (M**^me d'), **Mémoires secrets de M. L. D. D. O.** *Paris*, pet. in-12. *v. f.*

1864. **Mémoires de messire Gaspard de Colligny, sieur de Chastillon. admiral de France.** *Grenoble*, 1670, pet. in-12. *vel. v.*

1865. **Mémoires de M. de *** (Torcy), pour servir à l'histoire des négociations depuis le traité de Riswick jusqu'à la paix d'Utrecht.** *La Haye (Paris)*, 1756, 3 vol. in-12 .*bas.*

1866. **Mémoires particuliers pour servir à l'histoire de France sous les règnes de Henri III, Henri IV et Louis XIII.** *Paris*, 1756, 3 vol. in-12. *v.*

1867. **Mémoires pour servir à l'histoire de France depuis 1515 jusqu'en 1589.** *Cologne*, 1719, 2 vol. in-8. *v. br.*

1868. **Mémoires pour servir à l'histoire du publicanisme moderne contenant l'origine, les noms, qualités, le portrait et l'histoire des fermiers généraux depuis 1720 jusqu'en 1750,** in-4. *v. fil. d. s. tr.*
Manuscrit.

1869. **Mémoires secrets pour servir à l'histoire de Perse.** *Amst.*, 1746, in-12. *v.* — **Histoire de la guerre de 1741 (par Voltaire).** *Amst.*, 1755, 2 vol. in-12. *dem. rel.*

1870. **Mémoires secrets tirés des archives des souverains** de l'Europe depuis Henri IV. *Amst.*, 1765, in-12, tom. 1 à 12. *dem. rel.*

1871. Mémoires très particuliers pour servir à l'histoire d'Henry III et d'Henry IV. *Paris*, 1667, in-12. *v. f.*

1872. Mémorial de l'histoire de France, tiré de plusieurs autheurs. 3 vol. in-4. *v. br.*
    Manuscrit.

1873. Mercure François. *Paris*, 1611, 25 vol. in-8. *mar. r. à comp. d. s. tr. et v.*

1874. Mezeray (de), Abrégé chronologique de l'histoire de France. *Amst.*, 1673, 6 vol. pet. in-8. *v.*

1875. Mezeray (Fr. Eudes de), Histoire de France. *Paris, Guillemot*, 1643-1651, 3 vol. in-fol. *fig. gr. pap. mar. bl. fil. d. s. tr.*

1876. Millet (G.), Le trésor sacré ou inventaire des sainctes reliques de S. Denis. *Paris*, 1645, in-12 *v. br.*

1877. Monglat (Fr. de Paule de Clermont de), Mémoires. *Amst.*, 1728, 4 vol. in-12. *v. br.* — Montchal (de), Mémoires. *Rotterdam*, 1718, 2 vol. in-12. *v.*

1878. Monstrelet (Enguerrand de), Chroniques. *Paris*, 1572, in-fol. *v.* le tom. 1ᵉʳ.

1879. Montluc (Blaize de), Commentaires. *Paris*, 1661, 2 vol. pet. in-12. *v. br.*

1880. Moreau, Leçons de morale, de politique et de droit public, ou nouveau plan d'étude de l'histoire de France. *Versailles*, 1773, 21 vol. in-8. *v.*
    Le tome 20 manque.

1881. Mornay (Philippes Duplessis), Mémoires. *Amst., Elzev.*, 1652, in-4. cart. non rogné. (*mouillé*). — Mornay (Philippes de), Suite des lettres et mémoires. *Amst., L. Elzevier*, 1651, in-4. *v.*

1882. Noailles (de), Mémoires politiques et militaires, rédigés par Millot. *Paris*, 1777, 6 vol. in-12. *v.*

1883. Nougaret, Tableau mouvant de Paris ou variétés amusantes. *Paris*, 1787, 3 vol. in-12. *v.* — Un provincial à Paris pendant une partie de l'année 1789. *Strasbourg*, in-12. *br.*

1884. Nouveaux caractères de la famille royale, des ministres d'état et des principales personnes de la cour de France. *Villefranche*, 1703, in-12. *br.*

1885. Oraison funèbre de très haute, très excellente et très puissante princesse monarchie universelle prononcée dans le château de Versailles le 25 août 1704. *Cologne*, 1705, — Derniers conseils ou testam. polit. d'un ministre de Léopold 1er. *Roterdam*, 1706. — Fragment de l'examen du prince de Machiavel. *Paris*, 1633, in-12. *cart.*

1886. Orléans (L. d'), Expostulatio. *Lutetiæ*, 1593, in-8. *cart.* — Orléans (L. d'), Remerciment au roy. *Paris*, 1604, in-8. *v.*

1887. Ossat (le card. d'), Lettres avec des notes par Amelot de la Houssaye. *Amst.*, 1708, 5 vol. in-12. *v. br.*

1888. Palatius (Jo.), Aquila inter lilia subque francórum Cæsarum a Carolo magno usque ad Conradum elogiis hieroglyphicis, etc., fasta enarrantur. *Venetiis*, 1671. — Barth. d'Elbene, Civitas veri sive morum. *Parisiis*, 1609. — C. Julii Cæsaris rerum ab se gestarum commentarii. *Parisiis*, 1543, in-fol. *cart.*

1889. Pelisson, Histoire de Louis XIV. *Paris*, 1749, 3 vol. in-12. *v.*

1890. Pelloutier (Sim.), Histoire des Celtes et particulièrement des Gaulois et des Germains. *La Haye*, 1740, pet. in-8. *v. br.*

1891. Plessis (Toussaints du), Lettres au sujet de la dissertation sur le Soissonnois, avec les réponses par Le Beuf. *Paris*, 1736. — Le Beuf, Dissertation sur l'époque de l'établissement de la religion chrétienne dans le Soissonnois. *Paris*, 1737, in-12. *v. br.*

1892. Pompadour (Mme de), Lettres depuis 1753 jusqu'à 1762. *Londres*, 1772, 2 vol. in-8. *br.*

1893. Poncet de la Grave, Projet des embelissemens de Paris. *Paris*, 1756, 3 vol. in-12. *v. dent.*

1894. Poupard, Histoire de la ville de Sancerre. *Paris*, 1777, in-12. *bas.*

1895. Preclara frâcorũ facinora, variaque ipsorum certamina pluribus in locis tam contra orthodoxe fidei quam ipsius gallice gentis hostes nota impigre gesta ab anno 1200 ad annum 1311, ab Montisque fortis comite recollecta. pet. in-8. *v. gothique.*

1896. Recueil des choses mémorables passées et publiées pour le faict de la religion et estat de la France. *Strasbourg*, 1565, in-18. *parch.* — Recueil des excellens et libres discours sur l'estat présent de la France. 1606, in-12. *parch.*

1897. Recueil de lettres pour servir d'éclaircissement à l'histoire militaire du règne de Louis XIV. *Paris*, 1760, 8 vol. in-12. *v.*

1898. Recueil des pièces les plus curieuses qui ont été faites pendant le règne du connétable de Luyne. 1628, in-8. *parch.*

1899. Recueil contenant : Gallandii (P.) Oratio funebris Francisci francorum regis. *Lutetiæ*, 1547 —La même, trad. en franç. *Paris*, 1547. — De D. Francisci Valesii Delphini demortui laudibus. *Parisiis*, 1537. — Ch. de Saincte Marthe, Oraison funèbre de Marguerite, royne de Navarre. *Paris*, 1550. — Cherleri (P.) Ecclesiæ et academiæ Basiliensis luctus. *Basileæ*, 1565, in-4. *v. br. d. s. tr.*

1900. Recueil de pièces (22), dont : L'ordre et les articles du tournoy entrepris pour la solennité du très heureux couronnement et triumphante entrée du très chrét. roy Henry second. 1548. — La publication des emprises du tournoy qui sera faict à Paris, pour la solennité des très heureux mariages du roy cathol. avec Mme Elisabeth, fille du roy, et du duc de Savoye avec Mme Marguerite de France. 1559, etc., in-4. *cart.*

1901. Recueil de pièces : Edict du roy contenant interdiction et défence de toute presche, etc., d'autre religion que de la catholique apostolicque et romaine. *Paris*, 1568. — Edict du roy contenant déclaration qu'il ne se veult d'oresenavant plus servir de ses officiers, tant de judicature que de finances, qui sont de la nouvelle prétendue religion. *Paris*, 1568. — Edict du roy sur la pacification des troubles de son royaume. *Paris*, 1568. — Edict du roy sur la pacification des troubles de son royaume. *Paris*, 1573. — Ban et édict en forme de proscription à l'encontre de G. de Nassau prince d'Orange. *Douay*, 1580. — Copie d'une missive sur le faict de la réduction de la ville de Deventer à l'obéissance de S. M. catholique. — Copie de la seconde lettre escripte par le Conseil d'Etat étably à Digon. 1589. — Bulla Sixti papæ V, contra Henricum IIII. *Parisiis*, 1589.—Articles accordez jurez et signez par le roy de France et de Navarre et les prélats, etc. 1590, in-8. *non rel.*

1902. Recueil de pièces : Déclaration de la volonté du roy sur la pacification des troubles de son royaume. 1576. — Advertissement, contenant les causes et raisons pour lesquelles le pape et le roy ont ordonné être retrenchez dix jours de ceste présente année 1582. *Rouen*, 1582. — Ordonn. sur le fait des deffences du desreiglement et désordre aux accoustremens des laboureurs, artisans, [manouvriers, serviteurs, chambrieres et autres mécaniques de tout le peuple. *Rouen*, 1583. — A. Sorbin, Oraison funèbre de Claude de France, duchesse de Lorraine. *Paris*, 1575. — A. Sorbin, Oraison funèbre de Marguerite de France, duchesse de Savoye. *Paris*, 1575, pet. in-8. *v. fil.*

1903. Recueil de pièces : Responce aux principaux articles et chapitres de l'apologie du Belloy, trad. du lat. 1588. — Histoire de tout ce qui s'est fait à Paris depuis le 7 mai 1588, jusqu'au 30 juin en suyvant. *Paris*, 1588.—Discours véritable de ce qui est arrivé à Paris, le 12 may 1588. *Paris*. — Recueil de toutes les impressions les plus favorables, depuis le département du roi. 1588. — Déclaration de la volonté du roy. 1588. — Copie d'une lettre écrite au roy, par le duc de Guise. 1588.—Lettres patentes du roy contenant le pouvoir général octroyé au duc de Guyse. 1588. — Lettre au roy, par le duc d'Espernon. 1588. — Coppie des mémoires secrets envoyez de Blois. 1589. —

Remonstrance faite à M. d'Espernon. 1588 et autres pièces, pet. in-8:
v. fil.

1904. Recueil contenant 18 pièces, dont : Exhortations aux
vrays et entiers catholicques. *Paris*, 1588. — Propos tenus au roy à
la présentation de la requeste de l'union, pòur la deffence de la religion
catholique apost. et rom. *Paris*, 1588. — Histoire de P. Gaverston.
1588. — Articles de la saincte union des catholiques françois. 1588. —
Le bénédictus du prophète royal adapté de mot à mot à la confusion
et ruyne des hérétiques. *Paris*, 1588. — Discours contenant les plus
mémorables faits advenuz en 1587. *Paris*, 1588, etc. in-8. *v.*

1905. Recueil de 13 pièces, dont : Epistre des Liégeois contre
le pape Paschal II. *Tours*, 1591. — Conspiration, prison, jugement et
mort du duc de Biron. 1607. — Déclaration et confession de foy de
M. de Candale. *Nismes*, 1616. — Déclaration des maires, Esche-
vins, etc., de la ville de la Rochelle. 1616, etc., in-8. *v. fil:*

1906. Recueil contenant : St. Ambroise, Les deux premiers livres
des vierges mis en françois. *Paris*, 1650. — Le bouquet de fleurs
d'espine, par l'hermite des Fontaines. — Histoire abrégée du card.
Du Perron. *Paris*, 1618. — Satyre Menippée. 1595, etc. pet.
in-8. *vel.*

1907. Recueil contenant : Richebourg (J. de), De l'élection de
Sixte V. — Requéte présentée par le card. de Bourbon, etc., pour faire
cesser les troubles du royaume. — Discours de la victoire du duc de
Guyse contre les Reistres. *Rouen*, 1587. — De Sanzay, Remoustrances
sur la réformation de tous les ordres, etc. *Rouen*. — Discours de la
mort du duc de Bouillon. *Rouen*, 1588. — Harangue au roy par un
député de Rouen. *Rouen*, 1588, in-8. *v. fil.*

1908. Recueil de pièces : Déffaite des trouppes de Givry près de
Ville-Costerets. *Paris*, 1589. — Déffaicte de M. de Sourdy, en la
Brye. *Paris*. — Déffaite des trouppes de Laverdin et prinse du comte
de Soissons. *Paris*, 1589. — Discours véritable de la prise au comte
de Soissons. *Paris*, 1589. — Prinse et rendition de la ville d'Eu.
Paris, 1589. — Prinse de la ville et chasteau de Gournay. *Paris*,
1589 et 14 autres pièces, récits de combats et de prises de villes en
1589. pet. in-8. *v. f fil.*

1909. Recueil contenant 35 pièces, dont : Histoire tragique
et mémorable de P. de Gaverston. 1588. — Discours de la mort de
madame Marie Stouard, royne d'Ecosse. — Summarium rationum
mortis Mariæ Stuartæ Scotiæ reginæ. *Ingolstadii*, 1588. — Déclaration
des consuls, etc., de Lyon sur l'occasiò de la prise des armes, par eux
faicte le 24 février 1589. *Paris*, 1589 — Prise et reduction de plusieurs
villes d'Auvergne à l'union des catholiques. *Paris*, 1589. — Serment
de la saincte union. *Paris*, 1589, etc. in-12.

1910. Recueil sur les états de Blois, contenant : Mémoires
à ceux qui vont aux estats, par P. Dufour. 1588. — Advis au roy.
1588 et 46 autres pièces, avec une table manuscrite. 2 vol. pet.
in-8. *v. br.*

1911. Recueil de pièces : Discours au vray, sur la mort et
trespas de Henry de Valois. *Paris*, 1589. — Advertissement et premières escriptures du procès pour les députez des provinces, etc., contre
Henry de Valois, autrefois roy de France et de Pologne, autrement

dict Thessalonien. 1589. — La nullité de la prétendue innocence et
justification des massacres de Henry de Valois. 1589. — La confession
et repentance d'Espernon, etc.— Copie des mémoires secrets en forme
de missive, envoyés de Bloys par un politique mal asseuré. 1589. —
Ret (Mic. du), La vie d'Antragues le bon François et de la foy des
Gaulois, trad. du lat. *Paris*, 1589. — Doyen (J. G.), Les premières
vespres et complies de l'office de S. Florentin paraphrasées en vers
françois. *Paris*, pet. in-8. *fig. v.*

1912. **Recueil de pièces :** Discours de la calamité que nous promet
la fin des états de Bloys. 1590.—Le labyrinthe de la ligue et le moyen
de s'en retirer, par A. D. L. P. A. S. — Question très utile à bien
résoudre en l'estat confus de la France. 1591, pet. in-8. *v. f.*

1913. **Recueil de pièces :** Corneio (P.), Bref discours et véritable
des choses plus notables arrivées au siége de Paris et défense d'icelle
par le duc de Nevers contre le roy de Navarre. *Bruxelles*, 1590. —
Nouvelle véritable contenant sommairemèt le siége, la prise et l'ap-
pointement de Gotha le 14 d'avril 1567. *Anvers*, 1567. — Ad conju-
ratos Germaniæ proceres oratio. 1553, pet. in-8. *non rel.*

1914. **Recueil de pièces :** Acta in publicis trium Galliæ ordinum
comitiis Lutetiæ habitis 11 aprilis MDXCIII. *Antverpiæ*, 1593. —
Très heureuse entrée de la royne d'Espaigne Marguerite d'Austriche à
Ferrare. *Bruxelles*, 1598. — Traicté de paix entre France et Savoye.
Bruxelles, 1601. — Breviculus duorum nuper in publicis comitiis An-
glicanis actorum. *Londini*, 1606, pet. in-8. *non rel.*

1915. **Recueil de pièces :** Soldat (le) françois (*le titre manque*).
— Le capitaine au soldat françois. 1604.— La réponse du soldat françois au capitaine. 1604.— Le pacifique ou l'anti-soldat françois. 1604.
— L'anti-pseudo-pacifique ou censeur françois. — Le politique françois pour réprimer la fureur au pseudo pacifique ou censeur françois.
Rouen, 1604. — Response du roy au soldat françois et au soldat espagnol.— La response de Mᵉ Guillaume au soldat françois.— Recueil
des responses faites au soldat françois. 1605. — La réplique modeste
sur la response de Mᵉ Guillaume au soldat françois. 1605. — Appoin-
tement de querelle, faict par Mathurine entre le soldat françois et
Mᵉ Guillaume. 1605, in-12. *parch.*

1916. Recueil de 35 pièces sur la Ligue et Louis XIII, dont coppie de
lettre escrite par le duc d'Espernon au roy de Navarre. — Propos
tenus au roy à la présentation de la requête des princes, seigneurs
et communautés de l'Union. — Advertissement sur l'intention et but
de MM. de Guise, en la prinse des armes, etc. *non rel.*

1917. **Recueil de pièces (24) sur les événemens des règnes de Louis XIII et Louis XIV. in-4. *v.***

1918. **Recueil de pièces** , Advis, remontrances et requestes aux
estats-généraux tenus à Paris, 1614, par six paysans. — Pieragrosa,
Gazette des estats et de ce temps, trad. d'ital. en franç. 1615. — Pes-
chier (du), Harangue parisienne au roy, touchant la tenue de ses
estats. 1614. — Discours d'un gentilhomme françois sur l'ouverture
de l'assemblée des estats-généraux en 1614. — L'ombre de Monsei-
gneur de Mayenne aux princes, seigneurs et François. 1622. —L'Her-

rule françois, harengue au roy pour la noblesse de France en l'assemblée des notables de Rouen. pet. in-8. *v. f. fil.*

1919. Recueil de 87 pièces sur le règne de Louis XIII, imprimées en 1622 et 1623, dont accord de la querelle de MM. le duc de Nevers et le prince de Joinville. — Le grand et juste chastiment des rebelles de Negreplisse. — Méditation d'un avocat de Montauban et réponses, protestation et dernière résolution du roy d'Angleterre, etc. *non rel.*

1920. **Recueil contenant 27 pièces, dont:** Lettre du P. Pacifique sur la mort du Grand-Turc. *Paris*, 1622. — La finesse descouverte des jésuites. — Pelletier, Apologie pour les pères jésuites. *Paris*, 1625. — La Savoye mourante à Cazal. 1631. — La déroute des troupes du duc d'Elbeuf 1632. — Histoire de ce qui s'est faict et passé à Thoulouse en la mort de M. de Montmorency. 1633. *cart.*

1921. **Recueil contenant 23 pièces, dont:** Lettre de madame de Chalais. — L'Hermite de Cordouan. *Paris* 1633. — Le curé bourdelois. *Paris*, 1634. — La France mourante. — La rencontre de Pont-Gibaut et du comte de Chalais. — Récit touchant sur l'état présent de l'île de Ré. *Paris*, 1627. — La défaite de l'armée angloise. 1627, etc., in-8. *cart.*

1922. **Recueil contenant:** Du Ferrier, le catholique d'estat. *Paris*, 1626. — Le coup d'estat de Louis XIII. *Paris*, 1631. — La consultation de trois gentilshommes françois sur les affaires d'estat. — Naudé (G), Considérations politiques sur les coups d'état. 1712. — Strube, Dissertation sur la raison de guerre et le droit de bienséance. 1734. — Cassandre françoise. — Prosopopaee de l'assemblée de Loudun. — Lettre sur certain discours faict naguères pour la préseance du roi d'Hespagne. — Dessein perpétuel des Espagnols à la monarchie universelle. 1624. — La caballe des Espagnols descouverte par les François. *Paris*, 1632, in 8. *cart.*

1923. **Recueil de pièces curieuses imprimées depuis l'enlèvement du roy le 6 janvier 1649, jusqu'au 2 d'avril de la mesme année. 1649 in-4. *vel.***

1924. **Recueil de pièces.** Lettre d'un bénédictin (Mabillon) touchant le discernement des anciennes reliques. *Paris*, 1700, *fig.* — Thiers (J. B.), Réponse à la lettre du p. Mabillon. *Cologne*, 1700. — Inventaire du trésor de l'abbaye de S. Corneil de Compiègne. *Paris*, 1698. — Fontaine (Fr. de), Response touchant la hiérarchie de l'Eglise. — Francisci II archip. Rothomagensis statuta synodalia. *Rothomogi*, 1653. — Chaumont (J. de), Le philalète, ou dialogue qui traite de l'invocation des saints et de la vénération de leurs reliques. *Paris*, 1662. — Le trésor, les corps saints, les tombeaux et les raretés qui se voyent dans l'église de S. Denys. *Paris*, 1715, in-8. *v.*

1925. **Recueil de pièces.** Histoire du Palais-Royal. — Les pourtraicts de la cour pour le présent. *Cologne*, 1667. — Discours touchant l'établissement d'une compagnie françoise pour le commerce des Indes Orientales. *Paris*, 1665. — Articles et conditions pour l'établissement d'une compagnie pour le commerce des Indes Orientales. *Paris*, 1665. — Recueil de quelques pièces curieuses, servant à l'histoire de la vie de la reyne Christine. *Cologne, P. Marteau*, 1668. pet. in-12. *vel.*

1926. Recueil de Mazarinades. 7 vol. in-4. *v.* — Table des Mazarinades appartenant à M. Vallée. in-4. *br.* (*manuscrit.*)

1927. Recueil de pièces (112) sur les évènements du règne de Louis XV. in-4. *cart.*

1928. Recueil des pièces touchant l'affaire des princes legitimes et legitimez. *Roterdam*, 1717, 4 vol. in-12 *v.*

1929. Recueil contenant des remontrances de Parlement de 1751 à 1755. 4 vol. in-12. *v.*

1930. Recueil de pièces (356) relatives à la suppression et au rétablissement des parlements. 4 vol. in-4. *cart.*

1931. Regnier Desmarais, Histoire des demeslez de la cour de France avec la cour de Rome, au sujet de l'affaire des Corses. 1707, in-4. *v. br.*

1932. Registres du Parlement de Dijon, de tout ce qui s'est passé pendant la Ligue. in-12. *br.*

1933. Relation des campagnes du duc d'Anguien, dans les années 1643 et 1644, in-4. *v. f.*

Manuscrit.

1934. **Remonstrances** très humbles au roy de France et de Pologne Henry III, sur les désordres et misères de ce royaume. 1588. — Apologie catholique contre les libelles, déclarations, etc., faites, escrites et publiées par les ligueurs. 1585, pet. in-8. *v.*

1935. Renneville (Const. de), L'inquisition françoise, ou l'histoire de la Bastille. *Amst.*, 1724, 5 vol. in-12. *v. f.*

1936. Retz (le card. de), Mémoires. *Amst.*, 1718, 4 vol. in-12. *br.* — Joly, Mémoires. *Amst.*, 1718, 2 vol. in-12. *v. br.* — Mémoires de M. L. D. D. N. (la duchesse de Nemours). *Cologne*, 1709, in-12. *v. br.*

1937. Richelieu (le card. de), Journal qu'il a faict durant le grand orage de la court en l'année 1630 et 1631. 1648, in-12 *parch.* — Richard, Parallelle du card. Ximenes et du card. de Richelieu. *Paris*, 1705, pet. in-12. *v. br.*

1938. Le Roville (Guil.), Le recueil de l'antique préexcellence de Gaule et des Gauloys. *Paris*, 1551, in-8. *parch. (titre doublé).* — Hotoman (Fr.), La Gaule françoise, trad. du lat. en franç. *Cologne*, 1574, pet. in-8. *v.*

1939. Sacre et couronnement de Louis XIV, le 7 juin 1654. *Paris*, 1720, in-12. *v. br.* — Menin, Traité du sacre et couronnement des rois et reines de France. *Paris*, 1723, in-12. v.

1940. Le salut de la France, à M. le Dauphin. *Cologne*, 1680, in-12. v. br.

1941. Senac de Meillan, Du gouvernement, des mœurs et des conditions en France avant la révolution. *Hambourg*, 1795, in-8. br. — Levis (de), Souvenirs et portraits. 1780-1789. *Paris*, 1813, in-8. br.

1942. Serres (J. de), Inventaire général de l'histoire de France. *Rouen*, 1613, in-8. dem. rel.

1943. Serviez, Hommes illustres du Languedoc. *Beziers*, 1723, in-8. v.

1944. Le soldat françois, ensemble M. Guillaume : là réponse audit M. Guill., etc. 1605. — Le lunaticque à M. Guillaume. in-12. v. — Le Soldat navarrois. pet. in-12. v. f. fil.

1945. Sully (de), Mémoires des sages et royales œconomies d'estat, domestiques, etc., de Henry-le-Grand. *Jouxte la coppie imprimée à Amstelredam*, 1652, 4 vol. pet. in-12. v. f. fil.

1946. Sully (de), Mémoires. *Londres*, 1778, 10 vol. in-12. vél. v.

1947. Talon (Omer), Mémoires. *Lahaye*, 1732, 8 vol. in-12. v.

1948. Tassin, Plans et profils des principales villes et lieux considérables de France. *Paris*, 1636-1644, 2 vol. in-4. obl. v. d. s. tr.

1949. Le taureau banual de Paris. *Cologne, P. Marteau*, 1689, pet. in-12. v. br.

1950. Tocsain (le) contre les massacreurs et auteurs des confusions en France. *Reims*, 1579, pet. in-8. *non rel.*

1951. Vaillant (Cl.), De l'estat ancien de la France declaré par le service personnel deu par le vassal, etc. *Paris*, 1605. — Descente généalogique depuis S. Louys de la maison de Bourbon. (*le titre manque*). in-12. v. br.

1952. Valette (L. de Nogaret, card. de la), Mémoires. *Paris*, 1772, 2 vol. in-12. v. — Talbot (Rob.), Lettres, trad. par Maubert de G. *Amst.*, 1768, 2 vol. in-12. v.

1953. Varillas, Histoire de Charles VIII. *Paris*, 1691, in-4. v. f. — Le même, Histoire de Louis XII. *Paris*, 1688, 3 vol. in-4. v. — Le même, Histoire de François Ier. *Paris*, 1685, 2 vol. in-4. v. —

Le même, Histoire de Charles IX. *Paris*, 1686, 2 vol. in-4. *v.* — Le même, La minorité de S. Lou.s avec l'histoire de Louis XI et de Henri II. *La Haye*, 1685, in-12. *vel.*

1954. Véritable tableau de la France attaquée par les puissances de l'Europe, sous le règne de Louis XIV. *Cologne*, 1690, in-12. *br.*

1955. Vérité (la) de l'histoire de l'église de S. Omer et de son antériorité sur l'abbaye de S. Bertin. *Paris*, 1754, in-4. *br.*

1956. Videl, Histoire du connétable de Lesdiguières. *Paris*, 1666, in-12. *v. br.*

1957. Vie (la) et la mort de L. de Bourbon, prince de Condé (par le P. Bergier, jésuite). *Cologne*, 1691, in-12. *v.* — Mémoires de Henry, dernier duc de Montmorency. *Paris*, 1676, in-12. *v. br.*

1958. Vie privée de Louis XV (par Mouffle d'Angerville). *Londres*, 1785, 4 vol. in-12. *br.*

1959. Xaupi, Continuation des recherches sur la noblesse des citoyens nobles de Barcelone et de Pergignan. *Paris*, 1769, in-12. *br.*

Révolution. — Consulat. — Empire. — Restauration.

19 o. Anecdotes secrètes sur le 18 fructidor, et nouveaux mémoires des déportés à la Guiane. *Paris*, in-12. *dem. rel.* — Aymé (J. J.), Déportation et naufrage. *Paris*, in-8. *cart.*

1961. Bailly (J. Sylv.), Mémoires d'un témoin de la révolution. *Paris*, 1804, 3 vol. in-8. *dem. rel.*

1962. Barbaroux et Loys, Observations sur la commune de Marseille. 1792. — Antonelle, Observations sur le compte rendu par Debourge. 1792. — Adresse à la nation françoise. — Chalier, Adresse, à l'assemblée nationale. — Poyet, Projet de cirque national. 1792. — Sedilles, Lettre au comité de l'instruction publique. An IV. — Mirabeau, Discours sur l'instruction nationale. 1791, et autres pièces. in-8. *v.*

1963. Beauchamp (Alph. de), Histoire de la guerre de la Vendée. *Paris*, 1820, 4 vol. in-8. *fig. br.*

1964. Beauchamp (Alph. de), Histoire de la campagne

de 1814 et de la restauration de la monarchie française. *Paris*, 1815, 2 vol. in-8. *br.*

1965. Biographie pittoresque des députés, portraits, mœurs et costumes. *Paris*, 1820, in-8. *br.* — Biographie spéciale des pairs et des députés du royaume, session de 1818-1819. Deuxième supplément. *Paris*, 1820, in-8. *br.*

1966. Boehmer (G. G.), La rive gauche du Rhin, limite de la république française. *Paris*, an IV, 3 cah. en 1 vol. in-8. *dem. rel.*

1967. Boessière (de la), Considérations militaires et politiques sur les guerres de l'ouest pendant la révolution française. *Paris*, 1827, in-8. *br.*

1968. Bonaparte, 2 cartons in-8 contenant des pièces qui lui sont relatives.

1969. Caricatures politiques. An VI. in-18. *fig. color. br.*

1970. Carnot (L. N. M.), Réponse au rapport fait sur la conjuration du 18 fructidor, an V, par J. Ch. Bailleul. 1798, in-8. *br.* — Carnot. Mémoire adressé au roi en juillet 1814. *Paris*, 1815, in-12. *br.*

1971. Changement de décoration ou vue perspective de l'assemblée des Français. *Au Champ de Mars, l'an second des horreurs populaires*, in-8. *fig. br.* (imprimé en rouge. — The Correspondence of the revolution society in London with the national assembly and with various societies of the friends of liberty in France and England. *London*, 1792, in-8. *br.* — Déclaration des Droits de l'homme et du citoyen. *Paris*, an III, in-8. *br.*

1972. Chas (J.), Tableau des opérations militaires et civiles de Bonaparte. *Paris*, 1801, in-8. *br.* — Chas (J.), Sur Bonaparte, premier consul. *Paris*, an VIII, in-8. *br.*

1973. Chronique indiscrète du dix-neuvième siècle. *Paris*, 1825, in-8. *br.*

1974. Copies of original letters from the army of general Bonaparte in Egypt, with an english translation. *London*, 1798-1800. 3 vol. in-8. *fig. br.* (Il manque les pages 1 à 8 de l'introduction du tome 3). — Correspondance de l'armée française en Egypte, publiée à Londres, avec des notes traduites en franç. par E. T. Simon. *Paris*, an VII, 2 vol. in-8. *br.*

1975. Courtois (E. B.), Rapport sur les papiers trouvés chez Robespierre et ses complices. *Paris*, an III, in-8, *br.* — Courtois, Rapport sur les événemens du 9 thermidor, an II. *Paris*, an IV, in-8. *br.*

1976. Cugnet de Montarlot, Le Nouvel homme Gris. 21 livraisons. — Le Libéral, 12 livraisons. in-8. *en cahiers.*

1977. Danican, Les Brigands démasqués. *Londres*, 1796, in-8. *br.* — Histoire du directoire constitutionnel comparée à celle du gouvernement qui lui a succédé jusqu'au 30 prairial, an VII. *Paris*, an VIII, in-8. *cart.*

1978. David, Histoire des opérations de l'armée du Nord et de celle de Sambre-et-Meuse. *Paris.* — Berthier, Relation des campagnes de Bonaparte en Egypte et en Syrie. *Paris*, an IX, in-8. *dem. rel.*

1979. Débats du procès de Brottier, La Villeurnoy, Dunan et autres. *Paris*, 2 vol. in-8 *bas.* — Procès de Drouet. *Paris*, an V, in-8. *dem. rel.*

1980. Dictionnaire des girouettes. *Paris*, 1815, in-8. *br.*

1981. Dictionnaire national et anecdotique. *Politicopolis*, 1790, in-8. *br.*

1982. Dictionnaire néologique des hommes et des choses, par le cousin Jacques (J. Beffroy de Reigny). *Paris*, an VIII, 2 vol. in-8. *dem. rel.*

1983. Le dix-huit brumaire, ou Tableau des événemens qui ont amené cette journée. *Paris*, an VIII, in-8. *br.* — Fonvielle, Résultats possibles de la journée du 18 brumaire an VIII. *Paris*, an VIII, in-8. *cart.* — Entretien politique sur la situation actuelle de la France. *Paris*, an VIII, in-8. *cart.*

1984. Durand Maillane, Réponse au mémoire de Fréron sur le Midi. *Paris*, an IV, in-8. *br.* — Dumont (André), Compte rendu à ses commettans. *Paris*, an V, in-8. *br.*

1985. Essais sur les mœurs (par de Cressy). *Paris*, 1790. — Galerie des aristocrates militaires et mémoires secrets. *Paris*, 1790, in-8. *bas.*

1986. Etat général des routes de poste de l'empire français pour l'an 1814. *Paris*, 1814, in-8. *pap. vel. mar. r. dent. d. s. tr. doublé de tabis. (aux armes de l'Empire.)*

1987. **États-généraux :** De Landine, Des états-généraux ou Histoire des assemblées nationales en France. *Paris*, 1788, in-8. *br.* — Essai sur l'histoire des comices de Rome, des états-généraux de France et du parlement d'Angleterre, 1789, 3 vol. in-8. *bas.* — Erreurs du clergé ou le triomphe de la liberté françoise. *Paris*, 1791, in-8. *br.* — Exposition des objects discutés dans les états-généraux de France. 1788, in-8. *br.* — Façon de voir d'une bonne vieille qui ne radote pas encore. in-8. *br.* — Idées à communiquer aux états-généraux. 1789, in-8. *br.* — Instruction sur les assemblées nationales. *Paris*, 1787, in-8. *br.* — Mémoire sur les états-généraux. *Paris*, 1788, in-8. *br.* — Picault (P.), Traitté des parlemens ou estats-généraux. *Cologne*, 1679, in-8. *br.* (*reimpr. mod.*) — Procès-verbal de la vérification des pouvoirs. *Paris*, 1789, in-8. *br.* — Savaron, Chronologie des estats-généraux (sur l'imprimé en 1615). *Caen*, 1788, in-8. *br.* — Tableau comparatif des demandes contenues dans les cahiers de trois ordres. 1789, in-8. *br.* — Procès-verbal des assemblées des électeurs de Paris, par Bailly et Duveyrier. *Paris*, 1790, in-8. tom. 1. *dem rel.*

1988. **Fabvier,** Lyon en 1817. *Paris*, 1818, 2 part. in-8. *br.* — Madier de Montjau, Pièces et documens relatifs à son procès. 1820, in-8 *br.* — Le même, du gouvernement occulte, de ses agens et de ses actes. *Paris*, 1820, in 8. *br.* — Les deux cloches ou les accusateurs. en regard, par Riom. *Paris*, 1820, in-8. *br.*

1989. **Foissac-Latour dévoilé.** *Gènes*, an-IX, in-8. *br.* — **Histoire de Pichegru.** *Paris*, 1802, in-12. *dem. rel.* — **Rousselin (Alex.), Vie de Laz. Hoche.** *Paris*, 1800, *fig. bas.*

1990. **Galerie des états-généraux.** 1789, 2 vol. — Liste des ci-devant nobles. An II, 3 part. — Vie privée des ecclésiastiques, prélats, etc. 1791, 2 part. — Tableau de la conduite de l'assemblée prétendue nationale. *Paris*, 1790, 2 part. — La Journée des dupes, pièce tragi-politi-comique. 1790. — De l'autorité de Rabelais dans la révolution présente, etc. *Paris*, 1791. — Nouveau dictionnaire françois, composé par un aristocrate. *juin* 1790, 2 vol. in-8. *dem. rel.*

1991. **Goulet, Fêtes à l'occasion du mariage de Napoléon avec Marie-Louise.** *Paris*, 1810, in-8. *fig. br.*

1992. **Grasset S. Sauveur, Costume des représentants du peuple français.** *Paris*, 1795, in-8. *fig. color. cart.*

1993. **Histoire du consulat de Bonaparte, par S. M. Y.** *Paris*, 1803, 3 vol. in-8. *br.*

1994. **Histoire générale et impartiale des erreurs, des fautes et des crimes commis pendant la révolution.** *Paris*, an V, 6 vol in-8. *br.*

1995. **Itinéraire de Buonaparte de l'île d'Elbe à l'île Sainte-Hélène (par Fabri).** *Paris*, 1817, 2 vol. in-8. *br.* — Itinéraire de Buonaparte, depuis son départ de Doulevent jusqu'à Fréjus. *Paris*, 1815, in-8. *br.*

1996. **Je m'en f.... et Jean Bart, suite de je m'en f....,** 180

N°ˢ. et lettre archi b..... patriotique de Jean - Bart. 3 vol. in-8. *bas.*

1997. Jourgniac St. Méard, Mon agonie de trente-huit heures. *Paris*, 1792, in-8 *br.* — Lezay (Adr.), Les ruines, ou voyage en France. *Paris*, an III, in-8. *br.* — Clery, Mémoires. *Londres* (Paris), 1800, in-18. *br.*

1998. Journal des hommes libres du 25 vendémiaire au 30 floréal an IV; du 1ᵉʳ vendémiaire au 5ᵉ jour complémentaire an V; du 1ᵉʳ prarial au 21 fructidor an VIII. 6 vol. in-4. *cart.*

1999. Kotzbuë (Aug. de), L'année la plus remarquable de ma vie, trad de l'allem. *Paris*, 1802, 2 vol. in-8. *br.* — Kotzebue (Aug.), Souvenirs de Paris en 1804, trad. de l'allem. *Paris*, 1805, 2 vol. in-12. *dem. rel.*

2000. Mallet du Pan, Considération sur la nature de la révolution de France. *Londres*, in-8. *br.* — Mallet du Pan (J), Essai sur la destruction de la ligue et de la liberté helvétique. *Londres*, 1798, in-8. *non rel.*

2001. Manuel (P), Police de Paris dévoilée. *Paris*, an II, 2 vol. in-8. *dem. rel.*

2002. Manuscrit de l'ile d'Elbe, des bourbons en 1815, publié par le Cte. ****. *Londres*, 1818, in-8. *cart.*

2003. Marat, Pièces diverses pour et contre. 5 vol. in-8. *br.* — Découvertes sur le feu, l'électricité et la lumière. *Paris*, 1779. — Découvertes sur la lumière. *Paris*, 1780, in-8. *br.* — Notions d'optique. 1784. — Lettre sur l'aerostation. *Paris*, 1785. — Observations sur l'électricité médicale. *Paris*, 1785. — Mémoire sur l'électricité médicale. 1784. — Les charlatans modernes. 1791, in-8. *br.* — Mémoires sur la lumière. 1788, in-8. *br.* — De l'homme. *Amst.*, 1775, 3 vol. pet. in-8. *br.* — Complot d'une banqueroute générale de la France, de l'Espagne, etc. — Bulletin du tribunal crim. révolut. n₀ 16, contenant l'interrogatoire de Marat. — Le même, n°ˢ 71,72-73, contenant l'acte d'accusation et les interrogatoires de Charlotte Corday et autres pièces relatives à Marat. — Réponse au mémoire de M. Marat, affaire Breguet (*manuscrit.*). in-4. *br.*

2004. Mémoires pour servir à l'histoire de la guerre de la Vendée, par le Cte. de *** (Vauban). *Paris*, 1806, in-8. *pap. vél. br.*

2005. Miot (J.), Mémoires pour servir à l'histoire des expéditions en Egypte et en Syrie. *Paris*, 1814, in-8. *br.* — Wilson (R. T.), Histoire de l'expédition de l'armée britannique en Egypte. *Londres*, 1803, 2 vol. in-8. *bas.*

2006. Momoro, Rapport sur les évènemens de la guerre

de la Vendée, an II. in-8. *br.* — Lequinio, Guerre de la Vendée et des chouans. *Paris*, an III, in-8. *br.*

2007. Moniteur secret. *Paris*, 1814, 2 vol. in-8. *br.*

2008. Montesquiou, Coup d'œil sur la révolution française. *Genève*, 1795. — Réponse de Dumouriez au rapport de Camus. *Hambourg*, 1796. — Rivarol, Histoire secrète de Coblence dans la révolution des François. *Londres*, 1795, in-12. *bas.*

2009. Peltier, Paris pendant les années 1795 à 1799. *Londres*, in-8. N⁰ˢ. 2, 93 à 108. 111 à 128. 131, 133, 134, 135, 163, 164, 165, 184 à 206, 208, 209, 216, 218. 219 à 245. 247 à 249.

2010. Pièces et Correspondance relatives aux opérations de l'armée d'Orient en Egypte. *Paris*, an IX, in-8. *fig.* — Pièces officielles de l'armée d'Egypte. Seconde partie. *Paris, Didot l'ainé*, an IX, in-8. *pap. vél. cart.*

2011. Pièces diverses et correspondances relatives aux opérations de l'armée d'Orient et d'Egypte. *Paris, Baudouin*, an IX, 2 vol. in-8. *br.* — Mémoires sur l'Egypte, publiés pendant les campagnes du général Bonaparte. Seconde partie. *Paris, Baudouin*, an IX, in-8. *br.*

2012. Pièces (21) sur la révolution, dont : la Cour plénière. *Paris*, 1788, in-8. *br.* — Observations sur les attentats attribués à M. le duc d'Orléans. *Paris*, 1790, in-8. *br.* — Le Cointre, Les Crimes des sept membres des anciens comités. in-8. *br.* — Précis des opérations de Rapinat en Helvétie. in-8. *br.*, etc.

2013. Le Pour et le Contre, Recueil complet des opinions prononcées dans le procès de Louis XVI. *Paris*, an Iᵉʳ, 7 vol. in-8. *br.*
Le tome 4 manque.

2014. Prudhomme, Dictionnaire des individus envoyés à la mort pendant la révolution. *Paris*, 1796, 2 vol. in-8. *br.*

2015. Quelques notices sur les premières années de Buonaparte, publiées en anglais, et mises en franç. par B. *Paris*, an VI, in-8. *br.*

2016. Recueil de pièces dont : rapports de S. Just, Couthon, Barrère, etc. in-8. *br.*

2017. Recueil de 19 pièces, dont : Grégoire, sur les destructions opérées par le vandalisme. an II. — Le même, Sur les moyens de rassembler les matériaux nécessaires à former les annales du civisme. 1793. — Le même, Sur la nécessité et les moyens d'anéantir les patois. an II, etc. in-8. *bas.*

2018. Recueil de 21 pièces, dont: La Fable de Christ dévoilée. *Paris*, an II. — Éloge non funèbre de Jésus-Christ. 1791. — Benj. Constant, Discours pour la plantation de l'arbre de la liberté. an V, — Le même, des effets de la terreur, etc. in-8. *bas.*

2019. Recueil de pièces sur la révolution. 1 vol. in-4. *br.*

2020. Recueil de pièces sur la révolution. 5 vol. in-8. *dem. rel.*

2021. Recueil de pièces, dont: Pièces du procès de Louis XVI. — Inventaire des diamants de la couronne. 4 vol. in-8. *dem. rel.*

2022. Recueil de pièces sur les affaires du temps de 1787 à 1790. 49 vol. in-8. *br.*

2023. Recueil de pièces sur la révolution, dont: De la vie politique, de la fuite et de la capture de Lafayette.—Grande colère de la Mère Duchesne.—Anathèmes de la Mère Duchesne.—Etrennes de la Mère Duchesne.—La Passion et la mort de Louis XVI, roi des juifs et des chrétiens. 1790.—Veni creator spiritus. *L'an de la liberté, zéro,* etc. *br.*

2024. Recueil de pièces, dont: Sauviac, Aperçu des deux dernières campagnes de l'armée du Nord. — Rapports sur l'armée du Nord, par Camus et autres. an IV. — Audouin (X.), L'Intérieur de maisons d'arrêts. *Paris*, 1795, in-8. *dem. rel.*

2025. Recueil de pièces, dont: Essai sur les journées des 13 et 14 vendémiaire par Réal. an IV. — Grégoire, Adresse aux députés de la 2e législature, lue à la société des jacobins. — Robespierre, Discours sur la liberté de la presse. — Correspondance de Roland avec Lafayette, an IV. — Discours et opinions de Condorcet, Pétion, Brissot, etc. 2 vol. in-8. *dem. rel.*

2026. Recueil de pièces, dont: Discours de J. P. Brissot. —Condorcet, aux Germains, réponse de Philippeaux. an III, etc, in-8. *bas.*

2027. Recueil de pièces, dont: Quatremère, rapports (2) sur le Panthéon, 1791 et 1792. — Bulletin des autorités constituées de Caen. 1793, nos 1 à 8, etc. in-8. *dem. rel.*

2028. Recueil de pièces, dont: L'ombre de la Gironde à la convention nationale. *Paris*, an III. — Quelques chapitres par Rioutfe.— La liberté de la presse défendue par La Harpe contre Chenier. *Paris*, an III, etc. 4 vol. in-8. *dem. rel.*

2029. Recueil de pièces, dont: Benj. Constant, De la force du gouvernement actuel de la France et de la nécessité de s'y rattacher. 1796. — Suite aux Mémoires de Dumouriez. an IV. — Déclaration individuelle sur l'assassinat des ministres français à Rastadt. *Paris*, an VII, 2 vol. in-8 *bas.*

2030. Recueil contenant 6 pièces, dont: Sirey, du tribunal révolutionnaire. *Paris*, an III. — Dulaure, Supplément aux crimes des anciens comités du gouvernement. *Paris*, an III. — Louvet, Quelques notices pour l'histoire, etc. *Paris*, an III, in-8. *bas.*

2031. **Recueil de pièces, dont :** Lequinio, Guerre de la Vendée. *Paris*, an III. — Les Secrets de Jos. Lebon. *Paris*, an III et autres pièces sur Lebon. — La vérité sur la faction d'Orléans, an III.— Grégoire, Discours sur la liberté des cultes, an III. — Courtois, Rapport sur les papiers saisis chez Robespierre, etc. 4 vol. in-8. *dem. rel. et bas.*

2032. **Recueil de pièces, dont :** Catéchisme du genre humain dénoncé par le cidevant évêque de Clermont. *Paris*, 1792. — La Monarchie vengée des attentats des républicains modernes. 1791. — Catéchisme français par Lachabeaussière, an IV. etc. 2 vol. in-8. *dem. rel. et bas.*

2033. **Recueil de pièces sur la révolution.** 3 vol. in-8. *bas.* et 29 *brochures.* in-8.

2034. **Recueil de pièces relatives à la révolution, dont :** Opinions de l'abbé Maury. — Exposé de la conduite de Mounier. — Montlosier, De la nécessité d'une révolution en France. — D'Antraigues, Observations sur la conduite des puissances coalisées.— Les Jacobins dévoilés, etc. 7 vol. in-8. *br.*

2035. **Recueil de pièces :** Adresse de Riego, Banos aux Cortès: 1820, in-8. — Cinq jours de l'Histoire de Naples par Coletta. 1820, in-8.— Note du cabinet russe. 1820, in-8, et 20 pièces publiées en 1820. *Dans un carton.*

2036. **Retraite des Français,** trad. de l'allemand. *S. Pétersbourg*, 1813, in-18. *br.* — Tschouykevitsch (P. de), Réflexions sur la guerre de 1812. *S. Pétersbourg*, 1813, in-8. *br.*

2037. **Révolution française, ou Analyse complette du Moniteur.** *Paris*, an IX, 7 vol. in-4. *br.*

2038. **Reynier,** De l'Egypte après la bataille d'Héliopolis. *Paris*, 1802, in-8. *fig. br.*

2039. **Roland** (Mme J. M. Ph.), Œuvres. *Paris*, an VIII, 3 vol. in-8. *br.*

2040. **Servan**, Histoire des guerres des Français en Italie. *Paris*, 1805, 5 vol. in-12. *fig. v.*

2041. **Suite de la procédure criminelle instruite au Chatelet** sur la journée du 6 octobre 1789. *Paris*, 1790, in-8. 2 part. *br.* — Bonvallet Desbrosses, Situation actuelle de la France. *Paris*, 1791, in-8. *dem. rel.*

2042. **Vicomterie (la) :** Crimes des rois de France. *Paris*, an II, in-8. *fig. br.* — Crimes des reines de France, publiés par Prudhomme. *Paris*, an II, in-8. *fig. br.* — Crimes des empereurs d'Allemagne. *Paris*, 1795, in-8. *fig. br.*

2043. **La Vicomterie (la),** les droits du peuple sur l'assemblée nationale. *Paris*, 1791. — Le même, du peu-

ple et des rois. *Paris*, 1791. — Le même, république
sans impôts. *Paris*, 1792, in-8. *v.*

2044. Vie secrette de P. Manuel et vie politique de J. Pe-
tion. *Paris*, in-8. *br.*

2045. Warden (W.), Letters from Sta Helena. *Brussels*,
1817, in-8. *cart.*

Allemagne. — Angleterre. — Italie et autres
pays de l'Europe.

2046. Abrégé de l'estat présent de l'empire Ottoman, en
l'année 1700, pet. in-8. *v. br.*
    Manuscrit.

2047. Anecdotes du Nord. *Paris*, 1770, pet. in-8. *v.* —
Anecdotes espagnoles et portugaises. *Paris.* 1773,
2 vol. in-8. *v.*

2048. Aretini (L.), De bello Gotthorum : seu de bello
italico adversus Gotthos libri IV, *Bellovisu*, 1507, in-4.
goth. non rel.

2049. Baudier (Mic.), Histoire générale de la religion des Turcs.
Paris, 1625. — Le même, Histoire générale du serail et de la cour
du Grand-Seigneur, empereur des Turcs. *Paris*, 1626. — Le même,
Histoire de la cour du roy de la Chine. *Paris*, 1626, in-4. *dem. rel.*

2050. Bentivoglio, Les relations, trad. par P. Gaffardy.
Paris, 1642, in-4. *v.*

2051. Bizot, Histoire métallique de la république de
Hollande. *Amst.*, 1688, 2 vol. in-8. *fig. v. br.*

2052. Boxhornii (M. Z.) Theatrum sive Hollandiæ comi-
tatus et urbium descriptio. *Amstel.*, 1632, in-4. *obl. v.*

2053. Capreoli (H.) De rebus brixianorum chronica,
Brixiæ, in-fol. *v. br.*

2054. Chenier (de), Révolutions de l'empire Ottoman.
Paris, 1789, in-8. *br.*

2055. Cluverii (Ph.) Italia antiqua contracta, opera, J.
Bunonis. *Guelferbyti*, 1659, in-4. *v. br.*

2056. Délices des Pays-Bas. *Anvers*, 1786, 5 vol. in-12.
et *atlas, br.*

2057. Discours sur l'histoire des Polognois. *Paris* (vers 1574). — Etat
actuel de la Pologne. *Cologne*, 1702. — La délivrance et le rétablissement du royaume de Portugal. *Rouen*, 1648. — Lettere di Fr. Belti.
Londra, 1589. — La politique ciuile et militaire des Vénitiens. *Paris*,

1668. — Chierici (Alf.). Vera relatione della gran citta di Constanti-nopoli. *Bracciano*, 1621. — Second discours de la vérité en l'audiance du roy très chretien. 1670, in-12. *cart.*

2058. Dodsworth et Dugdale, Monasticon anglicanum. *Londini*, 1655, in-fol. tom. 1er. *imparf. de 6 fig.*

2059. Essai sur l'histoire de Hambourg. 2 part. 1 vol. in-fol. *dem. rel.*

Manuscrit.

2060. Folieta (Ub.), Conjuratio J. L. Flisci : Tumultus Neapolitani : Cædes P. L. Farnesii Placentiæ Ducis. *Neapoli*, 1571, in-4. *parch.*

2061. Francisco de los Santos, Descripcion breve del monasterio de S. Lorenzo del Escorial. *Madrid*, 1657, in-fol. *fig. parch.*

2062. Freitas (Fr. Ser. de), De justo Lusitanorum imperio asiatico *Vallisoleti*, 1625, in-4. *parch.*

2063. Grævii (J. G.) Thesaurus antiquitatum et historiarum Italiæ et ad finem perductus à P. Burmanno. *Lugd. Bat.*, 1704-1723, 9 tomes en 27 vol. *vel. et br.*

2064. Gräswinckelii libertas veneta sive venetorum in se ac suos imperandi jus. *Lugd. Bat.*, 1634, in-4. *vel.*

2065. Haræi (Fr.) Annales ducum seu principium Brabantiæ totiusq. Belgii. *Antverpiæ*, 1623, 3 tom. en 1 vol. in-fol. *v.*

2066. Histoire abrégée des provinces-unies des Pays-Bas. *Amst.*, 1701, in-fol. *fig. cart.*

2067. Histoire de tout ce qui s'est passé en Catalogue, depuis qu'elle a secoué le joug de l'espagnol. *Rouen*, 1642. — Secrets publiques de la Catalogne. *Rouen*, 1642. — Appuy de la vérité catalane. *Rouen*, 1642, in-4. *v. f. d. s. tr.*

2068. Hume (D.), History of England. *Basil*, 1789, 12 vol. in-8. *br.*

2069. Jornandès, Histoire générale des Goths, trad. du lat. *Paris*, 1603, in-12. *v. br.*

2070. Journal du voyage d'Espagne. *Paris*, 1669, in-4. *v. br.* — Histoire du connétable de Lune. *Pars*, 1720, in-12. *v. br.*

2071. Mallet, Histoire de Dannemarc. *Lyon*, 1766, 9 vol. in-12. *dem. rel. et br.*

2072. Mémoires d'une reine infortunée (Caroline Mathilde). *Londres*, 1776, in-8, *br.* — Histoire et actions

héroïques de L. Cl. de Khevenhuller. *Utrecht*, 1744,
in-12. *v.*

2073. Mémoires relatifs aux négociations qui ont précédé le partage de la Pologne. 1810, in-8. *br.* — Leti
(G), Abrégé de l'histoire de la maison de Brandebourg,
trad. en franç. *Amst.*, 1687, in-12. *v.*

2074. Merulæ (G.) Antiquitatis vicecomitum libri X,
Philippi vicecomitis vita auct. P. C. Decembrio (*Mediolani, 1629*). in-fol. *v.*

2075. Mimaut, Histoire de Sardaigne. *Paris*, 1825,
2 vol. in-8. *fig. br.*

2076. Mirabeau (de), De la monarchie Prussienne. *Londres*,
1788, 7 tom. en 8 vol. in-8. *br.* et *atlas* in-fol. *dem. rel.*

2077. Muratori (L. A.) Rerum Italicarum scriptores.
Mediolani, 1725, 24 vol. in-fol. *br.*

Il manque tom. 2. pars. 1re, ou tom. 3) 16.

2078. Nonii (L.) Hispania. *Antverpiæ*, 1607. — Guicciardini (Fr.) Loci duo et Petrarchæ epistolæ. 1602.
— Beureri (J. J.) Synopsis historiarum. *Hanoviæ*,
1599, pet. in-8. *vel.*

2079. Pandolfo (M.), Mambrin Roseo, compendio
dell'istoria del regno di Napoli. *Venetia*, 1591, 2 vol.
in-4. *v.*

2080. Peres (Ant.), Relaciones. 1624, in-4. *parch.*

2081. Pray (G.), Annales hungariæ. *Vindobonæ*, 1764,
in fol. *br.* pars 2. — Comarinus (G. C.), Hungaria illustrata. *Ultrajecti*, 1655, in-12. *dem. rel.*

2082. Rapin Thoyras, Histoire d'Angleterre. *La Haye*,
1724, 10 vol in-4. *gr. pap. v. f.* — Tindal (N.), Remarques sur l'histoire d'Angleterre de Rapin Thoyras.
La Haye, 1733, 2 vol. in-4. *v.*

2083. Recueil contenant 6 pièces, dont : Le pouvoir du roi
d'Angleterre, de dispenser des lois pénales expliqué. 1688. — Le triomphe de la liberté. *Londres*, 1688 — Le parlement pacifique. *Londres*, 1688, in-12. *v.* — Leti (G.), Vie d'Olivier Cromwel. *Amst*, 1696,
2 vol. in-12. *v. f.*

2084. Recueil de pièces : Rhyzelius (And. O.), Sepultura Sueo
Gothorum. *Upsalis*, 1707-1709. — Enevald (J.), Saturnalia scytho-
Romana. *Upsaliæ*, 1716. — Crucelius (O. N.), De veterum gothorum
sapientia. *Upsaliæ*, 1707. — Unæus (J. J.), De antiquitate gentis
Sueo-Gothicæ. *Upsaliæ*, 1729.—Wahlman (A.), De incrementis regni
suedici. *Upsalis*, 1707. — Eckmani de gothorum a scandia primis ex-
peditionibus. *Upsalis*, 1708. — Carlgrund, De initiis Stockholmiæ.
Upsaliæ, 1706. — Tiburtius (E.), Fata juris canonici in Suecia. *Upsaliæ*, 1729. — Akerman (A.), Ritos antiquos regum Sueo-Gothorum
per provincias circumeundi. *Upsaliæ*, 1708, pet. in 8 *dem. rel.*

2085. Revii (J.), Daventria illustrata sive historia urbis Daventriensis. *Lugd. Bat.*, 1651, in-4. *v. br.*

2086. Révolutions des Provinces-unies sous l'étendard des divers Stadhouders. *Nimègue*, 1788, 3 vol. in-8. *br.* — Précis de la révolution qui vient de s'opérer en Hollande. *Paris*, 1788, in-8. *br.*

2087. Rossini (P.), Il mercurio errante delle grandezze di Roma tanto antiche, che moderne. *Roma*, 1750, in-8. *fig. vel.* — Bellus (Th.), Roma restituta sive antiquitatum romanarum compendium. *Amstel.*, 1700, in-12. *cart.*

2088. Sambuca (Ant.), Memorie istorico-critiche intorno al antico stato de cenomani, edi di loro confini. *Brescia*, 1750, in-fol. *cart.*

2089. Sanders (Nic.), Origine et progrez du scisme d'Angleterre, augm. par Ed. Rishton, trad. du lat. 1587, in-8. *parch.* — Smith (Th.), De republica et administratione anglorum, ed. J. Buddeno. *Londini*, in-8. *parch.*

2090. Scauvvenburgus (G.Z.a), De republica, vita, gestis, etc., Caroli quinti. *Brugis*, 1559, in-fol. *v.*

2091. Traité entre Guillaume et Georges, landgraves de Hesse pour la succession de Marbourg. *Marbourg*, 1733, in-4. *parch.* (*en allem.*).

2092. Van Loon (G.), Histoire métallique des XVII provinces des Pays-Bas. *La Haye*, 1732, 5 vol. in-fol. *fig. br.*

Asie. — Afrique. — Amérique.

2093. Anecdotes Africaines. *Paris*, 1775, pet. in-8. *v.* — Anecdotes Chinoises, Japonoises, Siamoises, Tonquinoises, etc. *Paris*, 1774, in-8. *br.* — Anecdotes Orientales. *Paris*, 1773, 2 vol. pet. in-8. *v.*

2094. Barlæi (C.), Rerum in Brasilia gestarum sub præfectura Mauritii Nassaviæ Historia. *Clivis*, 1660, in-8. *fig. v. br.*

2095. Beautez de la Perse, par A. D. D. V. *Paris*, 1773, in-4. *fig. bas.*

2096. Chine (la), mœurs, usages, costumes, etc., par Deveria, Regnier, Schall, etc., avec des notices et une introduction, par B. de Malpière. 25 liv. in-4. *fig. color.*

2097. Considérations sur l'état présent de St. Domingue, par H. D. (Hilliard d'Auberteuil). *Paris*, 1776, 2 vol. in-8. *vél. vert.*

2098. Elmacin (G.), Historia Saracenica, latine reddita opera et studio Th. Erpennii. *Lugd. Bat.*, 1625. in-4. *parch.*

2099. Grobert (J.), Description des pyramides de Ghizé, de la ville du Kaire et de ses environs. *Paris*, an IX, in-4. *br.*

2100. Herrera (Ant.), Histoire des voyages et conquestes des Castillans dans les isles et terre ferme des Indes Occidentales, trad. par De la Coste. *Paris*, 1660, in-4. *v. br.*

2101. Hodges (W.), Choix des vues de l'Inde. dessinées sur les lieux, de 1780 à 1788, angl. et fr. *Londres*, in-fol. *fig. cuir de russie.*

2102. Mémoires concernant l'histoire, les sciences, etc., des Chinois. *Paris*, 1776, in-4. *cart.* tom. 1 à 6.

2103. Morisoti (Cl. Bar.), Peruviana. *Divione*, 1645, in-4. *v. f.*

2104. Plumoyen, Histoire des anciens empires de l'Asie, précédée de l'histoire du Monde. *Ipres*, 1745, in-8. *v. br.*

Histoire héraldique et généalogique.

2105. Baron, L'art héraldique, contenant la manière d'apprendre facilement le blason, augm. par Playne. *Paris*, 1693, in-12. *fig. v.* — Blason (le) de la France, ou notes sur l'édit concernant la police des Armoieries. *Paris*, 1697, in-8. *v. br.*

2106. Calendrier des princes et de la noblesse. 1762-1763 *Paris*, in-12. *v.* — Combles (de), Etat de la France, ou les vrais marquis, comtes, vicomtes et barons. *Paris*, 1783, in-12. *dem. rel.* — Armorial des principales maisons de France. *Paris*, 1782, in-18. *v.* tome 3.

2107. Etrennes de la noblesse de France, 1771 à 1784. *Paris*, 18 vol. pet. in-12. *fig. v. non unif.*

2108. Fragment généalogique de la famille Le Duchat. 1763, in-4. *br.*

2109. Généalogie de la famille de Clugny. *Dijon*, in-4. *br.*

2110. Hermant, Histoire de l'établissement des ordres religieux et des congrégations régulières et séculières. *Rouen*, 1697, in-12. *v.* — Histoire des chevaliers de Malthe (par Roux). *Paris*, 1725, 2 tom. en 1 vol. in-12. *cart.*

2111. Histoire des chevaliers de l'ordre de S.-Jean de Hiérusalem, augm. par J. Baudoin et F. A. de Naberat. *Paris*, 1659, in-fol. *v. br.*

2112. La Chenaye-Desbois (de), Dictionnaire de la noblesse. *Paris*, 1775, in-4 tom. 9. *cart.*

2113. Maugard, Lettre à Cherin sur son abrégé chronol. d'édits, etc., concernant le fait de noblesse. *Paris*, 1788, in-8. *br.*

2114. Menestrier (C. Fr.), Abrégé des principes héraldiques ou du véritable art du blason. *Lyon*, 1673, in-12. *v.* — Le véritable art du blason. *Lyon*, 1659, pet. in-12. *v.*

Antiquités.

2115. Akerblad, Notice sur deux inscriptions en caractères runiques. *Paris*, 1804, in-8. *fig. br.* — Ansse (d') de Villoison, Lettres (2 et 3) sur l'inscription grecque de Rosette. *Paris*, 1803, in-8. *br.*

2116. Antiquités étrusques, grecques et romaines, gravées par J. A. David, avec leurs explications, par D'Hancarville. *Paris*, 1785, 5 vol. in-4. *fig. color. br.*

2117. Barthelemy (l'abbé), Explication de la mosaïque de Palestrine. *Paris*, 1760, in-4. *fig. br.*

2118. Bast (J. de), Recueil d'antiquités romaines et gauloises trouvées dans la Flandre. *Gand*, 1804, in-8. *br.*

2119. Baudelot de Dairval, Histoire de Ptolemée Aulétès. *Paris*, 1698, in-12. *v.* — Histoire des quatre

Gordiens, prouvée et illustrée par les médailles (par Dubos). *Paris,* 1695, in-12. *v.*

2120. Bayer (Th. S.), De horis sinicis et cyclo horario commentationes. *Petropoli,* 1735, in-4. *fig. br.*

2121. Boulanger, L'antiquité dévoilée par ses usages. *Amst.,* 1766. 3 vol. in-12. *v.*

2122. Chiffletius (J. J.), Dissertatio de vexillo regali in casteletensi pugna francis erepto. *Antverpiœ,* 1642, in-4. *fig. br.*

2123. Christius (F. R.), De murrinis veterum. *Lipsiœ,* 1743, in-4. *cart.*

2124. Crasset (J.), Dissertation sur les oracles des Sybilles. *Paris,* 1678, in-12. *v. br.* — Lettres sur les premiers Dieux, ou rois d'Egypte (par Reverend). *Paris,* 1733, in-12. *v. br*

2125. De l'Aulnaye, De la saltation théâtrale. *Paris,* 1790, in-8. *fig. color. br.*

2126. Etude (de l') des hiéroglyphes (par Pahlin). *Paris,* 1812, 5 vol. in-12. *br.*

2127. Gorii (Ant. Fr.) Monumentum sive columbarium libertorum et servorum Liviæ Augustæ et Cæsarium, descriptum, cum notis Ant. M. Salvinii. *Romœ,* 1727, in-fol. *fig. br.*

2128. Grævius (J. G.), Thesaurus antiquitarum Romanarum. *Venetiis,* 1732, in-fol. tom. 6. *bas.*

2129. Hagenbuch (J. G.), De Diptycho Brixiano epistola epigraphica. *Turici,* 1748, in-fol. *fig. br.*

2130. Hallenberg (J.), Collectio nummorum cuficorum. *Stockholmiœ,* 1800, pet. in-8. *fig. br.*

2131. Hambergerus (G. Chr.), De pretiis rerum apud veteres romanos. *Gottingœ,* 1754, in-4. *non rel.*

2132. Hippolyti à Collibus incrementa urbium : sive de caussis magnitudinis urbium. *Hanoviœ,* 1600, in-8, *non rel.*

2133. Junii (Had.) Animadversa, ejusdemque de coma Comment. *Roterodami,* 1708, in-8. *v. fil.* — Kirchmannus (Joh.), De annulis, accedunt G. Longi, Ab. Gorlæi, et H. Kornmanni de iisdem tractatus. *Lugd. Bat.,* 1672, in-12. *v.*

2134. Lipsii (J.) Saturnalium sermonum libri II. *Antverpiœ,* 1598, in-fol. *non rel.*

2135. Magnan (P. D.), Miscellanea numismatica. *Romæ*, 1772, in-8. *fig.* tom. 1. *cart.*

2136. Maïran (de), Mémoire sur l'origine de la fable de l'Olympe. (Acad. des inscr., tom. 25. 1761). in-4. *br.*

2137. Montfaucon, Supplément à l'antiquité expliquée. *Paris*, 1724, in-fol. tom. 1. *gr. pap. v. br.*

2138. Murr (Chr. G. de), Notes pour l'histoire des plus anciennes gravures. *Augsbourg*, 1804, in-4. *fig. br. (en allem.)* — Sur la fabuleuse dite Sainte-Ampoule, ou la petite fiole aux saintes huiles de Reims, qui a été brisée en 1794. *Nuremberg,* 1801, in-8. *br. (en allem.)*

2139. Museo Capitolino. *Roma*, 1748, in-fol. *fig. v.* tom. 2.

2140. Notice des médailles antiques et modernes du cabinet de M. Pellerin. *Paris*, 1783, in-4. *br.*

2141. Panelius (A. X.), De cistophoris. *Lugduni*, 1734, in-4. *fig. non rel.*

2142. Pellerin, Mélanges de diverses médailles. *Paris*, 1765, 2 vol. in-4. *fig. br.*

2143. Perizonius (Jac.), Dissertatio de ære gravi. *Lugd., Bat.*, 1713, pet in-12. *cart. non r.* — Eisenschmidius (J. C.), De ponderibus et mensuris veterum romanorum, græcorum, hebræorum, necnon de valore pecuniæ veteris. *Argentorati*, 1708, in-8. *v. br.*

2144. Perizonii (Jac.) Origines Ægyptiacæ et Babylonicæ. *Lugd. Bat.*, 1711, 2 vol. pet. in-8. *v. br.*

2145. Pignorius (L.), De servis et eorum apud veteres ministeriis. *Amst.*, 1674, in-12. *v. f. fil.*

2146. Recherches sur la manière d'inhumer des anciens à l'occasion des tombeaux de Civaux en Poitou. *Poitiers,* 1738, in-12. *v.*—Chaudruc de Crazannes, Mémoires sur quelques antiquités de la ville d'Agen. *Paris*, 1820, in-8. *br.*

2147. Rycquius (J.), De Capitolio romano. *Lugd. Bat.*, 1696, in-12. *vel. doré.*

2148. Sauvagère (de la), Recueil de dissertations. *Paris*, 1773, in-8. *fig. br.*

2149. Schottus (And.), Tabulæ rei nummariæ Romanorum, Græcorumque ad Belgicam, Galliam, etc., monetam revocatæ. *Antverpiæ*, 1616, in-8. *fig. v.*

2150. Vallemont (de), Dissertation sur une médaille d'Alexandre-le-Grand. *Paris*, 1603.—Le même, Réponse à M. Baudelot, etc., sur la médaille d'Alexandre. 1706. — Satyres nouvelles. *Amst.*, et

3 autres pièces in-12. *v.* — Nouvelle explication d'une médaille d'or de Gallien. *Paris.* 1699, in-12. *v.*

2151. **Winkelmann, Histoire de l'art chez les anciens,** trad. de l'allemand. *Paris*, 1790, in-4. tom. 1. *cart.*

Histoire littéraire. — Bibliographie.

2152. **Academia Cæsarea naturæ curiosorum :** Acta physico-medica. *Norimbergœ*, 1727-1742, 7 vol. in-4. *v.* — Nova acta physico-medica. *Norimbergœ*, 1757 et seq. in-4. *v.* tom. 1, 2, 3, 4, 5, 8, 9, 10. — Kellnerus (W. A.), Synopsis observationum academiæ naturæ curiosorum ab anno 1670 usque ad annum 1722. *Norimbergœ*, 1739, 2 vol. in-4. *v.*

2153. **Académie des inscriptions et belles-lettres,** Histoire et mémoires. 1717-1780, in-4. tom. 1, 2, 40, 41. *rel. et br.*

2154. **Académie des sciences. in-4.** *rel et br.* 1666 à 1755, 1758, 1759, 1761 à 1771, 1777, 1779, 1780, 1787, 1788, 1790. — Grandeur de la terre, suite de 1718. in-4. — Mairan, Traité de l'aurore boréale. 1754., suite de 1731. in-4. — Bouguer, Justification. 1809, in-4. — Lacondamine, Supplément au voyage de l'Équateur. 1754, in-4. — Lacondamine, Mesure des trois premiers degrés du méridien. 1751, in-4. — Mémoires de Fontaine, suite de 1762. in-4. — Tables par Godin, Demours et Cotte. in-4. tom, 1 à 8. — Tables par Rozier. in-4. tom 4. — Savans étrangers. in-4. tom. 1 à 5. — Prix. in-4. tom. 1, 2, 4 à 7. 9. — Machines. 7 vol. in-4.

2155. **Académie de Berlin. in-4.** *rel et br.* 1745 à 1758, 1766, 1770, 1772 à 1775. — Miscellanea Berolinensia. *Berolini*, 1710, in-4. *v. br.* tom. 1, 2, 4, 5, 6, 7 en 4 vol. — Pièces qui ont concouru pour le prix sur l'influence réciproque du langage sur les opinions et des opinions sur le langage. *Berlin*, 1760, in-4. *br.*

2156. **De Bononiensi scientiarum et artium instituto atque academia commentarii.** *Bononiœ*, 1731 et seq. in-4. tom. 1, 2, 3, 6. in-4. *v. et dem. rel.*

2157. **Mémoires de l'académie de Bruxelles.** *Bruxelles*, 1780, in-4. *fig.* Tom. 1, 2, 3, 4. *br.* — Previnaire, Mémoire sur les enterremens précipités. *Bruxelles*, 1787, in-4. *br.* — Chasteler, Mémoire sur les principales émigrations des Belges. *Bruxelles*, 1779, in-4. *v.*

2158. **Académie de S. Pétersbourg. in-4.** *rel. et br.* Commentarii. 1726-1746. 14 vol. in-4. — Novi commentarii. tome 1 à 10, 13, 14, 15, 17, 18, 19. — Acta. tom. 1, 2, 3, 4, en 7 vol. — Nova acta. 15 vol. — Recueil contenant des pièces qui ont remporté des prix de 1726 à 1750. 5 vol. in-4. *v.*

2159. **Acta** litteraria Sueciæ. *Upsaliæ*, 1720, in-4. *v. f.*—Nova acta Societatis scientiarum Upsaliensis. *Upsaliæ*, tom. 1. 1773, in-4. *v.*—Acta litteraria universitatis Hafniensis 1778. *Hafniæ*, in-4. *v.*—Scripta à societate Hafniensi danice edita in latinum sermonem conversa. *Hafniæ*, 1745. 2 vol. in-4. *v. d. s. tr.*

2160. **Acta eruditorum.** *Lipsiæ*, in-4. *vel. et cart.* 1682 à 1705. 1708, 1709, 1712 à 1715, 1718 à 1725, 1730, 1731.—Nova acta. 1774. *fig. cart.* — Supplementa. 1692 et seq. tom. 1 à 9. — Nova supplementa. tom. 1, 7. — Indices. 1693. tom. 1 à 5.

2161. **Opuscula omnia actis eruditorum Lipsiensibus inserta.** *Venitiis*, 1740, 7 vol. in-4. *cart.*

2162. **Acta philosophica societatis regiæ in Anglia anni** 1665, 66, 67, 68, 69, in latinum versa. *Lipsiæ*, 1675, in-4. *v. br.*

2163. **Année littéraire** (par Fréron et autres). 1754 à 1780, in-12. *v* (*Il manque*, 1754, *tom.* 8; 1758, *tom.* 4; 1766, *tom.* 2; 1780, *tom.* 7, 8.) — Lettres sur quelques écrits de ce temps, 13 vol. in-12. *v.*

2164. **Apothéose du dictionnaire de l'académie et son expulsion de la région céleste.** *La Haye*, 1696, in-12. *v. br.* — Relation contenant l'histoire de l'académie françoise. *Paris*, 1672, in-12. *v. br.*

2165. **Bachaumont,** Mémoires secrets pour servir à l'histoire de la république des lettres en France depuis 1762. *Londres*, 1777-1784, 24 vol. in-12. *cart.*
Les tom. 17 et 18 manquent.

2166. **Baillet** (Adr.), Auteurs déguisez sous des noms étrangers. *Paris*, 1690, in-12. *v.* — Des enfans devenus célèbres par leurs études et par leurs écrits. *Paris*, 1688, in-12. *v.*

2167. **Baillet** (Adr.), Jugemens des savans sur les principaux ouvrages des auteurs, revus et corrigés par de la Monnoye. *Paris*, 1722, 7 vol. in-4. *gr. pap. v.*

2168. **Baillet** (Adr.), Jugemens des savans sur les principaux ouvrages des auteurs, revus par de La Monnoye. *Amst.*, 1725, 8 tom. en 17 vol. in-12. *cart.* — Anti-Baillet. 2 vol. in-12.

2169. **Bellarminus** (Rob.), De scriptoribus ecclesiasticis. *Parisiis*, 1668, in-8. *v. br.* — Oudin (F. Cas.), Supplementum de scriptoribus vel scriptis ecclesiasticis à Bellarmino omissis. *Paris*, 1686. in-8. *v.*

2170. Besodnerus (P.), Bibliotheca theologica. *Francof. Marc.*, 1610, in-12. *f. v.*

2171. Beughem (Corn.), Apparatus ad historiam literariam novissimam qui est Bibliographia eruditorum critico-curiosa. *Amst.*, 1689, 3 vol. in-12. *v.* — Ibidem, Bibliographia historica, chronologica et geographica. *Amst.*, 1685, in-12. *v.* — Ibidem, Bibliotheca mathematica et artificiosa novissima. *Amst*, 1688, pet. in-12. *v. br.*

2172. Bibliographie des Pays-Bas, avec quelques notes. *Nyon*, 1783, in-4. *br.*

2173. Bibliotheca antiqua publicata Ienæ, anno 1705. in-4. *v. br.*

2174. Bibliotheca Carpzoviana. *Lipsiæ*, 1700, 2 vol. in-12. *v. f.* — Jo. Galloys. *Parisiis*, 1710, 2 vol. in-12. *v.* — Salmoniana. *Parisiis*, 1737, in-12. *v.*

2175. Bibliotheca Colbertina. *Parisiis*, 1728, 3 vol. in-12. *v. f.*

2176. Bibliotheca ecclesiastica sive nomenclatores VII veteres, ed. A. Miræo. *Antverpiæ*, 1639, in-fol. *vel.*

2177. Bibliotheca magna rabbinica, auctore J. Bartoloccio. *Romæ*, 1675-1678, 2 vol. in-fol. *v. br.* — Bibliotheca latino hebraica, auctore C.J. Imbonato. *Romæ*, 1694, in-fol. *vel.*

2178. Bibliotheca Roveriana. *Lugd. Bat.*, 1806, 2 vol. in-8. *br.*

2179. Bibliothèque Angloise. *Amst.*, 1717, pet. in-12. *v.* tom. 1, 2, 3, 6 à 15.

2180. Bibliothèque françoise redigée par Ch. Pougens, 4ᵉ année, livr. 15 à 24. *Paris*, 1804.

2181. Bibliothèque Germanique. *Amst.*, 1720-1740, 48 tomes en 24 vol. pet. in-12. *v. br.*

2182. Bibliothèque (nouvelle) Germanique. *Amst.*, 1746-1759, 26 vol. pet. in-12. *vél.*

2183. Bibliothèque Italique ou histoire littéraire de l'Italie. *Genève*, 1728, in-8. *cart.* tom. 1 à 4, 7 à 18.

2184. Bibliothèque raisonnée des ouvrages des savans de l'Europe. *Amst.*, 1728 et suiv., in-12. *v.* tom. 1 à 47.

    Le tome 29 manque.

2185. Birch (Th), The history of the royal society of London. *London*, 1756, 4 vol. in-4. *v.*

2186. Bolduanus (P.), Bibliotheca philosophica sive elenchus scriptorum philosophicorum atque philologicorum illustrium. *Ienæ*, 1616, in-4. *non rel.*

2187. **Cacocephalus, sive de plagiis opusculum.** *Matis-cone*, 1694, in-12. *v.* — Deckherrus (J.), De scriptis adespotis, pseudepigraphis et suppositiis conjecturæ. *Amst.*, 1686, pet. in-12. *non rel.*

2188. **Capellus (Rob.),** Lectionum bibliothecariarum memorabilium syntagma. *Hamburgi,* 1682, pet in-12. *vel.* — Bartholinus (Th.), De libris legendis. *Hafniæ,* 1676. — Bartholinus (Th), Orationes varii argumenti. *Hafniæ,* in-12. *v. br.*

2189. **Casiri (M.) Bibliotheca arabico hispanica Escuria-lensis.** *Matriti,* 1760, in-fol. tom 1er. *br.* (*Imparfait des pages* 217, 218, 223, 224.) — Iriarte (J.), Regiæ bibliothecæ Matritensis codices mss. *Matriti,* 1769. in-fol. tom. 1er. *br.*

2190. **Catalogue de toutes les républiques imprimées en Hollande, in-24. in-12.** *br.*

2191. **Catalogues de livres :** de M. Bourret. *Paris,* 1735, in-12. *v.* — De M. de Caumartin. *Paris,* 1734, in-12. *v.* — De B. Couet. *Paris,* 1737, in-12. *cart.* (*avec prix*). — De G. G. de Hodendorf. *La Haye,* 1720, 3 part. en 1 vol. in-8. *v.* — D. Nolin. *Parisiis,* 1710, in-12. *v.* — M. *** (Mel de S. Ceran). *Paris,* 1780, in-8. *br.*

2192. **Catalogue de L. D. D. L. V.** *Paris,* 1777. — De l'abbé Boucher. 1777. — De M. Boullenois. 1778. — De M. Olivier. 1778. — De M. Le Berche. 1778. — De M. Lebœu. 1778, etc. (*tous avec prix*), in-8. *v.* — De Randon de Boisset. 1777. — Catalogue des tableaux, etc., de Randon de Boisset. 1777. — Catalogue des marbres de Randon de Boisset. 1777, in-12. *v.* (*avec prix*). — Catalogues (23), la plupat avec prix, dont : ceux de Gersaint, de Longuerue, de Turgot, etc., in-12. *v.*

2193. **Catalogue des estampes , etc.,** De Brochant. 1774. — De Pelt. 1774. — Maupetit. 1774. — De Gosse. 1774. — De Dubarry. 1774. — D'Ogier. 1775. — De Beze. 1775. — De la Tour d'Auvergne. 1775. — De ***. 1775, in-12. *v.* (*avec prix*). — Catalogue des tableaux, bronzes, estampes, etc , du cabinet de M. Cayeux. *Paris,* 1769, in-12 (*avec prix*).

2194. **Catalogue des livres de la bibliothèque du duc de La Vallière, et supplément.** *Paris,* 1783, 3 vol. in-8 *v.*

2195. **Catalogue of the royal and noble authors of England with lists of their works.** *London,* 1759, 2 vol. in-8. *v. br.*

2196. **Clemmii (H. G.) Novæ amœnitates literariæ.** *Stutgardiæ,* 1764, in-8. *br.*

2197. **Clemens (Cl.),** Musei sive bibliothecæ tam privatæ quam publicæ extructio, instructio, cura, usus. *Lugduni,* 1635, in-4. *v. f.*

2198. **Collection académique, partie françoise.** 16 vol. in-4. *v.* et *non rel.* (*Il manque les tom.* 9, 10). — Partie étrangère. *Dijon,* 1755, 13 vol. in-4. *fig. v.*

2199. Commentarii de rebus in scientia naturali et me-
dicina gestis. *Lipsiæ*, 1758-1770, tome 15, parties 1,
2, 3, 4. —Primæ decadis index triplex. *Lipsiæ*, 1770.
in-8.

2200. Conringius (Herm.), De scriptoribus XVI post
christum seculorum commentarius. *Wratislaviæ*,
1727, in-4. *v.*

2201. Controleur du Parnasse ou nouveaux mémoires de
littératures françoise et étrangère. *Berne*, 1745, 2 vol.
in-12. *v. br.*

2202. Coup d'œil sur les ouvrages modernes. —Examen
critique de l'esprit des lois. 1750. —Harangue des
habitans de la paroisse de Sarcelles au roy. *Aix*, 1733,
in-12. *bas.* — Dissertation sur les œuvres de S. Evre-
mont. *Amst.*, 1700, pet. in-8. *v.*

2203. Cyprianus (E. S.), Catalogus manuscriptorum bibliothecæ Gothanæ. *Lipsiæ*, 1714, in-4. *v. br.*— Fel-
lerus (J.), Catalogus codicum mssctorum bibliothecæ
Paulinæ in acad. Lipsiensi. *Lipsiæ*, 1686, in-12. *v.*

2204. Delisle de Sales, Catalogue des journaux majeurs
de la révolution. 1811, in-4. *bas.*
Manuscrit.

2205. De Missy (C.), De J. Harduini prolegomenis cum
autographo collatis. *Londini*, 1766, in-8. *br.*

2206. Denis (J. B.), Recueil des mémoires et conférences
sur les arts et les sciences pendant l'année 1672. *Amst.*,
1673, in-12. *vél.* — Fontenelle (de), Histoire du renouvellement de l'académie des sciences en 1699, et Eloges historiques. *Paris*, 1717, in-12. *v. br.*

2207. Desmolets, Mémoires de littérature et d'histoire.
Paris, 1749, 11 tom. en 22 vol. in-12. *v. fil.*

2208. Dictionaire historique des auteurs ecclésiastiques.
Lyon, 1767, 4 vol. in-8. *br.*

2209. Dorn (J. Chr.), Bibliotheca theologica critica.
Francof., 1721, in-8. *v. br.*

2210. Dupin (L. E.), Bibliothèque des auteurs ecclésiastiques. *Paris*, 1697, et suiv., in-8. *v.* Prolegomenes, tom. 1.
— 3 premiers siècles, tom. 1. — 4, 5, 9, 10, 11, 12, 13, 14, 15, 16,
17, 18e siècles. — Table, 17e siècle. — Tables. 38 vol.

2211. Dupin (L. E.), Bibliothèque universelle des historiens. *Amst.*, 1708, in-4. *v. br.*

2212. Essays de littérature pour la connaissance des livres. 15 juillet 1702. — Août 1704. — Supplément aux essays de littérature par Faydit. — Pelhestre, Remarques sur les essays de littérature. 8 vol. in-12. *v. non uniformes.*

2213. Faba (A. A. de), Ritratti poetici, storici e critici di varj moderni uomini di lettere. *Napoli*, 1767, in-8. *br.*

2214. Fischer (G.), Notice du premier monument typographique en caractères mobiles, avec date, connu jusqu'à ce jour, déposé à la Bibliothèque nationale. *Mayence* (1804), in-4. *fig. br.*

2215. Gibelin, Abrégé des transactions philosophiques de la Société royale de Londres. *Paris*, 1790, 14 vol. in-8. *fig. br.*

2216. Gouget, Bibliothèque françoise. *Paris*, 1741, 18 vol. in-12. *v.*

2217. Græca (D.) Marci Bibliotheca codicum manuscriptorum per titulos digesta. 1740, in-fol. *v. f.*

2218. Histoire critique de la république des lettres (par Masson). *Utrecht*, 1715, 15 vol. pet. in-12. *v. f. fil. d. s. tr.*

2219. Histoire critique des journaux par C. (Camusat). *Amst.* 1734, 2 tom. en 1 vol. in-12. *v.* — Eloge du Journal encyclopédique et de P. Rousseau. *Paris*, 1760, pet. in-8. *dem. rel.*

2220. Histoire des contestations sur la diplomatique du P. Mabillon. *Paris*, 1708, in-12. *v.* — Germon (B.), De veteribus regum Francorum diplomatibus. *Parisiis*, 1706, in-12. *v. br.*

2221. Histoire des ouvrages des scavants, par B. *Rotterdam*, in-12. 1687 à 1697, 1699, 1700 à 1706, 1708, 1709, janvier à mai.

2222. Histoire littéraire de la France, par des religieux bénédictins de la congrég. de S. Maur. *Paris*, in-4, tomes 2, 8, 9, 10. *br.*

2223. Histoire littéraire, 31 brochures in-8. dont, Notice des ouvrages imprimés et manuscrits de l'abbé Rive. — Browne (Th.). Religio bibliopolæ. *London*. — Boulliot, Notice historique et bibliographique sur Dan. Tillenus. *Paris*, 1806, etc.

224. Horanyi (Al.), Memoria hungarorum et provin-

cialium scriptis editis notorum. *Viennæ*, 1775, 3 vol. in-8.

.2225. Institut. Supplément renfermant l'histoire des séances publiques, les rapports, etc. *Paris*, 1804, 6 vol. in-4. *v. f.* — Programme des prix. in-4. *en feuilles.*

2226. Journal des savans. in-4. 1678 et 1679, 1 vol. 1757, 1758, 1759, 1760, v. 1770 (*imparf*). 1777 (*imparf.*). 1778 (*imparf.*). 1783 (*imparf.*). 1788, dem. rel. 1789 (*imparf.*). 1790 (*imparf.*), 1791 (*imparf.*).

2227. Table général des matières contenues dans le Journal des savans, de 1685 à 1750. *Paris*, 1753, 10 vol. in-4. *br.*

2228. Journal Brittannique. *La Haye*, 1750 et suiv., in-12. *v.* tom. 1, 3, 6, à 19.

2229. Journal littéraire. *La Haye*, 1717, in-12. *v. f.* tom. 2 à 18.

2230. Junckerus (Chr.), De ephemeridibus sive diariis eruditorum et in appendice, centuria fœminarum eruditione et scriptis illustrium. *Lipsiæ*, 1692. in-12.—Abrégé de l'histoire des savans anciens et modernes. *Paris*, 1708, 2 part. en 1 vol. in-12. *v. br.*

2231. Labbe (Ph.), De scriptoribus ecclesiasticis. *Parisiis*, 1660, 2 vol. in-8. *v.*

2232. Labbei (Ph.) Nova bibliotheca manuscriptorum librorum. *Parisiis*, 1653, in-4. *parch.*

2233. Laire (Fr. X.), Index librorum ab inventa typographia ad annum 1500. *Senonis*, 1791, 2 vol. in-8. *br.*

2234. Lalande (J. de), Bibliographie astronomique. *Paris*, 1803, in-4. *br.*

2235. Lambecius (P.), Commentariorum de bibliotheca Cæsarea Vindobonensi liber primus. *Vindobonæ*, 1665, in-fol. *v.* — Nessel (Dan. de), Catalogus sive recensio specialis omnium codicum græcorum nec non linguarum orientalium bibliothecæ Cæsareæ Vindobonensis. *Vindobonæ*, 1690, 2 vol. in-fol. *v.*

2236. Lambecius (P.), Prodromus historiæ litterariæ et iter Cellense, curante J. Alb. Fabricio. *Lipsiæ*, 1710, in-fol. *v. br.*

2237. Lamius (Jo.), Catalogus codicum manuscriptorum bibliothecæ Ricciardianæ. *Liburni*, 1756, in-fol. *dem. rel. non rogné,*

23

2238. Latinii (L.) Bibliotheca sacra et profana. *Romæ*, 1677, in-fol.

2239. Leclerc (J.), Bibliothèque universelle et historique. *Amst.*, 1688, 25, vol in-12. *v. br.*

2240. Le Clerc (J.), Bibliothèque choisie. *Amst.*, 1703, 28 vol. pet. in-12. *v. et br.*

2241. Lecerf, Bibliothèque historique et critique des auteurs de la congrégation de S. Maur. *La Haye*, 1726, in-12. *v.* — Weiss (M.), Lyceum benedictinum. *Parisiis*, 1661, in-12. *parch.*

2242. Leland (J.), Commentarii de scriptoribus britannicis, ed. A. Hall. *Oxonii*, 1709, 2 vol. in-8. *v. br.*

2243. Lelong (J.), Bibliotheca sacra. *Parisiis*, 1709, 2 vol. in-8. *v.*

2244. Lettres à l'auteur du nouv. supplém. au dict. de Morery (par l'abbé Saas). — Notice des manuscrits de la bibliothèque de Rouen (par le même). *Rouen*, 1746. — Notice des manuscrits de la bibliothèque de Rouen, par l'abbé Saas, revue et corrigée par un bénédictin de la congrég. de S. Maur. *Rouen*, 1747. — Réfutation de l'écrit du P. Tassin, sur la notice des manuscrits de l'église métropol. de Rouen (par l'abbé Saas). *Rouen*, 1747. — Lettres sur le catalogue de la bibliothèque du roy (par l'abbé Saas), 1749, in-12. *cart.* — Lettre critique sur le dictionnaire de Bayle. *La Haye*, 1732, in-12. *v. f.*

2245. Lettres de l'abbé de S. L. (Mercier de S. Léger), sur différentes éditions du XVᵉ siècle. *Paris*, 1783, in-8. *br.* — Nouvelles remarques critiques sur les deux premiers volumes de la bibliothèque des écrivains de l'ordre de S. Benoist (par Mercier S. Léger). 1778, in-12. *br.*

2246. Lettres écrites au R. père Ant. Pagi, touchant sa critique des annales de Baronius. in-4. *v.* tome 1. Manuscrit.

2247. Librairie et liberté de la presse. 30 brochures in-8. dont Chateaubriand (de), De la censure qu'on vient d'établir. 1824. — De Chateaubriand. Lettre au Journal des débats. 1827, etc.

2248. Lilienthal (M.), De machiavelismo literario sive de perversis quorundam in republica literaria inclarescendi artibus dissertatio historico-moralis. *Regiomonti*, 1713, in-8. *dem. rel.*

2249. Mabillon et M. Germain, Museum italicum seu collectio veterum scriptorum. *Paris.*, 1687, 2 vol. in-4.

2250. Mahne (G. L.), Epicrisis censurarum bibliothecæ criticæ, vol. III. part. III. *Trajad Rh.*, 1708,
in-8. *br.*

2251. Marchand (Prosp.), Epitome systematis biblio-
graphici seu ordinis rectæ distribuendi librorum
catalogi. in-8. *br.* — Koch (J. Chr.), Schediasma de
ordinanda bibliotheca *Lipsiæ,* 1713, in-12. *non rel.*

2252. Mélanges d'une grande bibliothèque in-8. Tom. 25,
35, 36, 41, 42, 45 à 48, 51, 52, 55, 56, 62, 63.

2253. Memoires sur les manuscrits de M. Du Cange.
1753, in-4. *br.*

2254. Mémoires sur les vexations qu'exercent les libraires et imprimeurs de Paris (1733). in-fol. *br.*

2255. Mémoires historiques et littéraires de l'abbé Goujet. *La Haye,* 1767, in-12 *br.*

2256. Menckenii (J. B.), Dissertationes literariæ ed. Fr.
Ot. Menckenio. *Lipsiæ,* 1734, in-8. *v.*

2257. Miræi (A.) Bibliotheca ecclesiastica pars, secumda.
Anwerpiæ, 1649, in-fol. *v. br.*

2258. Miscellanea Taurinensia (1762-1765). *Turin,*
1766, in-4. *fig.* tom. 3. — Mémoires de l'académie
des sciences de Turin, 1786-1787. *Turin.* 1788, in-4.

2259. Monumenta Boica. *Monachii,* 1763, in-4. *v.* tom.
1 à 11.

2260. Murr (Chr. Th. de), Collectio scriptorum de Klinodiis
imp. germ. de coronatione imperatorum german. atque de rege romanorum et electoribus. 1793, in-8. *br.* — Histoire diplomatique de
Mart. Behaim, trad. de l'allem., par Jansen. *Strasbourg,* 1802, in-8.
fig. br. — Notitia libri rarissimi geographiæ fr. Berlighieri. *Norimbergæ,* 1790, in-8. *br.* — Catalogus chirographorum quæ congessit C.
T. de Murr. *Norimbergæ,* in-8. *br.* — Designatio scriptorum edito-
rum et edendorum a Chr. T. de Murr. *Norimbergæ,* 1802. in-8. *br.* —
Inscriptio arabica litteris cuficis auro textili picta ad fimbria Pallii
imperialis delineata et explicata a Chr. Th. de Murr. *Norimbergæ,*
1790, in-4. *fig. br.* — Literæ patentes Kanghi cum interpret. J.
Koegleri et notis Chr. Th. de Murr. *Norimbergæ,* 1802, in-4. *fig. br.*

2261. Murr (Chr. Th. de), Memorabilia Bibliothecarum
Norimbergensium et Universitatis Altdorfinæ. *Norimbergæ,* 1786, 3 vol. in-8. *fig. br.*

2262. Nain (le), Journal des théâtres, etc. 1825, n°s. 1
à 42.

Le n° 24 manque, il a été passé au numérotage.

2263. Nouvelle bibliographie agronomique, (par Musset
Pathay). *Paris,* 1810, in-8. *br.*

2264. Nouvelles de la république des lettres (par Bayle et autres). pet. in-12. *v.* 1684 à 1689, 1699 à 1705, 1708, 1709. *v.*

2265. Nouvelles littéraires. *La Haye*, 1715-1720, 11 tom. en 12 vol. in-12. *v. f.*

> Le tom. 10, 1re part. manque.

2266. Nouvelliste du Parnasse (le). *Paris*, 1734, 2 vol. in-12. *v.* — Observations sur les écrits modernes. *Paris*, 34 vol. in-12. — Jugemens sur quelques ouvrages nouveaux. *Avignon*, 1744, 11 tom. in-12.

2267. Nyerup (Ev.). Anniversaria in memoriam reipublicæ sacræ et litterariæ cum universæ tum Danicæ restauratæ. *Hauniæ*, 1799, in-4. br. (*Avec envoi de l'auteur et billet de Millin à Camus*). — Anniversaria in memoriam reipublicæ sacræ et litterariæ cum universæ tum Danicæ restauratæ. *Hauniæ*, 1802, in-4. br. (*Envoi de l'auteur à Camus*).

2268. Oberlinus (Jer. Jac.), Artis diplomaticæ primæ lineæ. *Argentorati*, 1788, in-8 br. — Miscella litteraria maximam partem Argentoratensia. *Argentorati*, 1770, in-4. br. — Jungendorum marium fluviorumque omnis ævi molimina. *Argentorati*, 1775, in-4. br.

2269. L'observateur, ouvrage poligraphique et périodique. *Amst.*, 1736, tome 1. — Recueil de pièces fugitives. in-12. *v.*

> C'est tout ce qui a été publié.

2270. Observations et détails sur la collection des grands et des petits voyages (par Ch. d'Orléans de Rothelin). 1742, in-4. br. *interfolié de pap. blanc.*

2271. Oldenburgii (H.) Acta philosophica societatis regiæ in Anglia, in lat. versa. 1665, 1669, 3 vol. pet. in-12. br.

2272. Papillon, Bibliothèque des auteurs de Bourgogne. *Dijon*, 1745, 2 vol. in-fol. *mar. r. fil. d. s. tr.*

2273. Ploucquet (G. Q.), Initia bibliothecæ medico practicæ et chirurgicæ. *Tubingæ*, 1793-1800, 10 vol. in-4. br. (*mouillé*).

2274. Le Pour et le Contre (par l'abbé Prevost et autres). *Paris*, 1733, 20 vol. in-12. *v. f.*

2275. Préface d'un recueil de cent soixante-quatorze volumes manuscrits in-folio, déposés à la Bibliothèque du roy, en 1750. in-4. *mar. r. fil. d. s. tr.*

2276. Ragusa (H.), Elogia siculorum qui veteri memoriâ literis floruerunt. *Avenione*, 1690, in-12. *v.*

2277. Recherches sur l'origine et le premier usage des registres, des signatures, des réclames et des chiffres de pages dans les livres imprimés (par Marolles). *Paris*, 1783, in-8. *br.*

2278. Recueil contenant : Th. J. ab Almeloveen, Bibliotheca promissa et latens. *Gaudæ*, 1692 — De Rhodes, Lettre au sujet de la prétendue possession de Marie Volet. *Lyon*, 1691. — Recueil de toutes les pièces faites par Théophile, depuis sa prise jusqu'à présent. *Paris*, 1625, in-12 *v.*

2279. Recueil de pièces (3), dont : Mémoires sur les vexations qu'exercent les libraires et imprimeurs de Paris. in-fol. — Factum pour Chr. Ballard, contre J. B Lully. in-fol. — Mémoires des libraires et imprimeurs contre la fixation du nombre des imprimeurs par le réglement de 1686. in-fol.

2280. Recueil de pièces, dont : Lettres au sujet du Collége royal de France. 1761. — Luchet, Lettres sur la Nouvelle histoire de l'Orléanois. *Paris*, 1766 — Le Parfait maçon. in-12. *fig. v.*

2281. Réflexions sur les ouvrages de littérature (par l'abbé Granet). *Paris*, 1742, 12 vol. in-12. *v.*

2282. Sabatier de Castres, Les Trois siècles de la littérature françoise. *Paris*, 1779, 4 vol. in-12. *v.*— Observations sur les trois siècle de la littérature françoise. *Paris*, 1774, in-12. *br.*

2283. Sainjore (Richard Simon), Bibliothèque critique. *Basle*, 1709, 4. vol. in-12. *v. br.*

2284. Sainte-Marthe (Abel de), Discours au roy sur le rétablissement de la Bibliothèque royale de Fontainebleau. 1678, in-4. *v. d. s. tr.*

2285. Sandii (Ch. Chr.) Notæ et animadv. in G. J. Vossii lib. III. de historicis latinis. *Amst.*, 1677, in-12. *parch.*

2286. Saussay (And. du), De Mysticis Galliæ scriptoribus. *Parisiis*, 1639, in-4. *v.*

2287. Séances des écoles normales. *Paris*, 1800, 13 vol. in-8. *fig. br.*

2288. Sorel (C.), Bibliothèque françoise. *Paris*, 1667, in-12. *v.* — Femmes (les) scavantes, ou Bibliothèque des dames. *Amst.*, 1718, in-12. *v.*

2289. Spizelius (Th.), De re literaria Sinensium commentarius. *Lugd. Bat.*, 1670, in-12. *br,*

2290. Stiernmann (Andr. Ant.), Bibliotheca suiogothica. *Holmiæ*, 1731, in-4. tom. 2. *br.*

2291. Struvii (B. G.) Bibliotheca philosophica in suas classes distributa. *Ienæ*, 1728, in-8. *carl.* — Struvius

(B. G.), Bibliotheca numismatum antiquiorum. *Ienæ*, 1693. in-12. *v.*

2292. Table des pièces contenues dans les 108 vol. du choix des journaux. *Paris*, 1765, in-12. *vél. v.*—Table du Mercure galant. in-12. *Manuscrit.*

2293. Transactions philosophiques de la société royale de Londres, trad. par de Brémond, 1733, 34, 35, 36. *Paris*, 1740, 2 vol. in-4. *v.* — Table depuis 1665 jusqu'en 1735. *Paris*, 1739, in-4. *v.*

2294. Transactions of the American philosophical society held at Philadelphia. tom. 2. *Philadelphia*, 1786, in-4. *cart.*

2295. Villiers (de), Lettre sur l'édition grecque et latine des œuvres d'Hippocrate et de Gallien, publiée par Chartier. in-4. *br.*

Avec des notes manuscrites autographes.

2296. Walchius (Chr. G. Fr.), Monimenta medii ævi. *Gottingæ*, 1757, 4 vol. in-8. *br.*

2297. Waræus (Jac.), De scriptoribus Hiberniæ. *Dublinii*, 1639, in-4. *vel.*

Le titre est en partie emporté.

Biographie. — Extraits historiques.

2298. **Ancillon**, Mémoires concernant les vies et les ouvrages de plusieurs modernes célèbres dans la république des lettres. *Amst.*, 1709, in-12. *v.* — Desmaizeaux, Vie de Boileau Despréaux. *Amst.*, 1715, in-12. *v.* — Trublet, Mémoires pour servir à l'histoire de la vie et des ouvrages de Fontenelle. *Amst.*, 1761, in-12. *v.*

2299. **Arnauld (ouvrages sur)**, Histoire abrégée de la vie de M. Arnauld. *Cologne*, 1695, in-12. *v.* — Histoire de la vie et des ouvrages de M. Arnauld, D. de Sorbonne. *Cologne*, 1697, in-12. *v.* — Recueil de pièces concernant l'origine, la vie et la mort d'Arnauld. *Liège*, 1698, in-12. *v.*

2300. **D'Attichy (L. D.)**, De vita et rebus gestis P. Berulli cardinalis. *Parisiis*, 1649, in 8. *parch.* — Roverius (P.), De vita et rebus gestis Fr. de la Rochefoucauld cardinalis. *Parisiis*, 1645, in-8. *parch.* — Hartzheim (C.), Vita Nic. de Cusa cardinalis. *Trevisis*, 1730, in-12. *vel. v.*

2301. **Baillet (Adr.)**, Vie de God. Hermant. *Amst.*, 1716, in-12. *v.* — Vie d'Edmond Richer. 1734, in-12. *v.*

2302. **Baillet**, Les vies des saints. *Paris*, 1701, 12 vol. in-8. *v.* — Vies des saints de l'ancien testament. *Paris*, 1703, in-8. *v.*—Histoire des festes mobiles dans l'église. *Paris*, 1707, 2 vol. in-8. *v.* — Chronologie des saints. *Paris*, 1703, in-8. *v.* — Topographie des saints. *Paris*, 1703, in-8. *v.*

2303. **Beaumont** (de), Abrégé de la vie des saints, pour tous les jours de l'année. *Rouen*, 1757. 2 vol. in-12. *bas.*

2304. **Bedel** (le P. J.), Vie du P. Fourrier, dit le P. de Mataincour. *Paris*, 1666, in-12. *v.* — Esprit du R. P. Fourier, appelé le P. de Mataincourt. *Lunéville*, 1757, in-8. *v.*

2305. **Bernardin de Montereul**, la Vie de J.-C., tirée des IV Evangélistes. *Paris*, 1696, 4 vol. in-12. *v. br.* — Histoire de la vie de N. S. J. C. *Paris*, 1678, in-12. *v.*

2306. **Binet** (Est.), Vie apostolique de S. Denis aréopagite. *Paris*, 1624, in-12. *parch.* — De la Motte; Histoire de Tertullien et d'Origène. *Paris*, 1675, in-8. *v.*

2307. **Bonnet** (L.), Beatæ Margaritæ Arbouziæ a Sta Gertrude panegyricus. *Parisiis*, 1628, in-12. *parch.* — Ferraige (J.), Vie de la B. H. Marguerite d'Arbouze, ditte de Ste Gertrude. *Paris*, 1628, in-8. *parch.*

2308. **Bouhours** (le P.), Vie de S. François Xavier. *Paris*, 1683, 2 vol. in-12. *v. br.* — Tursellinus (H.) De Vita B. Francisci Xaverii. *Lugduni*, 1607, in-8. *v. br.*

2309. **Brantôme**, OEuvres. *La Haye*, 1740, 15 vol. pet. in-12. *br*

Le tome 7 manque.

2310. **Brantôme**, OEuvres. *Londres*, 1779, 15 vol. in-12. *br.*

2311. **Briefve** et sommaire description de la vie et mort de don Antoine, roi de Portugal. *Paris*, 1729, in-12. *v.* — Vie de S. Ferdinand, roi de Castille et de Léon. *Paris*, 1759, in-12. *v.*

2312. **Brion** (de), Vie de sœur Marie de Sainte Thérèse, carmélite de Bordeaux. *Paris*, 1720, in-12. *v. br.* — Recueil historique de ce qui s'est passé en la mère Marie de la Trinité, carmélite du monastère de Beaune. *Lyon*, 1667, in-8. *v.* — Vie de sœur Marguerite du S. Sacrement, carmélite. *Paris*, 1655, in-8. *parch.*

2313. **Casimir** (le P.), Le Triomphe de la croix sur les attraits de la souveraineté, ou la Vie du duc de Modène, capucin. *Beziers*, 1674, in-8. *v.* — Noyers (le P. Paul de), Vie de Laurent de Brindisi, général de l'ordre des capucins. *Avignon*, 1737, in-12. *v. br.* — J. B. de Peruse, Vie du B. H. Félix, capucin, trad. en franç. *Paris*, 1626, in-12, *parch.* — Lagny (le P. Paul de), Vie de Marie Lorence Lelong, napolitaine, fondatrice des capucines. *Paris*, 1667, in-8. *v.*

2314. **Chandelier**, Vie de dame Marguerite de Ranchin, veuve de Cl. de Vanel de Duplessis St Antoine. in-4. *v.* Manuscrit.

2315. **Chantal** (Ouvrages sur J. Fr. Fremiot de) : Maupas du Tour (H. de), Vie de la V. M. Jeanne Franç. Fremiot, première mère de l'ordre de la Visitation de Ste Marie. *Paris*, 1653. in-8. *v.* — Abrégé de la vie de la B. M. J. Fr. Fremiot de Chantal. *Paris*, 1752, in-12. *v.*—Dolloue, Deux panégyriques de la B. M. de Chantal. *Paris*, 1752, in-12. *br.*—Vie abrégée de la B. M. de Chantal, extraite de celle de Marsolier. *Paris*, 1752, in-12. *v.* — Vie de S. Fremiot de Chantal. *Orléans*, 1768, in-12. *br.* — Eloge historique ou vie abrégée de S. Fremiot de Chantal. *Paris*, 1768, in-12. *br.*

2316. **Chevrier**, Mémoires pour servir à l'histoire des hommes illustres de Lorraine. *Bruxelles*, 1754, 2 vol. in-12. *v.*

2317. **Chiffletius** (Cl.), De Ammiani Marcellini vita, item status reip. rom. sub Constantino magno et filiis. *Lovanii*, 1627, pet. in-8. *v. f.* — Keuchenius (Rob.), Antoninus Pius sive in vitam Antonini pii excursus politici. *Amst.*, 1667, in-12. *vél.*

2318. **J. Clerici vita et opera**. *Amst.*, 1740, in-12. *cart.* — De vita et moribus Leonardi Lessii e S. J. *Parisiis*, 1644, in-12. *v. br.*

2319. **Collet**, Histoire abrégée de S. Vincent de Paul. *Paris*, 1764, in-12. *bas.* — Abelly (L.), Vie de Vincent de Paul. *Paris*, 1684, in-8. *v.* — Collet, Vie de H. M. Boudon. *Paris*, 1762, in-12. *v.*

2320. **Cornelius Nepos**, de vita excellentium imperatorum. *Mannhemii*, 1778, in-12. *br.* — Velleius Paterculus. *Mannhemii*, 1790, in-12. *br.*

2321. **Damase de S. Louys**, Ste Ursule triomphante des cœurs, de l'enfer, etc., et patrone du collége de Sorbonne. *Paris*, 1666, in-4. *v. br.*

2322. **Davanne** (Nic.), Vie et martyre de S. Nigaise, premier archevêque de Rouen. *Rouen*, 1643, in-12. *parch.* — Vie de Camille de Neufville, archevêque et comte de Lyon. *Lyon*, 1695, in-12. *v. br.*— Molinier (E.), Vie de dom Barthélemy de Donadieu de Griet, évesque de Comenge. *Paris*, 1639, in-8. *parch.*

2323. **Desbilons**, Nouveaux éclaircissements sur la vie et les ouvrage de G. Postel. *Liège*, 1773, in-8. *br.*

2324. **Dillingham** (W.), Vita L. Chadertoni, una cum vita Jac. Usserii. *Cantabrigiæ*, 1700, in-12. *v. br.* — Van der Sterne, Vita B. Josephi presbyteri et canonici Steinneldensis. *Antverp.*, 1627, in-8. *parch.*

2327. Discours en forme de comparaison sur les vies de Moyse et d'Homère. *Paris*, 1604, in-12. *non rel.* — Choisy (de), Vie de David. *Amst.*, 1692, in-12. *v.*

2328. Dupré (V.), Flammulæ amoris B. Claræ de Montefalco. *Perusiæ*, 1644, in-8. *parch.* — S. Claræ Virginis assisiatis vitæ compendium. *Antverp.*, 1650, pet. in-12. *fig. v. br.* — Prudent de Faucogney (le P.), Vie de Ste. Claire. *Paris*, 1782, in-12. *br.*

2329. Duval (And.), Vie de sœur Marie de l'Incarnation appellée au monde D^lle Acarie. *Paris*, 1621, in-8. *parch. d. s. tr.* — Maillard (J.), Vie de la mère Marie Bon de l'Incarnation, ursuline. *Paris*, 1686, in-12. *v.*

2330. Eloge des normands. *Paris*, 1748, 2 tom. en 1 vol. in-12. *non rel.*

2331. Éloges historiques des saints. *Paris*, 1697, 4 vol. in-12. *v.*

2332. Esprit d'Yve de Chartres dans la conduite de son diocese et dans les cours de France et de Rome. *Paris*, 1701, in-12. *v.* — Vie de Gilles Marie, curé de S. Saturnin de Chartres. *Chartres*, 1736, in-12. *v. br.*

2333. Faydit, Vie de S. Amable, curé de Riom en Auvergne. *Paris*, 1702, in-12. *v. br.* — S. Norbert, L'homme celeste, l'ange et l'apostre de la paix. *Paris*, 1671, in-8. *v.*

2334. Felibien, Entretiens sur les vies des peintres et des architectes. *Trevoux*, 1725, 6 vol. in-12.
    Le tome 5 manque.

2335. Feuillet, Histoire abrégée de la conversion de M. Chanteau. *Paris*, 1706, in-12. *v. br.* — Feuillet (J.), Vie de S. Louis Bertrand, missionnaire. *Paris*, 1671, in-12. *v.*

2336. François de Sales (ouvrages sur), Hauteville (Nic.), Histoire de la maison de S. François de Sales. *Paris*, 1669, 2 part. en 1 vol. in-4. *non rel.* — Bonneville (Phinb. de), Vie de S. François de Sales. *Lyon*, 1628, in-12. *parch.* — Godeau (Ant.), Eloge historique du B. H. François de Sales. *Paris*, 1663, in-12. *parch.* — Marsollier, Vie de S. François de Sales. *Paris*, 1700, 2 vol. in-12. *v.* — Jean de S. François, Vie de B. H. François de Sales. *Paris*, 1625, in-8. *parch.* — Portrait du B. H. François de Sales. *Paris*, 1665, in-8. *parch.* — Rivière (G. de la), Vie de François de Sales. *Lyon*, 1627, in-8. *parch.* — Talon (Nic.), Vie du B. H. François de Sales. *Paris*, 1640, in-8. *parch.*

2337. Gallonius (Ant.), Vita Phil. Nerii. *Moguntiæ*, 1602, in-12. *parch.* — Orléans (le P. P. J. d'), Vie de Ch. Spinola. *Paris*, 1681, in-12. *v. br.* — Vita del Padre Paolo (Sarpi). *Leida*, 1646, in-12 *vel.* — Mansio (M.), Vita di G. Leon. Ceruso detto letterato. *Roma*, 1625, in-8. *parch.*

2338. **Girard**, Histoire de la vie du duc d'Espernon. *Paris*, 1730, 4 vol. in-12. *v.*

2339. **Girardel** (Fr.), Vie du p. P. Girardel. *Langres*, in-12. *parch.* — Bretagne (Cl.), La vie de Bachelier des Gentes. *Reims*, 1680, in-8. *v.*

2340. **Godeau** (Ant.), Vie de l'apotre S. Paul. *Lyon*, 1685, in-12. *v.* — Godeau (Ant.), Vie de S. Charles Borromée. *Paris*, 1663, in-12. *v.* — Possevin (J. B.), Discours de la vie de S. Charles Borromée. *Bourdeaus*, 1611, in-12. *parch.*

2341. **Gras du Villard**, Histoire de la pieuse bergère du Mont de Parmenie ou la vie de sœur Louise, fondatrice de la maison des retraites de N. D. des Croix. *Grenoble*, 1764, in-12. *br.*

2342. **Hermant** (God.), Vie de S. Athanase. *Paris*, 1672, 2 vol. in-8. *v.* — Vie de S. Jean Chrysostome. *Lyon*, 1683, 2 vol. in-8. — Vie de S. Bernard. *Paris*, 1673, in-8. *v.*

2343. **Histoire** chronologique de la B. H. Colette réformatrice des trois ordres de S. François. *Paris*, 1628, in-8. *parch.* — L'homme intérieur ou la vie du V. P. Jean Chrysostome, relig. des trois ordres de S. François. *Paris*, 1684, in-8. *v.*

2344. **Histoire** critique de Nicolas Flamel et de Pernelle sa femme (par l'abbé Villain). *Paris*, 1761, in-12. *v.*

2345. **Histoire** de Dom Inigo de Guipuscoa par H. Rasiel de Selva (Ch. Levier.). *La Haye*, 1738, 2 vol. in-8

2346. **Histoire** de S. Louis, évêque de Toulouse et de son culte. *Avignon*, in-12. *mar. r. fil. d. s. tr.* — Vie de S. Prudence, évêque de Troyes et de Ste. Maure, vierge. *Paris*, 1725, in-12. *vél. v.* — Abrégé de la vie de H. de Barillon, évêque de Luçon. *Delft*, 1700, in-12. *v.* — Vie de Félix Vialart de Herse, év. de Chalons. *Cologne*, 1738, in-12. *v.*

2347. **Histoire** de S. Parfaict et des autres martyrs de Cordoue. *Paris*, 1642. *cart.* — Losa (Fr.), Vie du B. H. Gregoire Lopez, de la trad. d'Arnauld d'Andilly. *Paris*, 1674, in-12. *parch.*

2348. **Histoire** des plus illustres favoris anciens et modernes. 1662, in-12. *v. br.* — Histoire des favorites. *Amst.*, 1700, 2 tom. en 1 vol. in-12. *v. br.*

2349. **Hottinger** (J. J.), Salomon Gessner. *Zurich*, 1796, in-8. *br.* (*en allemand*).

2350. **Huetii** (P. D.) Commentarius de rebus ad eum pertinentibus. *Amst.*, 1718, in-12. *v.*

2351. **Idée** de la vie et des écrits de M. G. de Witte.

Rome, 1756, in-12. *v.* — Eloge du maréchal de Cati-
nat. *Edimbourg*, 1775, in-8. *br.*

2352. Jean Marie, La parfaite pénitence dans la vie de
Ste. Marguerite de Cortone. *Paris*, 1661, in-12. *v. br.*
—Compendio della vita, virtu, morte e de'miracoli di
S. Margarita di Cortona. *Roma*, 1728, in-8. *parch.*

2353. Joseph de Jésus Maria, Vie de Jean de la Croix, trad.
de l'espagn. par le P. E. S. B. et revue par le P. Cyprien de la Nativité.
Paris, 1642, in-8. *parch.*—Vie du B. H. père Jean de la Croix. *Paris*,
1675, in-12. *v.* — Vie admirable de Ste. Jeanne de la Croix. *Paris,*
1614, in-12. *parch.* (*titre coupé*).

2354. Jovii (Pauli) Opera. *Basileæ*, 1578, in-fol. *v. br.*
rel. *fatiguée.*

2355. Jovii (P.) Illustrium virorum vitæ. *Basileæ*, 1567,
2 vol. pet. in-8. *v. br.* — Ejusdem elogia virorum bel-
lica virtute illustrium. *Basileæ*, 1571, in-8. *v. br.*

2356. Lafons (Cl. de), Histoire de S. Quentin, apostre. *Saint
Quentin.* 1627, in-8. *parch.* — Doublet (J.), Histoire de S. Etienne,
grand archidiacre de Sion. *Paris*, 1648, in-8. *parch.* — Vie de Rufin,
prêtre de l'église d'Aquilée. *Paris*, 1724, 2 vol. in-12. *v. f.*

2357. Leti (G.), Vie de Philippe II, trad. de l'ital. *Amst.*,
1734, 6 vol. in-12. *br.*—Vie de P. Giron, duc d'Ossone,
trad. de l'ital. *Amst.*, 1701, 2 vol. in-8. *v. f.*— Vie de
Pelage. 1751, in-12. *v.*

2358. Levesque (Cath.), Les trois fleurs de lys spirituelles de la ville de Peronne, *Paris*, 1685, in-8. *v.*

2359. Magdeleïne de S. Joseph (la mère), Vie de Catherine de Jésus, carmelite. *Paris*, 1656, in-8. *parch.*—
Vie de la M. Alix Leclerc, carmelite. *Liége*, 1773,
in-12. *v.*

2360. Marchand (Prosper), Dictonnaire historique, ou
mémoires critiques et littéraires. *La Haye*, 1758,
2 vol. in-fol. *br.*

2361. Marconi, vie de Ben. Jos. Labre, trad. de l'ital.
Paris, 1784, in-12. *br.* — Venturi (le P.), Vie de la
mère Passidée de Sienne, trad. en franç. *Paris*, 1627,
in-8. *parch.*

2362. Marin (M.), Vie de la sœur Marie de l'Incarnation,
fondatrice de l'ordre de N. D. du Mont-Carmel. *Paris*,
1642, in-8. *parch.* — Vie de la mère Marie de l'Incarnation. *Paris*, 1724, in-8, *v.*

2363. Mémoires pour servir à l'histoire de plusieurs
hommes illustres de Provence. *Paris*, 1752, in-12.

2364. Menagii (Æg.), Historia mulierum philosopha-
rum. *Lugduni*, 1690, in-12. *v. f. fil.*

2365. Modèles du clergé. *Paris*, 1787, 2 vol. in-12.
bas.

2366. Moringi (G.), Vita Aur. Augustini. *Antverp.* 1533.
— Alardi Parasceve ad SS. Synaxin seu præparatio ad
eucharistiæ sacramenti perceptionem : Croci (C.) piæ
precationes in passionem J. C. *Coloniæ*, 1532, *fig en
bois.* in-8. *v. br.*

2367. Niceron, Mémoires pour servir à l'histoire des
hommes illustres dans la république des lettres. *Paris*,
1729 et suiv. in-12. *v.* tom. 1 à 42.

2368. Odo de Gissey, Histoire de S. Roch propice contre la peste. *Avignon*, 1633, pet. in-12. *parch.*

2369. Pelisson, Histoire de l'académie françoise. *Paris*,
1730, 2 vol. in-12. *v.* — Formey, Eloges des académiciens de Berlin. *Berlin*, 175-, 2 vol. in-12. *v.*

2370. Perroquet, Vie et martyre du docteur illuminé
le B. H. Raymond Lulle. *Vendosme*, 1667. in-8. *v.*

2371. Picot (Ser.), histoire de la vie de S. Jean de Capistran. *Lyon*, 1699, in-12. *v.* — Abrégé de la vie des
SS. Jean de Capistran et Pascal Baylon. *Paris*, 1712.
in 12. *v.*

2372. Piny (Alex.), Vie de la V. M. Marie Magdelaine de
la très S. Trinité. *Lyon*, 1680, in-8. *v.* — Léon (le p.),
Le vray serviteur de Dieu, Eloge du p. Ant. Yvan,
fondateur des religieuses de la miséricorde. *Paris*,
1654, in-12. *parch.*

2373. Postel (le P.), Vie, esprit et sentimens de piété de Fr.
Mathon. *Amiens*, 1710, in-12, v. br. — Victon (Fr.), Vie, mort et
et miracles de G. de Bono. *Paris*, 1621, in-12, parch. — Loyac
(Ant. de), Le bon prélat, ou discours de la vie et de la mort du p.
Ant. de Tolosany. *Paris*, 1645, in-8. v. f. — Machaut (J. B. de), His-
toire de J. de Montmirel et d'Oysi. *Paris*, 1641. in-8. parch.

2374. Raimondo (Fr), Compendio della vita, virtu e miracoli di S. Franc. Solano. *Roma*, 1726 in-8. *parch.*
— Vita del venerabile servo di dio Fr. Crispino da Vi-
terbo. *Roma*. 1761, in-8. *bas.*

2375. Raynaud (G.), Vie de la B. H. Marguerite de Savoye, de l'ordre de S. Dominique. *Paris*, 1674,
in-8. *v.*

2376. Réflexions d'un Américain sur la vie de Descartes.
La Haye, 1692, in-12. *v.* — Jordan, Histoire de la

vie et des ouvrages de La Croze. *Amst.*, 1741, 2 part.
en 1 vol. in-8. *v.* — Paschal (Ch.), Vie et mœurs de
Guy de Faur de Pybrac, trad. du lat. par Guy de Faur
d'Hermay. *Paris*, 1617, in-12. *parch.*

2377. Relation de la mort de quelques religieux de
l'abbaye de la Trappe, *Paris*, 1683-1696, 2 vol. in-12.
v. br.

2378. Relation de la vie, de la conversion et de la mort
du frère Dorothée, nommé dans le monde François
Jacob. *Rouen*, 1717, in-12. *parch.* — Coste (Hilarion
de) Le parfait ecclésiastique ou histoire de la vie et de la
mort de Franç. de Picart. *Paris*, 1658, in-8. *parch.*

2379. Ribadeneyra (P. de), Vie du P. François de Borja,
tournée en nostre langue vulgaire, par de Betencourt.
Douay, 1696, in-12. *v. br.* — Robine (Nic.), Vie de
S. Jean Gonçalez de Sabagun ou de S. Facond. *Paris*,
1692, in-12. *v.*

2380. Richard, Histoire de la vie du P. Joseph (Leclerc
du Tremblay). *Paris*, 1702, 2 vol. in-12. *v.* — Richard, Vie de J. Ant. Le Vachez, instituteur des sœurs
de l'Union chrétienne. *Paris*, 1692, in-12. *v. br.*

2381. Richer, Les Vies des hommes illustres comparés les
uns avec les autres. *Paris*, 1756, 2 vol. in-12. *v.*

2382. Rinucci (J. H.), Le Capucin escossois ou la Vie du P. Archange,
trad. de l'ital., par Fr. Barrault. *Paris*, 1664, in-12. *parch.* — Vie et
actions de Chr. Bern. de Gale, évêque de Munster. *Leyde*, 1681, in-12.
v. br. — Burnet, Vie de G. Bedell, év. de Kilmore; trad. en franç.
Amst, 1687, in-12. *v. br.*

2383. Roulliard (Seb), Vie de Ste Isabel de France, fondatrice de l'abbaye de Longchamps. *Paris*, 1619. in-8.
parch. — Mareuil (le p. P. de), Vie de Jeanne de Valois. *Paris*, 1741, in-12. *v.*

2384. Ruinart (Th.), Vita Joan. Mabillonii. *Patavii*, 1724,
in-8. *parch.* — Vie de dom. Cl. Martin, bénédictin.
Tours, 1697, in-8. *v.* — Ignace de Jesus-Maria, La vie
et les éminentes vertus de S. Maur. *Paris*, 1640, in-8.
parch.

2385. Tableau réduit à XIX traits de pinceau, qui re-
présentent le combat et le triomphe de XIX martyrs
dits de Gorcum. *Lille*, 1676, in-12. *cart.*

2386. Tacite, Vie d'Agricola, trad. par Des. (Desrenau-
des). *Paris*, an V, in-18. *cart.* — Amelot de la Houssaye,

La Morale de Tacite : de la Flatterie. *Paris*, 1686,
in-12. *v.*

2387. Talepied, Histoire des vies, mœurs, actes et mort
de Martin Luther, Jean Calvin et Théodore de Beze.
1616, in-12. *parch.* — Camerarius (J.), Vita Phil. Me-
lanchtonis. *Hagæ Comitum*, 1655, in-12. *v. br.*

2388. Teissier (Ant.), Les Eloges des hommes savans tirez de l'histoire de M. de Thou. *Leyde*, 1715., 4 vol.
in-12. *v. br.* — Mémoires de la Vie de J. A. de Thou.
Amst., 1713, in-12. *port. v.*

2389. Testament littéraire de P. Fr. Guyot, abbé des
Fontaines, trouvé après sa mort parmi ses papiers. *La
Haye*, 1746, — Essai sur l'esprit et les beaux esprits.
Amst. — Politique du médecin de Machiavel. *Amst.*
in-12. *v. d. s. tr.*

2390. Tomasini (J. Ph.), Elogia virorum literis et sapientia illustrium. *Patavii*, 1644, in-4. *fig. parch.*

2391. Touron, Histoire des hommes illustres de l'ordre
de S. Dominique. *Paris*, 1743, 6 vol. in-4. *non unif.*

2392. Valerii Maximi, Dictorum factorumque memorabi-
lium exempla. *Lugd. Seb. Gryphius*, 1546, in-8. *v.* —
Dodwell (H.), Annales Velleiani, Quintilianei, Statiani.
Oxonii, 1698, in-8. *v. br.*

2393. Vernon (J. M. de), Vie de Charles de Saveuses. *Paris*, 1678, in-8. *v.* — L'Homme apostolique ou la Vie
de S. François d'Assize. *Paris*, 1664, in-8. *v. br.*

2394. Vie d'Abeillard et d'Héloïse. *Paris*, 1728, 2 vol.
in-12. *v.*

2395. Vie de dom Barthélemy des Martyrs. *Paris*, 1664,
in-8. *v.* — Daniel (le P.), Vie du P. Joseph de Leonissa.
Paris, 1738, in-12. *v.*

2396. Vie de Bourdoise. *Paris*, 1784, in-12. *br.* — Vie de
M. de Rossillion, évêque de Genève. *Paris*, 1751, 2
part. en 1 vol. in-12. *v.*

2397. Vie de la Mère Catherine de S. Augustin, religieuse
hospitalière de la Miséricorde de Quebec. *Paris*, 1671,
in-8. *v.*

2398. Vie du pape Clément XIV (Ganganelli). *Paris*, 1770,
in-12. — Lieutaud (le p. J. P.), Eloge de Clément XIV,
Ganganelli. *Paris*, 1781, in-12. *v.*

2499. Vie d'Etienne Dolet, imprimeur à Lyon. *Paris*, 1779,
in-8. *br.*

2400. Vie de Duguet. 1741, in-12. *v.* — Abrégé de la Vie
du P. Fr. de Clugny. *Lyon*, 1698, in-12. *v.*

2401. Vie de Ste Elizabeth de Hongrie, et de Louis Land-
grave de Thuringe et de Hesse, son époux. *Paris*,
1662, in-8. *v. br.* — Vie de l'impératrice Eléonore.
Paris, 1725, in-8. *v. f.*

2402. Vie du Frère Fiacre. *Paris*, 1722, in-12. *v.* — Vie
de S. Vaneng. *Paris*, 1700, in-12. *v.*

2403. Vie de la mère Louise-Eugénie de Fontaine, supérieure de la
Visitation de Paris. *Paris*, 1696, in-12. *v.* — Vie de la V. M. Anne-
Marguerite Clément, première supérieure de la Visitation de Sainte
Marie de Melun. *Paris*, 1686, in-8. *v.* — Vie de la sœur Marie-Mi-
chele Bonfard, religieuse de la Visitation de Sainte Marie. *Nantes*,
1700, in-8. *v.* — Vie de la sœur Anne-Magdelaine Remuzat, religieuse
de la Visitation de Marseille. *Marseille*, 1760, in-12. *v.*

2404. Vie de Ch. Marg. de Gondy, marquise de Magnelais. *Paris*,
1666, in-12. *v. br.* — Relation de la vie et de la mort de madame de
Clermont. *Paris*, 1709, in-12. *v. br.* — Jacques, Abrégé de la vie de
la mère Marie Ant. de Beauvillier, dite de S. Benoist. *Paris*, 1751,
in-8. *br.* — Montès (de), Vie de la sœur de Foix de la Valette d'Eper-
non. *Paris*, 1774, in-12. *v.*

2405. Vie du P. Simon Jourdan, chanoine de S. Victor
de Paris. 1755, in-12. *br.* — Martin (Sim.), Vie de
S. Vulphly, curé de Rue en Ponthieu. *Paris*, 1636,
in-12. *parch.*

2406. Vie de Madame d'Humières, abbesse et réformatrice de l'abbaye
de Monchy, de l'ordre de Cisteaux. *Paris*, 1711, in-8. *v.* — Vie de
Madame Magdelene de Clermont-Tonnerre, abbesse de N. D. de S.
Paul. *Paris*, 1704, in-12. *v. br.* — Leon (Fr.), Vie de la V. M. Marie
de S. Charles, religieuse de sainte Elisabeth, dite au siècle la baroune
de Veuilly. *Paris*, 1671, in-8. *v.*

2407. Vie de l'empereur Julien. *Paris*, 1735, 2 part. en
1 vol. in-12. *v.* — Vie et sentimens de L. Vanini. *Rotterd.*, 1717, in-12. *v. br.*

2408. Vie de M. de la Noe-Menard, prestre du diocèse de
Nantes. *Bruxelles*, 1734. — Vie de Duguet, 1741,
in-12. *v.* — Vie de M. Le Nobletz, prestre et missionnaire de Bretagne. *Paris*, 1666, in-8. *v.*

2409. Vie de Dom P. Lenain, religieux de la Trappe. *Paris*, 1715,
in-12. *v.* — Vie de Lenain de Tillemont. *Cologne*, 1711, in-12. *v. br.*
— Idée de la vie et de l'esprit de Lenain de Tillemont. *Nancy*, 1706,
in-12. *v.*

2410. Vie de François de Lorraine, duc de Guise (par de Valincourt).
Paris, 1681, in-12. *v. br.* — Vie de Charles V, duc de Lorraine.
Amst., 1691, in-12. *v. br.* — Laubrussel (le P. de), Vie de Charles de

Lorraine. *Nancy*, 1733 ; in-12. *v.* — Vie de la B. H. Marguerite de Lorraine, duchesse d'Alençon. *Paris*, 1658, in-12. *v.*

2411. Vie de Madame de Miramion. *Paris*, 1706, in-12. *v.* — Vie de Mademoiselle de Meleun, fondatrice des hospitalières de Baugé. *Paris*, 1687, in-8. *v.* — Discours sur la vie et les vertus de la sœur Jeanne de la Noue, fondatrice de la maison de la Providence de Saumur, *Angers*, 1743, in-12. *fig. v*

2412. **Vie de J. J. Olier, fondateur du séminaire de S. Sulpice. 1687, in-12. *v. br.***

2413. **Vie du cardinal d'Ossat. *Paris*, 1771, 2 vol. in-8. *v.***

2414. **Vie de Franç. Paris, diacre. 1732, in-12. *v.* — Vie de Pavillon, évêque d'Alet. *Utrecht*, 1739, 3 vol. in-12. *v.***

2415. **Vie de Franç. Petrarque. *Paris*, in-8. *br.***

2416. **Vie de Philippe d'Orléans, par L. M. D. M. *Londres*, 1736, 2 vol. in-12. *v.* — Villiers (de), Vie de Louis IX, dauphin de France, depuis 1729 jusqu'en 1767. *Paris*, 1769, in-12. *v.***

2417. Vie de S. J. Fr. Régis, de la C de J. *Paris*, 1737, in-12. *fig. v* — Beauvais (le P. de), Vie du P. J. de Britto *Paris*, 1746, in-12. *v* — Vie du R. P. Anne-Franç. de Beauveau, de la C. de J. *Paris*, 1682, in-12. *v.*

2418. Vie du pape Sixte cinquième. *Paris*, 1685. in-12. *v.* — Feuillet (J. B), Vie du très S. Pape Pie V. *Paris*, 1672, in-12 *v. br.* — Somma (Ag. di), Vie du pape Pie V, mis en franç. par F. *Paris*, 1672, in-12. *v. br.*

2419. **Vie de J. Soanen, év. de Senez. *Cologne*, 1750, in-12. *v.* — Idée de la vie de J. Soanen, év. de Senez, et son testament spirituel. in-12. *fig. v.***

2420. Vie de la mère Térèse de Jésus, fondatrice des Carmes, nouv. trad. d'esp. en franç *Paris*, 1601, in-12. *parch.* — Vie de sainte Thérèse, écrite par elle-même et trad. par Personne. *Paris*, 1664, in-12. *v.* — Ange Manrique, Vie de la V. M. Anne de Jésus, compagne de sainte Thérèse. *Paris*, 1636, in-8. *v.*

2421. Vie de S. Thomas de Villeneuve, par L S. Martin *Tolose*, 1659, in-8. *v. d. s. tr.* — Maimbourg (Cl.), Vie de S. Thomas de Villeneuve. *Paris*, 1659, in-8. *v.* — Éloge historique, ou Vie de S. Thomas de Villeneuve, trad. par Cl. Maimbourg. *Paris*, 1666, in-12. *v.*

2422. Vie et conduite spirituelle de mademoiselle Madelene Vigneron. *Paris*, 1689, in-8 *v. br.* — Vie de la M. Françoise des Séraphins. *Clermont*, 1669, in-8, *v. br.* — Vie de Mme Helyot. *Paris*, 1684, in-8. *v. br.*

2423. **Vie de Voltaire. *Genève*, 1786, in-4. *br.***

2424 **Vie (la) des Saints pour tous les jours de l'année, par G. D. M. *Paris*, 1688, 4 vol. in-8. *v.***

2425. Vie des vierges ou les devoirs et les obligations des vierges chrét. *Paris*, 1693, in-12. v. — Morale de foi et de patience, ou Vie de la M. Marie des Anges (Suireau). 1754, 2 part. en 1 vol. in-12.

2426. Vies des saints de l'ancien Testament, avec des réflexions des SS. Pères. *Paris*, 1733, 4 vol. in-8. v.

2427. Vies et actions mémorables de trois des plus signalez religieux de l'ordre des frères Prêcheurs de Bretaigne, extrait des euvres du P. J. de Rechac de Ste Marie. *Paris*, 1644, in-12. *v. f. fil.*

2428. Vies et miracles des SS. Pères hermites, d'Egypte, Scythie, Thébayde, et autres lieux, mises en franç. du grec de S. Jérôme, par R. Gautier. *Paris*, 1634, in-8. *parch.*

2429. Villery (J.), Abrégé de l'histoire de la vie de Catherine Fontaine. 1688. — Le même, Apologie de Catherine Fontaine. 1689, in-8. v. br.—Relation sur la vie de la M. Marie des Anges. 1737, in-12. v.

2430. Vitæ selectæ quorundam eruditissimorum et illustrium virorum ut et Helevæ Cornaræ et Cassandræ Fidelis. *Vratislaviæ*, 1711, in-12. v. f. — Wustemannus (J. E.), Commentarii vitæ XXIV virorum virtute et doctrina præstantissimorum. *Wittenbergæ*, 1760, in-4. *br.*

ARTICLES OMIS.

2431. Athenagoræ Apologia pro christianis, de resurrectione mortuorum, gr. lat. *Henr. Stephanus*, 1557, in-8. *parch.*

2432. Calmet (Aug.), Commentaire littéral sur tous les livres de l'ancien et du nouv. testament. *Paris*, 1726, in-fol. tom. 5, 6, 7, 8. *br.*

2433. Crasset, Considérations chrétiennes. *Paris*, 1768, 4 vol. in-12. *br.*

(194)

2434. Factum pour les religieuses de Ste. Catherine les Provins, contre les pères Cordeliers. *Doregnal (Elzev.)*, 1679, in-12. *v. br.*

2435. (Loriot), Sermons sur les plus importantes matières de la morale chrétienne. *Paris*, 1700, 5 tom. en 6 vol. in-12. *v.* — Sermons sur les mystères de N. S. à l'usage des missions (par Loriot). *Paris*, 1702, 2 vol. in-12. *v.*

2436. Monmorel (de), Homelies. *Paris*, 1719, 10 vol. in-12. *v.*

2437. Nicole, Instructions sur le premier commandement du décalogue *Paris*, 1730, 2 vol. in-12. *v.* — Instructions sur le symbole. *Paris*, 1716, 2 vol. in-12, *v.* — Instructions sur les sacremens *Paris*, 1719, 2 vol. in-12. *v.* — Traité de la prière. *Paris*, 1730, 2 vol. in-12. *v.* — Lettres. *Lille*, 1718, 2 vol. in-12. *v. br.* — Nouvelles lettres. 1767, in-12. tom. 8, 2me partie. — Esprit de Nicole. *Paris*, 1771, in-12. *v.*

2438. Passiones D. N. J. C., opera et studio G. G. Nivers. *Luteciæ Parisiorum*, 1723, in-4. *v.*

2439. Paulini (S.) Epistolæ et poemata. *Parisiis*, 1516, in-8. *v.*

 On y a joint une table manuscrite sur vélin.

2440. Rabelais (le) réformé par les ministres et nommement par P. Du Moulin, pour response aux bouffonneries insérées en son livre de la vocation des pasteurs. *Brusselle*, 1619, in-8. *v.* — Politique (la) du clergé de France. (par Jurieu). *Cologne*, 1681, in-12. *br.*

2441. Robbe (J.), Tractatus de eucharistiæ sacramento. *Neocastri*, 1772, in-8. *v.* — Dieu est l'amour le plus pur. *Amst.*, 1806, in-18. *br.*

2442. Thiers (J. B.), L'avocat des pauvres. *Paris*, 1676, in-12. *v. br.* — De festorum dierum immunitione. *Lugduni*, 1668, in-12. *v. br.* — Histoire des perruques. *Avignon*, 1777, in-12. *v.* — Traité de l'absolution de l'hérésie. *Lyon*, 1695, in-12. *v. br.* — Traité de l'exposition du S. sacrement de l'autel. *Paris*, 1677, in-12. — Traité des cloches. in-12. — Traité des superstitions qui regardent les sacremens. *Paris*, 1697, 2 vol. in-12. *v. f.*

2443. Vitringa (C.), Typus theologiæ practicæ. *Franequeræ*, 1716, in-8. *vel.*

2444. Ayrault (P.), Des procez faicts au cadaver, aux cendres, à la mémoire, aux bestes brutes, choses inanimées et aux contumax. *Angers*, 1591, in-8. *parch.*

2445. Ferriere (Cl. J. de), Nova et methodica paratitla in L libros digestorum. *Paris.*, 1769, 2 vol. in-12. *bas.*

2446. Heineccii (J. G.) Recitationes in elementa juris civilis secundum ordinem institutionum. *Ticini Regii*, 1780, 2 vol. in-8. *br.*

2447. Justiniani Institutionum juris libri IIII, ed. Jul. Pacio. 1580, in-8. *v. d. s. tr.*

2448. Justiniani Institutionum libri IV. *Antverpiæ*, 1696, in-18. *br.* — Perezii (Ant.) Institutiones imperiales erotematibus distinctæ. *Vesaliæ*, 1670, in-12. *br.*

2449. Procès instruit extraordinairement contre MM. de Caradeuc de la Chalotais, de Caradeuc et M. le marquis du Poulpry et autres. 1768, 3 vol. in-12. *v.*

2450. Recueil de pièces (72) sur les eaux et forêts, etc. in-4. *cart.*

2451. Recueil de pièces (44), Censures, mandements et arrêts contre différens ouvrages de 1752 à 1770, in-4. *cart.*

2452. Traicté de la dissolution du mariage pour l'impuissance ou froideur de l'homme ou de la femme (par Ant. Hotman). *Paris*, 1610, pet. 8. *br.*

2453. Henniges (H.). De summa imperatoris romani potestate circa profana. *Norimbergæ*, 1677, in-8. *parch.*

2454. Aristotelis Ethicorum libri X, edd. A. Riccobono et M. Cornelio. *Hanoviæ*, 1610, in-8. *parch.*

2455. Bodin (J.), De la démonomanie des sorciers. *Lyon*, 1598, in-8. *parch.*

2456. Camerarins (Ph.), Méditations historiques, trad. en franç. *Paris*, 1708, 2 vol. in-8. *parch.*

2457. Gaffarel (J.), Curiositez inouyes sur la sculpture talismanique des Persans, etc. *Paris*, 1629. in-8. *parch.*

2458. Lettre sur Rabelais et sur d'autres auteurs accusés d'avoir mal parlé de la religion chrétienne. *Londres*, 1768, in-12. *br.*

2459. Moult (Th. J.), Propheties perpétuelles très curieuses et très certaines pour 1269, jusqu'à la fin des siècles, trad. de l'ital. *Paris*, 1741, in-12, *br.*

2460. Popelinière (de la), Les trois mondes. *Paris*, 1582, in-8. *parch.*

2461. Roa (M. de), Singularium locorum ac rerum libri VI. et de die natali. *Lugduni*, 1604, in-8. *parch.*

2462. Sebon (R.), Théologie naturelle, trad. nouv. en

franç , par Mic. de Montaigne. *Paris* , 1581, in-8. *v.*

2463. Senecæ (A.), Opera omnia ed. A. Schotto. *Aureliance* , *Allobrogum* , 1604, 2 vol. in-8. *parch.* — Gruteri (J.), Animadversiones in L. A. Senecæ opera. 1595, in-8. *parch.*

2464. Wierus (J.), De præstigiis dæmonum et incantationibus ac veneficiis. *Basileæ* , 1564 , in-8. *parch.* — Lettres qui découvrent l'illusion des philosophes sur la baguette et qui détruisent leurs systèmes. *Paris* , 1693, in-12. *v. br.*

2465. Zobelius (N. E.), Cacozelia gentium in tradendis doctrinis de generis humani mentisque humanæ origine et resurectione mortuorum. *Altorfii* , 1737, in-8. *br.*

2466. Froumenteau (N.), Le secret des finances de France descouvert. 1581, in-8. *v.*

2467. Vernulæi (Nic.), Institutionum politicarum libri IV. *Lovanii* , 1635, in-8. *parch.*

2468. Recueil de pièces (887), d'édits et arrêts de Police et d'administration publique, de 1652 à 1774. 9 vol. in-4. *cart.*

2469. Borellus (J. A.), De motu animalium. *Hagæ Comitum* , 1743 , in-4 , *br.*

2470. Cotte, Mémoires sur la météorologie. *Paris* , 1788, 2 vol. in-4. *non rel.*

2471. Delaval (Ed. Hussey), Recherches sur la cause des changemens de couleur dans les corps opaques et naturellement colorés, trad. de l'angl. par Quatremère Dijonval. *Paris* , 1778, in-8. *br.* — Brezé (de), Description de trois machines physico-chimiques. *Turin* , 1784, in-4. *fig. br.*

2472. Brochant (J. M.), Traité élémentaire de minéralogie. *Paris* , 1808, 2 vol. in-8. *br.*

2473. Ornithotrophie artificielle, ou art de faire éclore ét d'élever la volaille par le moyen d'une chaleur artificielle. *Paris* , 1780, in-12. *fig. br.*

2474. Stackhouse (J.), Nereis Britannica , continens species omnes fucorum in insulis Britannicis crescentium. *Bathoniæ* , 1801, in-fol. *fig. color.* (lat. et angl.)

Imparfait dans *Physiological observations* de la feuille G, pages XXV à XXVIII.

2475. Cloquet (Jules), Anatomie de l'homme *Paris*, 1822, in-fol. livr. 10, 11, 12.

2476. Monro, Traité d'ostéologie, trad. de l'angl. par Sue. *Paris*, 1759, 2 vol. in-fol. *fig. br.*

2477. Soemmering (S. T.) De basi encephali et originibus nervorum cranio egredientium. *Goettingœ*, 1778, in-4. *fig. br.*

2478 Finei (Orontii), De solaribus horologiis et quadrantibus libri IV. *Paris*, 1560, in-4. *parch.*

2479. Sacrobosco (J. de) Sphæra emendata. *Parisiis*, 1584, in-8. *parch.*

2480. Ouvrages sur le dessèchement des marais Pontins. Bolognini (Em.), Memorie dell'antico e presente stato delle paludi Pontine, rimedj, e mezzi per disseccarle. *Roma*, 1759, in-4. *fig. br.* — Plusieurs memoires manuscrits, tant en italien qu'en français, une correspondance relative à la même matière, dont quelques lettres de Frizi et un plan dessiné et lavé.

2481. Beaurain, Histoire militaire de Flandres depuis 1690-1694. *Paris*, 3 vol. in-fol. *fig. cart.*

2482. Cessac (De), Guide de l'officier particulier en campagne. *Paris*, 1816, 2 vol. in-8. *fig. pap. vél. cart.*

2483. G. de Vaudoncourt, Mémoires pour servir à l'histoire de la guerre entre la France et la Russie, en 1812. *Paris*, 1817, 2 vol. in-4. *fig. color. pap. vél. cart.*

2484. Amiot, Mémoire sur la musique des Chinois. *Paris*, 1779, in-4. *br.*

2485. Callot, Livre de paysages. 22 pl.

2486. Figures de la Bible, par Bern. Picart. *La Haye*, 1728, in-fol.

2487. Gohorii (J.) De usu et mysteriis notarum liber. *Parisiis*, 1550, in-8. *parch.*

2488. Recueil des plus belles ruines de Lisbonne, causées par le tremblement et par le feu du 1er novembre 1755. *Paris*, 1757, in-fol. *fig.*

2489. Tory (G.), L'art et science de la vraye proportion des lettres attiques ou antiques, etc. *Paris*, 1549, in-8. *cart. (titre raccomodé).*

2490. Blancardi (Nic.) Onomasticum atticum, cum notis variorum, ed. J. St. Bernard. *Lugd. Bat.*, 1757, in-8. *cart.*

2491. Crenius (Th.), Fascis exercitationum philologico-historicarum. *Lugd. in Batavis*, 1697-1700, 10 vol. in-12. *f* —Crenius (Th.),

Museum philologicum et historicum. *Lugd. Bat.*, 1690, 2 vol. in-12.
v. br. — Crenius (Th.), Syntagma dissertationum philologicarum.
Rotterodami, 1699, in-12. tom. 1er *v. br.* —Crenius (Th.), Thesaurus
librorum philologicorum et historicorum. *Lugd. in Botavis*, 1700,
2 vol. in-12. *v f.*

2492. Lipsii (J.) Opera omnia quæ ad criticam propræ
spectant. *Lugd. Bat.*, 1696, 2 vol. in-8. *v.*

2493. Scaliger (J. C.), Poetices libri septem. 1581, in-8.
parch.

2494. Titelmannus (Fr.), Institutionum dialecticarum
libri VI. *Parisiis*, 1549, in-8. *v.*

2495. Bossuet, Oraison funèbre de L. de Bourbon, prince
de Condé. *Paris*, 1687, *mar. n. d. s. tr.*
> Aux armes de Bossuet.

2496. Chavigny (de), Pleiades. *Lyon*, 1603, in-8. *parch.*

2497. Faramond ou l'histoire de France (par La Calpre-
nede et de Vaumoriere). *Jouxte la copie imprimée à
Paris*, 1664, 12 vol. in-8. *v. br.*
> Le tome 3 manque.

2498. Oraisons fumèbres : De Marie Thérèse d'Austriche,
par de la Chambre. 1684. — De Ferd. Henry, prince
d'Orange, par Spanheim. 1647. — De Mich. Le Tellier,
par Bossuet. 1686, etc. 7 vol. in-4. *mar. n., v.* et *cart.*

2499. Propos mémorables des nobles et illustres hommes
de la chrestienté. *Lyon*, 1579, in-12. *cart.*

2500. Sabatier de Castres, Dictionnaire de littérature.
Paris, 1770, 3 vol. in-8. *br.*

2501. Urfé (Hon. d'), L'Astrée. *Paris*, 1631, in-8. *mar.
r. fil. d. s. tr.*
> Tom. 1er. part. 2. — 2, part. 1, 2. — 3, part. 1, 2, 3. — 4, part.
> 1, 2, 3. — 5. part. 1re. Plusieurs titres refaits à la plume.

2502. Cats (J.), OEuvres. *Amsterdam*, 1700, 2 vol. in-fol.
fig. non rel. (en hollandais).

2503. Cervantes, Vida y hechos de Don Quixote de la
Mancha. *Amberes*, 1719, 2 vol. in-8. *br.*

2504. Metastasio, Opere scelte. *Avignone*, 1808, 6 vol.
in-18. *br.*

2505. Soave (Fr.), Novelle morali. *Avignone*, 1805,
2 vol. in-18. *br.* — Graffigny, Lettere d'una peruviana
tradotte in ital. dal G. L. Deodati. *Avignone*, 1807,
in-18. *br.*—Lettres d'une Péruvienne, trad. en ital. par
Deodati, ital. et franç. *Avignon*, 1807, 2 vol. in-18. *br.*

2506. Choisy, Journal du voyage de Siam. *Trevoux*, 1741, in-12. *br.* — Ecrits de MM. des miss. étrang. sur l'affaire de la Chine. in-12. *br.*

2507. Chappuis (G.), Considérations sur plusieurs et diverses histoires, tant anciennes que modernes. *Paris*, 1585, in-8. *parch.* — Procope, De la guerre contre les Vandales. *Paris*, 1670, in-12. *vél.*

2508. Histoire générale de l'Asie, de l'Afrique et de l'Amérique. *Paris*, 1770, 15 vol. in-12. *br.*

> Les tomes 7, 8 manquent.

2509. Hornii (G.) historia ecclesiastica et politica. *Lugd. Bat.*, 1665, in-12. *v. br.*

2510. Martyrologe ou idée générale de la vie des saints, de leurs vertus et de leurs principales actions (par l'abbé Paris). *Paris*, 1691, in-8. *v*

2511. Affaires du temps (par de Vizé). *Paris*, 1688, in-12. tom. 2, 4, 5, 6, 10.

2512. Grands croniques de France. *Paris, pour Guillaume Eustace*, in-fol. *goth. v. fil.* le tome 1er.

2513. Médailles du règne de Louis XV. pet. in-fol. 78 *p^l.*

2514. Mezeray (Eudes de), Histoire de France. *Paris, Guillemot*, 1643-1651. 3 vol. in-fol. *v.*

2515. Patricii (Al.) (Jansenius episc. Yprensis) Mars Gallicus seu de justitia armorum et foederum regis Galliæ. 1639, pet. in-12. *v.*

2516. Pièces (6) relatives aux règnes de Henry III et Louis XIII, dont, confiteor aux rebelles. 1622. — Articles de la grace accordez par le roy à ses subjets de la ville de La Rochelle. *Paris*, 1626, etc. in-8.

2517. Remontrances faictes au roy Loys unzieme, sur les privilèges de l'église gallicane et les plaintifs et doléances du peuple. *Paris*, 1561, in-8. *parch.*

2518. Rymon (Em. Phil. de), Traicté des pays et comté du Charrollois et des droits de souveraineté, que la couronne de France a eu de tout temps et ancienneté sur iceux. *Paris*, 1619, in-8. *parch.*

2519. Burnet (G.), Histoire de ce qui s'est passé de plus mémorable en Angleterre pendant sa vie. *La Haye*, 1735, 4 vol. in-4. *br.*

2520. Ogerius (C.), Ephemerides sive iter Danicum, Suecicum, Polonicum. *Lut. Par.*, 1656, in-8. *parch.*

2521. Orléans (le P. d'), Histoire des révolutions d'Angleterre. *Paris*, 1795, 6 vol. in-8. *br.*

2522. De Guignes, Histoire générale des Huns, des Turcs, etc. *Paris*, 1757, in-4. tome 3.

2523. Montfaucon, Supplement à l'antiquité expliquée. *Paris*, 1757, 5 vol. in-fol. *gr. pap. br.*

2524. Sybillina oracula de græco in lat. conversa et in eadem annotationes, Seb. Castalione interprete. *Basileœ*, in-8. *parch.*

2525. Barbier, Dictionnaire des ouvrages anonymes et pseudonymes. *Paris*, 1822, 4 vol. in-8. *pap. vél. cart.*

2526. Catalogus bibliothecæ Thuanæ a P. et J. Puteanis distributus : a Is. Bullialdo digestus et a J. Quesnel editus. *Parisiis*, 1679, in-8. *parch.*

2527. Catalogue des livres de Selle. *Paris*, 1761, in-8. *v. f. fil. avec prix.* — Catalogo della libreria Floncel. *Parigi*, 1774, 2 tom. en 1 vol. in-8. *dem. rel.*—Catalogue des livres choisis dans les bibliothèques des jésuites des Pays-Bas. *Bruxelles*, 1780, in-8. *br.*

2528. Catalogue des livres de Filheul. *Paris*, 1779, in-8. *v. avec prix.* — Catalogue des livres de Gouttard. *Paris*, 1780. — De Daguesseau. 1783, in-8. *v.* —Catalogue des livres de la bibliothèque de Mirabeau l'ainé. *Paris*, 1791, in-8. *br.*

2529. Commentarii societatum regiæ scientiarum Gottingensis. tom. 4. *Gottingœ*, in-4. *br.*

2530. Journal étranger. in-12.

    1754, avril à novembre. — 1755, janvier, mars à décembre. — 1756, janvier à octobre. — 1757, janvier, février, mai à aout, novembre, décembre. — 1758, mars à décembre. — 1760, janvier à octobre. — 1761, mai à décembre. — 1762, mars à septembre, fin du journal.

2531. Moser (J. J.), Bibliotheca juris publici German. imperii. *Stutgard*, 1729, 3 vol. in-8. *vél. (en allem.)*

2532. Alembert (d'), Histoire des membres de l'académie françoise, morts depuis 1700 jusqu'en 1771. *Paris*, 1787, 6 vol. in-12. *v.* — Fouchy (de), Eloges des académiciens de l'académie des sciences. *Paris*, 1762, in-12, tom. 1. *v.*

2533. Nécrologe des hommes célèbres. *Paris*, 1768, in-12. les tom. 1, 2, 3, 4, 6, 10, 11, 16, 17.

2534. Nicii (J.) Erithræi Pinacotheca imaginum illustrium virorum, etc. *Coloniæ, Agripp.*, 1645, pet. in 8.
v. br.

2535. Valerii Maximi dictorum factorumque memorabilium exempla. *Luletiæ, Rob., Stephanus*, 1544, pet.
in-8. *v. f.* — Cornelius Nepos, Vitæ excellentium imperatorum. *Antv.*, 1767, in-12, *br.*

2536. Recueil de pièces sur les arts et les sciences. 12 vol.
in-4. *cart.*

2537. Recueil de pièces (50) sur les pompes à feu et
autres machines, de 1673 à 1782. in-4. *cart.*

2538. Recueil de pièces (54), Harangues au roi et autres
pièces, de 1550 à 1765. 2 vol. in-4. *cart.*

2539. Recueil de pièces (environ 400), Littérature, histoire, traités d'union, etc. 9 vol. in-4. *cart.*

2540. Recueil de pièces (95), Littérature, traités d'union
et autres. 3 vol. in-4. *v. fil.* et *cart.*

FIN.

(204)

HISTOIRE.

IMPRIMERIE D'HIPPOLYTE TILLIARD,
RUE ST.-HYACINTHE-ST.-MICHEL, n° 30.